NADA É PARA *Sempre*

NADA É PARA *Sempre*

Psicografia de

Maurício de Castro

Pelo espírito

Hermes

LÚMEN
EDITORIAL

Nada é para sempre
pelo espírito *Hermes*
psicografia de *Maurício de Castro*

1ª edição – maio de 2008
Direção editorial: *Celso Maiellari*
Preparação de originais: *Alessandra Miranda de Sá*
Revisão: *Mary Ferrarini*
Diagramação: *Luiza de la Vega/ Casa de Idéias*
Arte da Capa: *Daniel Rampazzo / Casa de Idéias*
Impressão e acabamento: Gráfica Palas Athena

Dados Internacionais de Catalogação na Publicação (CIP)
(Câmara Brasileira do Livro, SP, Brasil)

Hermes (Espírito).
Nada é para sempre / pelo Espírito Hermes ;psicografia de Maurício de Castro. — São Paulo : Lúmen, 2008

1. Espiritismo 2. Ficção espírita
3. Psicografia I. Castro, Maurício de. II. Título.

08-03607 CDD-133.9

LÚMEN EDITORIAL

Rua Espírita, 64
São Paulo - SP
CEP 01527-040
Tel/Fax (0xx11) 3207-1353

visite nosso site: www.lumeneditorial.com.br
fale com a Lúmen: atendimento@lumeneditorial.com.br
departamento de vendas: comercial@lumeneditorial.com.br
contato editorial: editorial@lumeneditorial.com.br

2008

Este livro é dedicado a duas pessoas especiais:
Leonardo Rásica – escritor e amigo do peito
Denner Evair – a quem considero mais que um filho, um verdadeiro presente divino.
Que Deus possa iluminar suas vidas!

Prefácio

Nada descreve a honra com que recebi o convite para fazer um breve prefácio a este novo livro de Maurício de Castro, NADA É PARA SEMPRE.

Já o conheço de outros tempos e de outras obras e foi, portanto, com muito entusiasmo que soube que mais um livro seu seria publicado.

Desta vez o promissor escritor, através do espírito Hermes, brinda-nos com um envolvente romance sobre um dos temas mais universais e intrigantes da História da Humanidade: o aspecto transitório e efêmero das condições e situações humanas, e sua correlação com o materialismo – quanto mais algo é puramente material, maior sua fragilidade frente aos reveses do tempo.

A história de Clotilde – mais tarde Isabela – é um perfeito exemplo desta transitoriedade: da vida miserável de favela à prostituição de luxo, aos confortos de esposa de um bem-sucedido político; do amor materno e incondicional aos impulsos que a impelem aos atos mais hediondos, tudo parece mutável e passageiro na existência dessa personagem que um dia jurou vingança contra as humilhações e violências que sofreu no início de sua juventude, antes de se tornar Isabela.

Para a jovem Isabela, desnorteada pela dor e pela miséria e seduzida pelas promessas de dinheiro fácil e abundante de uma suspeita "Madame", o valor de um ser humano na sociedade parece ser ditado unicamente pelo que a pessoa tem de material, e assim ela promete a si mesma se tornar rica e poderosa, sem pensar no quanto isso poderá lhe custar à alma. Espíritos vingativos, que a perseguem desde existências prévias, tornam ainda mais densa a trama.

Os valores equivocados de Isabela, infelizmente, parecem ser a regra na sociedade de hoje em dia. O aspecto espiritual é negligenciado, e a religião da maioria se converte em uma perigosa ilusão: a ilusão do dinheiro, e de tudo o que ele pode comprar - mansões deslumbrantes, carros potentes, roupas de luxo, poder, privilégios e até mesmo a beleza, talentosamente confeccionada pelas mãos de cirurgiões regiamente pagos.

Tudo ilusão, tudo transitório...

A ascensão que o dinheiro parece proporcionar é falsa e enganosa, é uma ladeira que temos a impressão de estar subindo, enquanto, na verdade, não saímos do lugar. É como aquela personagem de fábula, que corre atrás da lua, e em sua ingenuidade crê que se aproxima dela mais e mais, esgotando-se em uma obsessão louca e equivocada.

Assim são todos os que guiam suas vidas pela ambição das "riquezas" mundanas, sem suspeitar que toda a fortuna, o poder e o prestígio alcançados por um homem podem desabar como um castelo de cartas ao menor sopro do destino. Algumas vezes, apenas uma mudança assim pode fazer com que essas pessoas percebam o essencial: que a única riqueza que existe é a da alma, e que a única ascensão possível é a espiritual.

Somente então se percebe que os verdadeiros degraus para a legítima ascensão – o aperfeiçoamento espiritual – estão em conceitos como o amor incondicional, a abnegação, a responsabilidade pelos próprios atos, o respeito aos outros e a si, a humildade, a fraternidade... Conceitos que nada tem a ver com a dimensão material, especialmente em um mundo como o que vivemos hoje, em que tudo muda tão rapidamente e onde NADA É PARA SEMPRE.

Estou certo de que o leitor, após ter o prazer de acompanhar cada reviravolta do interessante relato com o qual nos presenteiam Hermes e Maurício de Castro, terminará este livro um pouco mais rico, mas em moedas que realmente contam: a sabedoria e a iluminação espiritual.

Boa leitura!

LEONARDO RÁSICA, ESCRITOR.

Sumário

Prólogo

Numa tarde chuvosa e fria, uma mulher jovem de miserável aspecto, com o filho pequeno nos braços e uma sacola de sujo tecido nas mãos, tenta esconder-se da intempérie da chuva por entre as casas em construção daquela rua. Finalmente encontra um teto e deita-se ali com o filhinho de bruços sobre sua barriga. No íntimo sente-se aliviada, pois nesse exato momento a chuva aumenta com toda a sua força.

A criança de meses, sem ter sequer um ano completo, alheia a tudo que se passa, olha para a mãe e sorri. Em sua inocência não avalia a dor pela qual ela passa vendo o filho naquela indigência. Fazia muito tempo que Clotilde passava o dia a esmolar pelas ruas. O barraco em que vivia era paupérrimo. Possuía poucos parentes que, em situação igual à dela, não poderiam ajudá-la. Difícil mesmo tinha ficado depois da gravidez, indesejada, por sinal. Na favela onde morava era praticamente um "cão sem dono", e assim ficou fácil ser estuprada por Juvêncio. Homem forte e asqueroso, integrante de um grupo de marginais, rapidamente pousou sobre ela os olhos e só se aquietou quando a tomou à força e a violentou sexualmente. Ao descobrir-se grávida, Clotilde pensou que estava em pesadelo; procurou o brutamontes, que questionou a paternidade da criança e ainda a espancou. Pensando em aborto, cogitou concretizá-lo. Acertou tudo com uma amiga. Esta ia levá-la a uma mulher que fazia uma beberagem fatal, quando uma noite mudou todo o seu plano. Ainda sentia as fortes emoções daquele sonho.

Lembrou-se de quando adormeceu e sonhou que estava num campo verde e vasto, quase infinito. Sentiu medo por estar em um local deserto, apesar da beleza. Porém, de repente, uma doce figura de mulher apareceu num clarão:

— Clotilde, que Deus a abençoe e proteja! Assim como lhe disse da última vez, cumpro minha promessa. Estou aqui pronta para ouvi-la.

Ela não reconheceu de imediato, mas a cabo de poucos segundos deu um grito:

— Diana! Minha amiga querida! Como tudo isso foi acontecer comigo? — Desabou no chão chorando convulsivamente. — Não mereço! Sempre fui tão boa!

Diana, espírito lúcido e já bastante evoluído, esclareceu:

— Sempre merecemos tudo por que passamos. Na lei divina tudo está certo sempre. Já se esqueceu do que estudou conosco?

Ela pareceu se revoltar:

— Aqui volto a me lembrar, porém lá esqueço. Ademais, acho o fardo muito pesado, não vou resistir, vou sucumbir mais uma vez!

Diana sorriu:

— Sente-se um pouco nesta grama. Não vim aqui para vê-la chorar dessa maneira. Ninguém está sozinho ou desamparado pelo Pai. Ele jamais nos dá provas maiores do que possamos suportar e vencer. Estou aqui para ajudá-la e comigo há um grupo de amigos que a assistirão na crosta.

— Então é mesmo a hora de Thierry voltar? Não seria mais tarde? Afinal, ainda não estou preparada, e o ato do estupro foi traumatizante.

O ser angelical elucidou:

— Sim, Thierry vai voltar, assim como prometeu, para estar a seu lado, equilibrando-a nas horas mais difíceis do seu reajuste. Mas não é só, ele também muito errou contigo naquela experiência na França. Tanto é que não lograram viver num plano de regeneração e tiveram de vestir novamente a carne da Terra, esse mundo de desafios, para assim continuarem o aprendizado.

— Sei disso, mas é difícil me conformar. Por que fui errar daquela maneira?

— Só se erra por ignorância. Se você soubesse o que iria lhe acontecer naquele momento, jamais agiria da mesma forma, por isso não se condene. Retorne à Terra e abrace a responsabilidade que assumiu consigo mesma. Infelizmente teve de ser por meio de um estupro, mas Thierry estaria com você de uma maneira ou de outra. Volte e fique com Deus!

A mulher deu-lhe um abraço terno e desapareceu, envolta no mesmo clarão que a fez surgir. Clotilde acordou chorando, um pranto dolorido e aliviado ao mesmo tempo.

Despertando de seu devaneio, ali naquela casa em construção, olhando a chuva impertinente, ela percebeu o quanto fora feliz em sua escolha e como aquele sonho a havia ajudado. Se não fosse por ele, talvez Daniel não estivesse ali naquele momento, enchendo sua vida de encanto e alegria. Aquela frase: "Abrace a responsabilidade que assumiu consigo mesma" ficou em sua mente, e foi ela quem a fez no dia seguinte desistir do aborto.

A chuva parou e ela percebeu que já era tarde e não poderia mais esmolar naquele dia. O pouco que conseguira dava para ela, mas e Daniel? O que iria comer naquela noite? Seguiu em direção à favela com essa preocupação em mente e, ao subir o morro, uma mulher esbaforida veio ao seu encontro:

— Corre, Clotilde. Começou um incêndio na favela e seu barraco está em chamas. Acho que não sobrou nada!

— Meu Deus, que horas começou isso?

— Não sei direito, mas o fogo consumiu tudo muito rápido!

Clotilde tentou se apressar, porém, ao chegar perto, percebeu que de sua casa nada sobrara. Entregou Daniel nos braços de Shirley e começou a chorar copiosamente. Seu barraco era sua dignidade. Mesmo feio e feito de madeira, era a maneira de dizer a si mesma que tinha algo de seu.

Naquela noite, Clotilde foi pedir abrigo na casa da mãe. Lá alimentara Daniel com um mingau sem nenhuma substância nutritiva, e o resto da noite não conseguiu dormir de tanto chorar.

1

A visita

O dia amanheceu nublado e as nuvens encobriam os raios solares. Clotilde acordou cedo, providenciou a parca alimentação para o filho e sentou-se em frente do barraco de sua mãe, recomeçando a chorar. Tinha pouco mais de vinte anos e já sofria amargamente sem nunca ter feito mal a ninguém. Sua infância triste, em meio aos tiroteios e às guerras contra o tráfico de drogas na favela, a tinha transformado numa adolescente melancólica e sem expectativas. Desde pequena saía às ruas para pedir esmola com a mãe e sentia no rosto das pessoas todo o desprezo por gente como ela: pobre e com pouco estudo. Se muitos davam de bom grado um pedaço de pão, um punhado de açúcar ou farinha, outros batiam a porta ou viravam o rosto em desagrado. Como a vida era difícil! Estava assim concatenando as idéias quando sua mãe, Lourdes, uma senhora idosa, gorda, de cabelos desgrenhados, saiu à porta e se dirigiu a ela. Sentadas sobre um tronco de árvore sem vida, elas começaram a dialogar:

— É, filha, a vida é ruim e cheia de problemas para todos nós. Quando você quis morar sozinha, não me intrometi, mas avisei dos perigos que ia passar, vivendo só com o Daniel. Seu corpo é belo de formas, e os brutamontes daqui são violentos. Todos os dias eu rezo para que não lhe aconteça de novo o que houve com o Juvêncio.

— Nem fale, mãe. Nem eu, nem a senhora merecemos a vida que levamos. Depois de ter o Daniel foi que pude perceber o quanto preciso dar a ele uma vida melhor. Não quero viver neste morro para sempre.

— Não sonhe, minha filha. Sabe que isso é impossível. Quem nasce pobre, morre pobre. Siga os conselhos desta mãe velha que lhe fala. Tudo que queremos, não conseguimos. Veja o que aconteceu com seu pai. Morreu de doença ruim na boca, aquela ferida que não cicatrizava e aumentava a cada dia. Ninguém veio nos ajudar, nem mesmo Deus se valeu por nós. Às vezes duvido da sua existência!

Nesse momento, um grupo de pessoas com sacolas nas mãos subia vagarosamente o morro. Eram três mulheres de meia-idade. Atrás delas, um carrinho de mão vinha empurrado por mais dois moços. Aproximaram-se das duas, e uma mulher questionou:

— Foi nesta área da favela que houve um incêndio ontem? Vimos pela televisão, mas não temos certeza da rua. As senhoras podem nos informar?

Clotilde levantou-se:

— O incêndio foi na fileira de casas onde eu morava. Do meu barraco não sobrou nada. Mais de vinte casas foram destruídas pelo fogo. Se quiser, posso lhes mostrar.

— Aceitamos, sim. Fazemos parte da assistência social do Centro Espírita Maria de Nazaré e ontem, quando vimos o incêndio, nos reunimos, juntamos alguns mantimentos e viemos para ajudar. Se as pessoas aceitarem, podemos nos reunir e ler o Evangelho. O que você acha?

Lágrimas escorriam no rosto de Clotilde:

— Acho que todos vão aceitar. Somos muitos carentes e não estamos em condições de rejeitar nada. Nossos poucos mantimentos se consumiram junto com o fogo; foi terrível!

— Eu me chamo Neide, e elas são Jane e Claudia. Os rapazes são Mário e Lucas. Agora, vamos para a rua?

Lourdes, meio desconfiada, seguiu com eles para ver o que iria acontecer.

Ao chegar ao local, todos perceberam que a situação era desoladora. Se Clotilde teve a casa da mãe para se abrigar, muitos outros vizinhos com filhos pequenos não tiveram abrigo e foram forçados a dormir ali mesmo, pelo chão. Felizmente ninguém morrera.

Clotilde anunciou os visitantes:

— Esse é o pessoal do centro espírita que veio nos ajudar. Viram ontem pela tevê o incêndio e se apiedaram de nós. Quem aceitar a ajuda deve se aproximar.

Imediatamente todos vieram, uns chorando, outros agradecendo. Lucas perguntou se eles podiam ler um trecho do *Evangelho segundo o Espiritismo* e comentá-lo. Todos aceitaram. Abrindo ao acaso, viu-se a seguinte mensagem: "O que é preciso entender por pobres de espírito". Após lê-la integralmente, Jane começou o comentário:

— Jesus nos disse que todos os pobres de espírito herdariam o reino dos céus. Vejam bem, ele disse os pobres de espírito, e não os pobres de dinheiro, o que é bem diferente. Pobre de espírito é todo aquele que tem o coração pobre de orgulho, de vaidade e de egoísmo. Ao contrário do que se pensa, pobre de espírito não é aquela pessoa sem cultura, sem dinheiro ou conhecimento, é, sim, todo aquele que procura se empobrecer das ilusões do mundo e se enriquecer dos ensinamentos de Deus.

E continuou:

— Amigos, não pensem que Deus se alegra em vê-los nessa situação infeliz. Ele é sumamente bom e justo; dá a cada um de nós segundo nossas obras. Existem outras formas de aprendizagem para todos aqueles que vivem a pobreza física. Mas, para mudar o estado de coisas, é necessária a reformulação interior. Vocês devem tomar conhecimento de que podem e merecem a felicidade e a fartura, de que podem e merecem evoluir sem o sofrimento. Ao tomarem essa consciência, suas vidas se modificarão. Jesus disse: "Todo aquele que crê em mim, terá vida, e vida em abundância".

Uma mulher com o rosto marcado pelo sofrimento perguntou:

— Como podemos mudar esse estado de coisas, se não temos ajuda? O governo não cumpre seu papel, não temos ninguém que se preocupe conosco. Não concordo com o que a senhora diz. Acho que Deus está omisso e não consegue dar conta de nós.

Jane sorriu:

— Garanto que está equivocada. Nosso progresso não depende do governo ou de quem quer que seja; só depende de nós mesmos. A prosperidade é uma questão pessoal, e não uma questão social. Por isso não fazemos esse trabalho por assistencialismo. Vamos em busca de quem realmente precisa e quer se ajudar. Enquanto esperamos que os outros cuidem de nós com nosso egoísmo, esquecemos que estamos na Terra para aprender a enfrentar a vida com coragem e buscar a melhoria. Todos, se quiserem, poderão fazer isso. Não foi Jesus mesmo que disse que "A fé remove montanhas"?

Ouve um silêncio geral. Jane prosseguiu:

— Não queremos confundir vocês, pois cada um aqui tem sua crença e sua fé, e não podemos impor nada a ninguém; apenas queremos a felicidade de todos e acreditamos em Jesus e nos ensinamentos da espiritualidade. Se algo dito aqui os tocou, aproveitem. Que Deus fique com todos.

Logo depois os farnéis foram distribuídos para as vítimas do incêndio. Todos agradeceram a ajuda e o grupo avisou que voltaria mais tarde com roupas e outros utensílios. Vendo aquela expressão de carinho, Clotilde não conseguiu se conter:

— Como ainda existem pessoas boas no mundo, não é, mãe?

— É verdade, mas são poucos. A maioria das pessoas são ruins e maldosas. Neste mundo onde vivemos, só podemos esperar mesmo pelas coisas ruins.

— Credo, mãe. Às vezes acho que as coisas más que nos acontecem vêm da senhora, sempre a agourar!

— Não agouro nada, menina, apenas digo a verdade.

Clotilde não discutiu e seguiu com a mãe para o barraco. Colocou os mantimentos em cima da mesa e, de repente, uma onda de rancor a invadiu:

— Que miséria ter de depender da caridade alheia. Só aceito por causa de meu filho. Se não fosse por ele, não queria nada disso aqui.

Dona Lourdes se indignou:

— Você deve é agradecer a Deus essa gente ter vindo aqui hoje. Esquece que depois que seu pai morreu o dinheiro das minhas lavagens de roupa não dá para nada? Seus irmãos pouco ajudam. Reze por esse povo que, mesmo fazendo parte de uma seita perigosa, veio aqui nos ajudar.

Clotilde calou-se e foi preparar o mingau. Um dia ela sairia dali e todos iam ver quem ela era de verdade.

Após dar comida a Daniel, ela saiu a esmolar novamente. Passou o dia, mas recolheu pouca coisa. À noite, dividindo a cama tosca e malcheirosa com a mãe, ela adormeceu pensando em como deveria fazer para mudar de vida.

2

Uma proposta das trevas

Novamente, após raiar o dia, Clotilde saiu pelas ruas de São Paulo caminhando lentamente com o filho a tiracolo. Passou por algumas casas, pediu esmola e foi seguindo. No final de uma bonita rua, nos Jardins, ela divisou uma senhora bem vestida sentada em um jardim muito verde e bem cuidado. Lia um livro, que parecia ser a Bíblia, com muita atenção.

— Senhora, tem uma esmola para me dar, pelo amor de Deus?

A mulher olhou de soslaio para Clotilde e, de longe mesmo, respondeu:

— Passe aqui na sexta-feira. Hoje não é dia de esmola! — Dizendo isso, concertou os óculos e voltou a ler.

Pelo espírito de Clotilde passou uma onda de raiva, e ela gritou:

— Será que a senhora é tão ruim a ponto de me negar uma mísera esmola? Então para que ler esse livro e ser religiosa, se a senhora não é capaz de um ato de caridade?

A mulher se levantou enraivecida e revidou:

— E essa agora! Uma pedinte ousando me desafiar. Saiba que de pobres miseráveis já estou farta. Saia de minha calçada antes que eu mande meu segurança colocá-la para fora. Não confio em pessoas como você.

— Quem a senhora é para falar assim? Só porque é rica, pensa que é a dona do mundo? Eu a amaldiçôo. Que a senhora termine os seus dias na pior das situações e que, quando morrer, vá para o inferno!

As palavras de Clotilde, ditas com tanta energia negativa, fizeram vibrar de ódio o espírito daquela mulher. Com ódio, ela gritou:

— Ronaldo, Ronaldo, venha aqui agora!

De repente, um homem forte e de roupas escuras apareceu.

— Esta miserável ousou desafiar Augusta de Camargo e vai ter o que merece. Dê uma surra nela.

Clotilde tentou correr, mas o peso do filho e os passos rápidos do homem a fizeram ceder. Ele lhe puxou o filho, colocou-o no chão e a espancou. Depois retirou-se e entrou pelos portões da suntuosa mansão. Jogada no chão, Clotilde não sabia qual era a dor maior: se a moral ou a física. O certo é que naquele momento um ódio surdo por tudo e por todos brotou de seu coração e ela chorou mais de raiva do que de tristeza. Pegando Daniel na calçada, saiu se arrastando pela rua. Olhou a casa da senhora, que já estava longe, e jurou em voz alta:

— Um dia voltarei para me vingar! Maldita seja essa mulher. A partir de hoje ninguém mais vai me maltratar. Eu é que maltratarei, pisarei, prejudicarei e farei mal a todos os que encontrar pela frente.

Olhou para Daniel, que sorria, e disse:

— Filhinho, você ainda será muito rico, e vou ensiná-lo a pisar, magoar e ferir as pessoas. Juro que ninguém nunca vai humilhar você.

Nesse instante, sombras escuras se aproximaram de Clotilde. Uma delas, que parecia a chefe do grupo, disse:

— Nosso trabalho foi perfeito! Essa já está ganha. Bastou um pouco de humilhação para ela ceder aos nossos impulsos, e ainda vamos mais longe. Muita atenção: a segunda parte do plano, e a mais importante, está por vir. Vamos lá.

Dizendo isso, o grupo de espíritos das trevas desapareceu chão adentro.

Clotilde andou sem rumo durante horas e Daniel começou a chorar. Percebeu que o filho estava com fome e providenciou a alimentação. Felizmente um senhor lhe cedeu um pouco de leite. Ao alimentar o filho, ela percebeu que agora era seu estômago que clamava por alimento. Sem ter o que comer, enfraquecida e humilhada, começou a chorar sentada no meio-fio. Após algum tempo, notou que uma mulher excessivamente arrumada e com roupas de cores berrantes a fitava como que a vasculhar seus mais íntimos pensamentos.

— O que a senhora quer? — perguntou Clotilde com raiva.

A mulher de seus sessenta anos, percebendo a fúria em sua interlocutora, aquiesceu:

— Estava admirando você. Uma moça tão bonita, de formas tão exuberantes, jogada em um chão como indigente. Você não merece nem pode ficar assim.

Ao ouvir aquelas palavras Clotilde ficou feliz; pelo menos alguém a valorizava.

— É isso o que sou: uma indigente, sem dinheiro, sem casa para morar com meu filho e sem comida. Como quer que eu esteja?

A mulher com muito traquejo sentou-se com ela e falou:

— Eu me chamo Aurélia, ou melhor, madame Aurélia, e quero ajudá-la. Se aceitar minha proposta poderá morar comigo, e ainda levar esse bebê!

— Como? Não entendi. Morar com a senhora? Mas com que intenção me faz essa proposta? Não sou o que a senhora está pensando; não me interesso por mulheres.

Madame Aurélia sorriu:

— Não é nada disso, sua bobinha. Vou lhe revelar a verdade: tenho um bordel num bairro afastado daqui, mas que é freqüentado por homens da estirpe paulistana. Convivem comigo muitas moças que, assim como você, estavam em situação difícil e lá encontraram apoio. Hoje recebem muito dinheiro pelo que fazem. Ao observar seu corpo esbelto e seu rosto bonito, pensei logo: essa é a menina que faltava para completar minha coleção de moças e suprir a falta da Julieta, que se casou.

Clotilde estava admirada com tudo o que ouvia e não conteve a pergunta:

— Uma prostituta se casou?

Após uma gargalhada, madame Aurélia respondeu:

— Isso mesmo. É raro, mas acontece. E com você pode até acontecer o mesmo. Se aceitar, levo-a a um ótimo salão de beleza, onde vai ficar mais bela, e depois a ensino tudo sobre a profissão. Porém, tenho de lhe explicar um detalhe: você tem de me dar garantias de que é maior de idade, e terá de dividir seus lucros comigo. No bordel entra muito dinheiro e é justo que eu fique com cinqüenta por cento de tudo que você faturar. Garanto que é muito dinheiro e que você não vai se arrepender.

Enquanto Clotilde pensava, os espíritos das trevas começaram a envolvê-la:

— Não vê que madame Aurélia é a única capaz de lhe tirar desse sufoco? Ninguém até hoje a ajudou. Ao contrário, todos a humilharam. Depois, como prostituta você pode chegar a ser rica! Vamos logo, aceite!

Cedendo à proposta, ela respondeu:

— A senhora tem razão. Vou seguir seus conselhos. Ainda hoje levei uma surra, fui humilhada e jurei que nunca mais ninguém ia me fazer sofrer. Quero, sim, ser rica, e vou conseguir isso usando o sexo e os homens. Chega dessa vida ruim que só me faz sofrer.

As duas se levantaram e seguiram trocando idéias. Quem tivesse vidência poderia enxergar um grupo de espíritos deformados abraçando as duas e lhes inspirando idéias.

Num canto da rua, Diana e mais dois companheiros estavam atentos:

— Nunca pensei que ela fosse ceder tão fácil à influência das trevas.

— Infelizmente ela cedeu, e não pudemos interferir. Mais uma vez o livre-arbítrio nos impede a ação. As criaturas são livres para agir tanto como são para pensar.

Diana concordou:

— Infelizmente, o apelo para a comercialização do sexo está muito difundido na Terra. Os espíritos das trevas têm conseguido muitos seguidores no mundo, e Clotilde vai errar mais uma vez. Vivendo em um bordel, ela estará se comprometendo ainda mais com as leis divinas e terá um penoso reajuste.

Um companheiro questionou:

— E madame Aurélia, vai continuar por séculos corrompendo consciências?

— Assim será, até que a dor venha visitá-la. Toda pessoa que desrespeita o sexo, levando-o à comercialização, sofrerá as conseqüências danosas desse ato. Infelizmente, na Terra isso vem acontecendo desde o princípio, sem que os homens aprendam a lição. Agora vamos, companheiros. Temos muito o que fazer pela nossa irmã Clotilde, afinal, como disse Jesus: "Não são os sãos que precisam de médicos, e sim os doentes".

Dizendo isso, seus vultos radiosos desapareceram na direção do bordel onde Clotilde passaria a viver.

3

Entre o bem e o mal

Madame Aurélia e Clotilde seguiram andando até um ponto de ônibus e alguns minutos depois desceram em Higienópolis. Seguiram por uma rua residencial e, ao final dela, entraram numa mansão do início do século XX. Madame Aurélia esclareceu:

— Ganhei essa casa de um político influente assim que comecei "na vida". Até hoje moro aqui e mantenho o estilo, apenas fazendo algumas reformas.

Clotilde estava maravilhada com a beleza da casa e do jardim. Seguiram por ele e entraram por uma pesada porta de madeira. Ao penetrarem em um grande recinto, houve uma agitação geral. As outras moças vieram para perto, umas admirando a beleza de Clotilde, outras questionando sobre ela e o bebê à cafetina.

— Parem de amolação. Se querem saber, minha intuição estava certa. Hoje pela manhã encontrei a substituta de Julieta; foi fácil e rápido.

Maria José, trabalhadora antiga da casa, inquiriu:

— Como a senhora a descobriu? Pensei que tivesse saído às compras, como sempre faz pela manhã. A senhora, quando quer buscar uma moça nova, sempre procura à noite no sinal.

A cafetina pareceu meditar, sentou num sofá e respondeu:

— Não sei o que me deu hoje pela manhã. Ao acordar tinha a certeza de que se saísse encontraria alguém para o serviço. Não costumo acreditar nisso, mas parece que tinha alguém do meu lado dizendo que eu deveria sair e que encontraria a pessoa que queria. Andei por horas sem rumo até que achei a Clotilde chorando, sem casa e sem comida. A sorte me mandou para o lugar certo.

Clotilde estava envergonhada. Desde já se sentia uma mercadoria; a maneira como aquela mulher falava dava a entender que ela não passava disso.

— Sente-se aí, menina. Estas são suas colegas, e aquele ali é Floriano, nosso mordomo. Fique à vontade. Vou subir e preparar seu quarto.

As outras moças, com roupas sumárias e coloridas, aproximaram-se e começaram a fazer perguntas, às quais Clotilde respondia meio desnorteada. Ela estava muito admirada com o luxo daquele local; nunca entrara num lugar assim. Começou a observar toda a decoração, as cortinas de um veludo cor de vinho, os móveis que pareciam ser do início do século passado, o bar muito luxuoso e decorado com quadros de artistas famosos. Os tapetes vermelhos e as estátuas de pessoas nuas e fazendo sexo completavam o visual do ambiente. As moças foram saindo e ela chamou:

— Ei, você, por favor, não me deixe só. Estou tão desorientada!

Morgana se apiedou:

— Você é tão nova... Por que não escolhe outro tipo de vida?

— É que não tenho outra saída. Sou pobre, moro numa favela com minha mãe num barraco miserável, cansei de pedir esmola pela rua e ser humilhada. O encontro com madame Aurélia mudou minha vida. A partir de hoje quero ser outra pessoa.

A colega se admirou:

— Nossa, você está decidida mesmo! Mas não se engane; a vida aqui não é fácil. Ao ver nossas colegas gargalhando e bebendo, achamos que tudo é muito bom, contudo a prostituição tem seu lado cruel.

— Estou disposta a enfrentar todas as conseqüências. Fico cada vez mais admirada... Pensei que esse tipo de bordel não existisse mais.

— Mas existe — explicou Morgana, que parecia estar na casa dos trinta anos. — Nem todas as prostitutas gostam e podem viver fazendo programas no sinal. Muitas são mortas pelos clientes ou envolvidas no tráfico de drogas. Outras não conseguem se manter e preferem um lugar assim como o nosso.

Clotilde continuava curiosa:

— Vocês não têm problemas com a polícia?

— Madame Aurélia só admite que trabalhem com ela mulheres maiores de idade, e a Mansão de Higienópolis, como aqui é chamada, é protegida por políticos influentes do governo, que inclusive são freqüentadores assíduos dos nossos serviços. Esta casa tem proteção de muita gente grande.

Clotilde se sentiu segura e feliz. Ali realizaria seu sonho.

— Então não vejo por que essa vida tem o lado ruim — comentou ela.

Morgana sorriu.

— É que você está chegando agora. Não sabe o que terá de enfrentar. Se o dinheiro é alto, os ossos do ofício são, por vezes, repugnantes. Madame Aurélia exige que façamos sexo com qualquer cliente, sem distinção, muitas vezes até mesmo com drogados, bêbados ou homens violentos. Eles nos usam como querem; terá de ser forte e se acostumar.

Olhando para o bebê ao seu lado no sofá, Clotilde pensou: "Vou ser forte e suportar; para conseguir meu objetivo, farei de tudo".

Madame Aurélia desceu as escadarias e chamou por Clotilde. Seguiram por um longo corredor, que tinha muitas portas. Na última, à esquerda, pararam. Ao entrarem no quarto, Clotilde ficou deslumbrada. Uma cama de casal coberta com luxuoso lençol vermelho, abajur, banheiro e janelas com cortinas seria o seu recanto.

— É aqui que você passará a viver a partir de agora — explicou a velha senhora. — Não costumo deixar que mulheres com crianças vivam aqui, mas você é uma exceção. Sua beleza e seu corpo são raros de ser encontrados. Olhe sua barriga, nem parece que teve criança! Você será um sucesso aqui na casa. Mas vou logo avisando: não tolero arrependimentos, brigas entre colegas ou rejeição a clientes. Qualquer coisa que fizer de errado aqui, voltará para o olho da rua. Sou muito boa, mas perco a paciência com ataques de consciência, choro e lamentações. Se quiser viver neste lugar, terá de seguir as normas da casa.

Clotilde ouvia tudo um pouco assustada.

A mulher, com olhos penetrantes, prosseguiu:

— A partir de hoje também não terá vida própria. Sua vida pertence a esta casa. Primeiro vamos começar mudando o seu nome. Clotilde é um nome arcaico e feio. Não combina com mulheres que devem dar prazer e alegria aos homens. De agora em diante se chamará Isabela. Vá almoçar, pois à tarde sairemos às compras e ao cabeleireiro. Mudaremos esse corte horrível e o pintaremos, de maneira a chamar a atenção. Seja rápida, tome um banho. Estou esperando por você lá embaixo.

Com a voz sumida pelo medo, Clotilde indagou:

— E meu filho, onde ficará nas horas de meu trabalho?

— Paciência, tudo se resolve no tempo ideal.

Dizendo isso, saiu fechando a porta atrás de si. Clotilde caiu em um pranto convulsivo por mais de meia hora. Depois, ainda influenciada por espíritos inferiores, concluiu que só havia para ela aquele caminho, e que agora não era hora para arrependimentos.

Algum tempo depois, desceu, almoçou, alimentou o filho e, ao sair, deixou Daniel com uma de suas colegas.

Pelo centro de São Paulo elas fizeram compras e foram ao salão de beleza. Mais tarde, quando chegou, Clotilde parecia outra pessoa. As amigas a felicitaram pela nova aparência, que deixou algumas com inveja, tamanha era sua beleza.

— Como faço se meus parentes me procurarem?

A severa mulher foi taxativa:

— Esqueci de lhe dizer que, enquanto viver na Mansão de Higienópolis, não terá mais família. Está proibida de procurá-los e, se for encontrada, deverá livrar-se deles o mais rápido possível. Em seu caso acho difícil encontrarem você, pois, vivendo naquela miséria, dificilmente chegarão até aqui.

A noite chegou e, já no quarto, madame Aurélia lhe explicou:

— Hoje você ficará aqui quieta, sem aparecer. Daqui a pouco o grande salão será aberto e você ouvirá muita música, gargalhadas e gritos. Não se assuste; são suas colegas no trabalho. Sua estréia será amanhã. Faremos uma festa especial para você. Haverá um leilão: quem pagar mais vai estrear a nova trabalhadora da casa.

Clotilde ainda estava chocada com tudo aquilo, no entanto tinha de prosseguir. Do ponto onde estava, jamais olharia para trás. Aquela vida pobre e miserável que levava morrera naquele dia. Não queria mais saber da mãe, aquela velha agourenta, nem de seus irmãos, pobres e sem emprego.

Mesmo com toda a algazarra formada no salão, Clotilde conseguiu dormir. Em poucos minutos estava fora do corpo. Viu três homens com roupas escuras, cabelos desgrenhados e semblantes perversos se aproximar:

— Parabéns, está fazendo tudo certo. Continue assim; você conseguirá tudo o que deseja.

— Quem são vocês? — perguntou assustada.

— Somos seus amigos. Estamos lhe inspirando as idéias e as ações. Não tem se sentido forte ultimamente para decidir as coisas? Pois é, somos nós.

O espírito Diana também apareceu. Reduzindo a sua vibração, ela pôde ser vista por todos eles.

Clotilde correu e abraçou-a:

— Minha amiga, você continua ainda do meu lado? Mesmo com a vida que estou querendo levar? Veja, aqueles ali são meus amigos.

Diana, com semblante sereno, olhou-a séria enquanto falou:

— Clotilde, pense muito no que vai fazer para não se comprometer ainda mais. Essa vida que pretende iniciar só vai levá-la ao caminho do sofrimento. Esqueceu o que já fez no passado, você e Davi? Ainda dá tempo. Nós a aconselhamos a romper esse laço com essas pessoas e voltar para a casa de sua mãe. Lá a intuiremos e você conseguirá melhorar de vida honestamente.

— Não posso; infelizmente não posso. Quero ser rica, famosa, para poder humilhar e ferir aquela mulher horrível que me ofendeu e a todos que encontrar no caminho. Só conseguirei isso aqui, com essas pessoas. Não vê que na favela nada conseguirei, a não ser pedir esmola?

Diana não se deu por vencida:

— Você pensa assim, pois está dando vazão às ilusões do mundo. Dinheiro e fama só são bons quando os conseguimos pelos caminhos do bem. Quem procura a riqueza e o *status* por meios negativos e reprováveis, por meio do roubo ou da vida fácil na prostituição, apesar de o conseguirem, nunca serão felizes. As leis de Deus cobrarão, centavo por centavo, tudo que foi conseguido de forma desonesta. E, em seu caso, haverá a agravante da prostituição. Toda pessoa que se utiliza desse meio para subir na vida terá um retorno doloroso no futuro. Poderá nascer pobre mais uma vez e ter os órgãos genésicos deformados, além de ter como companhias os obsessores que a induziram por esse caminho. Pense bem antes de decidir.

Os espíritos, que ouviam tudo e estavam sentindo que podiam perder a chance de influenciar Clotilde, tomaram a frente:

— Não pense assim, amiga. Não vê que essa aí só quer o seu mal? Em poucos anos nesta casa você vai conseguir tudo o que quer; até um marido estamos providenciando para você. Analise bem... Estando do nosso lado, nunca estará desamparada e ainda vai conseguir se vingar de todos que a molestaram, até mesmo daquela mulher.

Clotilde ficou em dúvida:

— Mas... e se me acontecer tudo aquilo que Diana falou? Ela é minha amiga, estudei muito com ela. Eu já sabia que a tentação da vida fácil ia aparecer na minha jornada. Julgava estar forte para resistir, mas parece que vou sucumbir. Posso ser punida severamente por Deus.

O espírito gargalhou:

— Você acredita mesmo nisso? Esse papo não resolve nada! Vemos pessoas do bem a todo instante sofrer maldades e receber desgraças, enquanto nós, os chamados ruins, prevalecemos vitoriosos e com sorte. Qual caminho vai escolher?

Diana fez sua última tentativa:

— Não é bem assim como ele disse. Quem é realmente bom sempre recebe o bem porque a lei é justa. As pessoas que chamamos "boazinhas" e que sofrem estão passando por provações por não estarem dando o melhor que podem dentro do nível de evolução delas. Alardeiam o bem e o fazem realmente ao semelhante, mas deixam de fazê-lo a si próprias. Não desenvolvem a consciência, não procuram ter fé nem cultivam bons pensamentos; só pensam em amar os outros sem amar a si mesmas. A felicidade só acontece quando abrimos a consciência e usamos nosso potencial a nosso favor. Jesus nos disse: "Amai o próximo como a ti mesmo". Infelizmente, muitas pessoas se esquecem do "ti mesmo".

A amiga espiritual de Clotilde tomou novo fôlego, e completou:

— Quanto aos maldosos que estão vivendo bem, é bom que eles se prepararem, pois a vitória do mal é apenas momentânea. Deus realmente não pune ninguém, todavia chegará a hora do acerto de contas com a própria consciência, e é possível que sofram bastante até se voltarem novamente ao bem, reparando todos os delitos cometidos ou, o que é pior: expiando. Não se trata de castigo divino, e sim do retorno natural de suas ações.

Clotilde pensou um pouco e decidiu:

— Não adianta tentar me iludir. Cansei das ilusões de que o bem sempre vence e de que Deus a tudo provê. Vou cuidar de minha vida e não quero mais saber de suas interferências. Sou grata por tudo que me fez, mas, se for para ficar me cobrando agora, prefiro não vê-la mais.

Ao ouvir aquela frase, Diana desistiu e desapareceu, indo em busca de seus companheiros.

— É, amigos — comentou Diana, ao encontrá-los —, mais uma vez Clotilde preferiu entrar pela porta larga que conduz à perdição. Entretanto, estaremos atentos. Qualquer sinal de mudança, voltaremos para ajudá-la.

Deixaram aquele lugar onde espíritos inferiores aproveitavam as paixões que escravizam os homens e foram se recolher à colônia Campo da Redenção, onde trabalhavam e viviam.

4

A primeira vítima

Fazia um ano que Isabela se encontrava na Mansão de Higienópolis. Desde o dia de sua estréia no bordel, tivera de suportar todo tipo de humilhação e impropérios. Ela procurava agüentar tudo calada, deixando os homens livres para fazer com ela o que quisessem, como tinha ensinado madame Aurélia. Mas seu íntimo estava repleto de ódio e rancor. Assim como ela agradecia a Deus seu filho estar alimentado e bem, também odiava todos, principalmente a mercenária cafetina. Um dia ela se vingaria dela também e poderia lhe mostrar, então, o quanto era forte. Nunca mais tivera notícias da mãe nem dos irmãos. Sempre que pensava neles, uma onda de rancor a invadia. Julgava-os fracos e sem capacidade.

A noite estava bonita e a brisa do outono entrava pelas grandes janelas da mansão. Isabela estava no quarto contíguo ao seu, onde ficava Daniel, e o alimentava quando Morgana entrou.

— Isabela, é bom se apressar, pois madame Aurélia quer todas nós no grande salão. Tem algo de muito importante a nos comunicar.

— O que é que ela quer desta vez? Explorar-nos ainda mais?

A outra, com ar preocupado, sentou ao lado dela.

— Você sabe que sou sua amiga e quero o seu bem — começou Morgana. — Por isso vou lhe avisar: não abuse da bondade da madame; outro dia eu a ouvi dizer que você é muito dada a chiliques e quer ser melhor que as outras. Disse também que só não a coloca no olho da rua porque é muito bonita e dá muito lucro à casa. Mas lhe digo para não abusar. A Ofélia era assim, até o dia em que a madame não agüentou e tocou ela daqui.

Isabela sentiu muita raiva. Quem aquela madamezinha pensava que era?

— Digo-lhe, Morgana: um dia ainda serei rica e vou sair desse inferno. Nesse dia vou me vingar de todos os que me humilharam, principalmente de dona Aurélia. Eu juro, amiga! E, se você quiser, a levarei junto.

A outra, com sorriso triste, redargüiu:

— Isso é muito difícil de acontecer. No entanto, se você um dia melhorar de vida, lembre-se da amiga aqui. Agora vamos descer que a chefe nos espera e não gosta de atrasos.

No salão as outras já estavam sentadas, esperando o início da reunião. Madame Aurélia, tragando elegante cigarro e bebericando um vinho seco, começou:

— Hoje teremos uma visita muito importante em nossa casa. Trata-se de um cavalheiro que nunca veio aqui e nos visitará pela primeira vez. É um importante senador, braço direito do nosso governo. Quero que vocês todas estejam bonitas, da ponta da unha até o último fio de cabelo. Ele vai escolher uma de vocês para passar a noite de graça, e nenhuma poderá se recusar.

Isabela protestou:

— Por que de graça? Isso nunca aconteceu antes! Se me escolher, eu não vou!

— Não brinque, garota. Esse homem é importante, amigo de um protetor nosso, e lhe devemos esse presente. Caso ele escolha você, terá de ir ou então será mandada para o olho da rua. Há muito tempo venho estando engasgada com suas gracinhas aqui. A prostituição é trabalho como qualquer outro e deve-se fazer vontades e agrados ao freguês. E, como toda boa empresa, aqui também tem seus brindes, por isso uma de vocês será o brinde da noite. Agora subam e se arrumem, pois quero todas impecáveis.

As moças subiram insatisfeitas. Não gostavam de trabalhar de graça; nenhuma delas queria ser a escolhida.

Finalmente a hora chegou. A casa cheia, anunciando animação, estava à espera do misterioso homem. De forma discreta, ele entrou acompanhado de outros amigos já freqüentadores do lugar. Após cumprimentar a dona, sentou-se e pediu uma bebida forte.

Num lugar do umbral, um grupo de espíritos se reunia. Um deles dizia:

— A hora chegou, precisamos ir para lá!

— Além do que, estamos ansiosos pelas vibrações do sexo que podemos obter naquele paraíso.

O que parecia ser o chefe, se pronunciou:

— Podem vampirizar à vontade, porém não se esqueçam da importante missão que têm lá. Devem influenciar o senador Humberto para que ele escolha a Clotilde. Ela precisa fazer o que nós desejamos.

— Isso mesmo! Ela é um fantoche em nossas mãos; certamente vamos conseguir.

Dizendo isso, as sombras escuras desapareceram, indo em direção do local.

Madame Aurélia fez uma espécie de desfile no qual uma a uma as mulheres eram apresentadas. De repente, as sombras chegaram ao ambiente e cumprimentaram outros espíritos que já se encontravam no local, todos buscando o prazer do sexo de forma ilícita e sempre o conseguindo junto àqueles que não possuem vivência no verdadeiro bem.

Romário, que comandava a expedição, explicou:

— Vejam como é fácil obrigar as pessoas a fazer nossas vontades. Madame Aurélia foi, no século passado, uma famosa cafetina nordestina. Comandava com mãos de ferro um bordel que ficou famoso naquelas paragens. Conseguia com uma feiticeira uma beberagem que impedia suas meninas de engravidar e, caso alguma delas "pegasse barriga", como assim ela dizia, a levava a uma mulher experiente para fazer aborto. Essa mulher que vocês vêem aí foi responsável por mais de cem abortos praticados no ambiente onde trabalhava, fora os outros incontáveis que fez em si mesma. Não sabemos por que, mas desencarnou naquele tempo com um terrível câncer no útero[1] que a devorou em seis meses. Ficou no umbral sofrendo como se ainda estivesse com a doença durante largo período. Depois que foi resgatada pelos servos do Cordeiro, nunca mais ouvimos falar dela, até que um dia a encontramos pelo pensamento em uma situação difícil. A mãe tinha morrido e ela era arrimo de seis irmãos menores. Sem ter dinheiro e sem trabalho, entrou em desespero. Daí foi fácil sugerirmos que retornasse à antiga profissão que exerceu no passado. E agora vocês podem ver o resultado.

Os espíritos gargalharam e se dirigiram ao alvo da noite: o senador Humberto Aguiar.

Sentado à mesa com um copo de forte bebida entre as mãos, o senador esperava com ansiedade a hora de escolher sua preferida. Ele era um homem de meia-idade, moreno claro, com um bigode devidamente aparado, meio calvo, mas muito bonito.

---

[1] Apesar de parecer contraditório Romário dizer que não sabia por que madame Aurélia havia desencarnado com câncer no útero, uma vez que tinha provocado tantos abortos em si mesma e em outras de suas meninas, o motivo parece muito claro. Devemos ter em vista que a ótica é a de Romário, que não tinha esclarecimento suficiente para entender as leis divinas. (N. do E.)

Qualquer uma das mulheres dali se daria por feliz ao passar uma noite com ele, desde que fosse regiamente recompensada. Porém, de graça, nenhuma estava disposta.

Madame Aurélia, microfone à mão, iniciou a homenagem dizendo palavras belas ao senador que tanto contribuía com o governo e o deixou à vontade para escolher sua parceira da noite. Humberto, num gesto muito seu, colocou a mão direita no queixo e perpassou o olhar em cada uma delas minuciosamente. Estava difícil escolher. Realmente seus amigos tinham razão. Madame Aurélia só trabalhava com mulheres de primeira — como escolher a melhor?

Romário, atento, percebeu que era o momento exato de agir e, lançando um olhar que logo foi compreendido pelos seus companheiros, iniciou a operação. Eles se abraçaram ao senador e começaram a sugerir frases:

— Escolha a Isabela! Não vê que ela é a melhor? — dizia um.

— A sua deverá ser aquela do costume azul; não a deixe escapar. Você aqui é rei, pode tudo — outro dizia.

— Com Isabela você terá a noite inesquecível com a qual sempre sonhou — vociferava o outro.

Sem perceber que estava sendo envolvido por espíritos perversos, cujas intenções ele estava longe de saber, Humberto de repente sentiu-se magnetizado pelo olhar e pelo corpo da mulher do vestido azul. Fez menção de olhar as outras na tentativa de encontrar alguma mais interessante, mas não conseguia. Estranha força o prendia ao semblante de Isabela.

Com rapidez, decidiu: seria a que estava na ponta da fila. Com um gesto ele fez a sua escolha. Isabela tremeu; isso não poderia estar acontecendo com ela.

— Isabela, desça! — ordenou a madame. — Acompanhe o senhor Humberto ao seu quarto. Você foi a escolhida, parabéns!

Palmas e gargalhadas cortaram o ar.

O olhar de Aurélia já dizia por si mesmo que, se ela não obedecesse, não escaparia do olho da rua. Isabela ainda tentou enfrentá-la, todavia, ao lembrar que Daniel poderia ficar mais uma vez sem teto ou comida, resolveu aquiescer.

A festa continuou no grande salão enquanto ela e Humberto foram para o quarto. Daniel ficava sempre aos cuidados de uma empregada que não exercia a função de prostituta enquanto a mãe trabalhava.

Uma vez no quarto, Isabela se entregou àquele homem que sequer iria pagá-la com muita repugnância. Quando tudo acabou, o espírito de Romário sussurrou ao seu ouvido:

— Esse é o homem que você esperava. Nele está sua chance de mudar de vida! Aproveite!

De repente um pensamento a acometeu: "Quem sabe esse homem não pode me tirar da miséria?".

Fumando um elegante charuto, ele parecia estar distante.

Tomando coragem, numa atitude incomum às prostitutas profissionais, ela tentou:

— O senhor mora em Brasília mesmo?

Ele, parecendo não ter se importado com a pergunta, respondeu:

— Praticamente sim. Lá tenho um belo apartamento onde passo a maioria dos dias da semana. Aqui em São Paulo tenho uma bela casa onde ficam minha esposa e minha filha. Venho sempre que posso.

— O senhor é casado há muito tempo?

— Sim, há mais de trinta anos. Construí uma família sólida, embora marcada por tragédias. Perdi dois filhos num acidente de carro e minha esposa vive doente.

Influenciada pelos espíritos das trevas, subitamente ela pensou: "Esse homem ainda será meu. Vou tirá-lo dessa mulher doente e serei, assim, a esposa dele".

O senador parecia estar apreciando a conversa, pois em hora nenhuma se opôs às perguntas dela. Isso não era algo comum de ele fazer com mulheres desse tipo. Mal sabia que agia assim pela influência de espíritos ainda atrasados que estavam no local. Toda pessoa que busca o prazer do sexo de forma comercial está sujeita à invasão de espíritos inferiores. O senador Humberto Costa de Aguiar era visado pelo astral inferior fazia anos. Mas só depois de várias tentativas tinham conseguido influenciá-lo. E a hora havia chegado; bastava Isabela fazer o que eles desejavam.

Isabela deu sua cartada:

— Gostaria de vê-lo mais vezes. Será sempre de graça, é porque é para você...

Vestindo-se, ele respondeu:

— Voltarei outras vezes, sim.

Deu um beijo no rosto dela e saiu fechando a porta atrás de si. Desceu. O salão havia se aquietado e apenas uma música romântica embalava alguns casais que ainda conversavam na penumbra. Muito contente, madame Aurélia aproximou-se do senador:

— Tenho certeza de que gostou, senador. Isabela é uma das minhas melhores meninas!

— Com certeza é a melhor. A partir de hoje quero que ela seja exclusivamente minha. Pagarei por isso; basta me dizer a quantia.

Pelo semblante de Aurélia passou um vislumbre voraz de ambição.

— Gostaria que o senhor soubesse que não vai custar barato. Infelizmente, temos de nos manter. E, pela estrutura da casa, o senhor pôde perceber que gastamos muito, principalmente para oferecer o que há de melhor a pessoas como o senhor, por exemplo.

Ele se sentou próximo ao balcão e pediu uma bebida, a qual Aurélia serviu com prazer. Como era bom fazer um negócio de vulto como aquele!

Fumando outro charuto que, pela marca, Aurélia percebeu ser importado, ele confessou:

— Usei a Isabela hoje sem pagar, o que me deixou meio constrangido. Não é de meu feitio usar essas mulheres sem dar nada em troca. Aceitei por insistência de amigos. Mas, a partir de hoje, ela será só minha. Faça os cálculos que eu pago.

Com muita satisfação, aquela mulher, acostumada a vender o corpo das pessoas, calculou tudo muito rápido e mostrou a quantia ao senador.

Coçando o bigode ele afirmou:

— Nossa, não pensei que ela fosse tão cara! Porém, tenho de concordar que é realmente esse o valor que ela tem.

Assinou o cheque, pegou o paletó e saiu sem esperar os amigos.

Dentro do carro, o senador ficou pensando nos intensos momentos de prazer que vivenciara ao lado daquela jovem mulher e jurou para si mesmo que jamais a perderia.

Ele não poderia ver a quantidade de espíritos que o rodeavam. Do teto do carro aos bancos, espíritos viciados em bebida e sexo estavam em contato com aquele homem que se imaginava sozinho. Em processo de vampirismo, essas entidades retiravam dele o fluido vital e com isso encurtavam, e muito, o número de anos de sua presente encarnação. Era a primeira vítima de Isabela e seus comparsas desencarnados na presente existência. Ela, que reencarnara para progredir e crescer com o próprio esforço, condição que sempre exige mudanças de atitudes e pensamentos, estava preferindo a porta larga, que, como disse Jesus, sempre nos conduz à perdição.

5

Uma vida destruída

O carro último modelo parou em frente de um majestoso portão de ferro. Humberto, com o controle remoto, abriu o portão e, após colocar o veículo na garagem, entrou na elegante vivenda. Construída em bairro luxuoso de São Paulo, aquela casa causaria inveja a qualquer pessoa, mesmo as da mesma classe do senador. Tudo ali fora cuidadosamente escolhido por Flaviana de Camargo Aguiar quando, no auge da sua felicidade afetiva, se casara com o homem amado. Naquela época, quando ele ainda não tencionava seguir carreira política, tudo era diferente. Amoroso e apaixonado, ele a cortejara até conseguir sua mão em casamento. Não fora fácil. Humberto era ainda muito novo e vinha de uma família que, apesar de ter algumas posses, não era rica.

Ele sempre tinha sido muito ambicioso e jamais se casaria com uma mulher que fosse pobre ou tivesse patrimônio igual ao seu. Ele queria mais, tencionava ser milionário, e só fazendo um casamento de conveniência com uma moça da alta sociedade é que iria conseguir. Era início dos anos 1970 e a revolução sexual havia transformado o comportamento e o caráter de muitas moças naquela época. Para Humberto, encontrar uma à altura dos seus sonhos estava praticamente impossível. Mas a vida, quando quer pôr um espírito à prova, que ele mesmo atrai com o próprio comportamento, faz surgir oportunidades de onde menos se espera: eis que, no baile de sua formatura, onde se tornara bacharel em Direito, Humberto conhece Flaviana.

Do primeiro encontro ao casamento foi menos de um ano. Os pais dela, o senhor Hipólito e dona Augusta, haviam sido educados de forma austera e sempre condicionados ao pensamento de que as classes não deviam nem podiam ser misturadas. Porém, a paixão da filha única pelo recém-formado Humberto aos poucos foi minando a resistência dos pais, que acabaram por concordar.

Humberto fez o papel de moço apaixonado quando, na realidade, só queria mesmo era ascensão social e financeira, esta última principalmente. Agradavam-lhe as formas do corpo e o rosto angelical de Flaviana, mas amor mesmo ele não tinha por ela. Foi um casamento sem amor, portanto, fadado ao fracasso. Flaviana, como a maioria das mulheres, teve uma educação equivocada. Fantasiava o homem perfeito, que iria aparecer e lhe fazer todas as vontades. O mimo a fez achar que Humberto era o príncipe que a vida lhe mandara. Iludida com o sonho de amor, ela atraiu para sua vida justamente o homem que iria, por intermédio da desilusão e da dor, fazê-la amadurecer.

Após as pompas da cerimônia e a rica lua-de-mel, começou para eles o tempo da convivência. Depois dos primeiros anos, a paixão que ele demonstrava esfriou. Vieram os dois primeiros filhos, a rotina entediante, até que, logo após o fim do regime militar, Humberto interessou-se pela política. Filiou-se a um partido que estava surgindo com muita força naquele momento e, anos depois, até se candidatou à vice-presidência do país, mas foi derrotado. Conseguindo o cargo de senador, deixou para sempre de advogar, tarefa que exercia com bastante enfado.

Entrou na sala excessivamente luxuosa e tudo estava às escuras. Naquele momento pensou no quanto era infeliz. Patrícia havia nascido em meio às brigas e confusões de um matrimônio já fracassado. O senhor Hipólito, percebendo que a filha fora enganada, praticamente cortou relações com o casal, principalmente após saber das aventuras sexuais do genro.

Humberto subiu e com desgosto foi para o quarto de hóspedes em que dormia. Começou a relembrar a tristeza e a dor de ter perdido Marcos e Alfredo, seus filhos queridos e que seriam seus continuadores na carreira política. No desastre apenas ele se salvara. Começou a chorar de emoção. Apesar de tudo, ainda lhe restava Patrícia, que era seu anjo bom. Só por ela é que não abandonava para sempre aquela casa triste e sombria, apesar de rica e composta com tudo que há no mundo moderno.

Poucos anos depois do nascimento de Patrícia, estranhos sintomas acometeram sua mulher. Ela começou a ter náuseas e vômitos freqüentes, manchas arroxeadas começaram a surgir junto com um forte prurido, mas os médicos não conseguiam diagnosticar a doença. Até que ela começou a urinar mais que o normal e sempre que o fazia era com muita dor e sangramento. Quando foi descoberta a insuficiência renal, ela já estava com mais de noventa por cento dos rins comprometidos. Os médicos afirmaram que só o tratamento com hemodiálise poderia lhe dar algum tempo a mais de vida, pois um transplante naquele momento seria arriscado e até fatal, além do que teriam de enfrentar a fila de espera, mesmo sendo ricos.

Foi uma bomba que caiu sobre aquela família. Desesperada, dona Augusta, já viúva havia alguns anos, exigiu que o tratamento fosse feito em casa. Eles conseguiram os aparelhos e montaram uma verdadeira clínica no próprio quarto do casal. Humberto, a partir daquele momento, sempre tinha de contar com a presença desagradável da sogra em sua casa. Olhar rancoroso, ela conversava com ele somente o necessário.

Fazia dois anos que sua mulher estava gravemente enferma. Humberto chorava copiosamente sua desdita. Perdera os filhos, a riqueza não o tornara tão feliz quanto imaginara e sentia um imenso vazio dentro do peito. Só mesmo na política e no sexo encontrava algum prazer. Mas, ultimamente, toda vez que podia fugia das reuniões do Senado. Estava perdendo o gosto pela vida. Só agora, ao encontrar Isabela, é que tinha vislumbrado uma nova luz em seu caminho.

Sem que ele pudesse ver, seus filhos desencarnados estavam ali a velar por ele. Marcos e Alfredo, espíritos bons, logo compreenderam como atraíram aquelas mortes por acidente e trataram de procurar auxiliar o próximo na colônia onde viviam. Trabalhavam bastante, porém sem se desligar um instante sequer da família que os recebera com tanto amor na Terra. Ao perceberem a doença da mãe, prontamente foram buscar explicações com um dos instrutores da cidade em que viviam. Foram recebidos com cordialidade por Alexandre.

— Vieram saber sobre o estado de Flaviana. Fui informado de que está desenvolvendo uma doença terminal.

Marcos, olhos marejados, redargüiu:

— Isso mesmo. Não conseguimos entender por que aquela que foi nossa mãe na Terra tem de passar por semelhante sofrimento. Gostaríamos de ajudar.

— A doença da mãe de vocês não poderá ser curada na presente encarnação. Tentem se conformar para poderem ajudar. Adoecer junto com ela não será o melhor remédio.

— Por quê? — foi a pergunta aflita de Alfredo.

— Todas as doenças que acontecem aos encarnados surgem pela maneira equivocada com que estão guiando suas vidas. O corpo de carne é uma espécie de válvula que absorve as energias doentias produzidas pelo pensamento humano e as extravasa em forma de doenças. No caso da sua mãe, ela se encontra escrava da hemodiálise porque foi escrava a vida inteira das próprias ilusões. Terá de modificar a forma de pensar para encontrar a paz e o equilíbrio. No entanto, isso não acontecerá na Terra; só vai se dar depois do desencarne.

— Notamos que a nossa mãe estava muito infeliz, mas ela não se iludiu. Quando percebeu quem nosso pai era de verdade, acordou para a vida e procurou viver da melhor maneira possível.

Alexandre explicou:

— Engana-se. Sua mãe trocou de ilusão. Se antes o que a dominava era o sonho de amor, agora ela vive na esperança de que Humberto mude de comportamento e ainda seja o que ela espera. Sua mãe alimenta o desejo de transformá-lo. Triste situação. Infelizmente, a doença é a forma que a vida encontrou de levar ao seu espírito a cura por que ela tanto anseia. É necessário, acreditem. Se ela não precisasse passar por semelhante situação, a bondade divina não iria permitir.

Conformados, eles saíram, e a partir daquele instante procuravam ajudar no que fosse necessário no intuito de diminuir as dores da mãe. Era com tristeza que viam o pai mergulhar nos meandros da corrupção e do sexo irresponsável, mas nada podiam fazer a não ser rezar e ter paciência.

Humberto chorou durante um tempo, porém lembrou-se da filha, Patrícia, o único bem que lhe restara na vida. Como ela era bela e inteligente! Já estava com dezoito anos e havia terminado o colegial. Pensava em prestar vestibular e ser psicóloga. Humberto sabia que ela conseguiria. Era muito interessada pela vida e pelos estudos. Naquele instante, lembrou-se das conversas longas que tinha com ela e de como admirava sua sabedoria. Apesar da idade, ela tinha muitas idéias que desafiavam o raciocínio comum e às vezes fazia com que ele se sentisse melhor. Pensando na filha, adormeceu.

Pela manhã, já devidamente barbeado, desceu. Tinha acordado bastante cedo, apesar de ter dormido tarde. Encontrou Patrícia à mesa, tomando café.

— Bom dia, papai! Como é bom tê-lo em casa. Está ficando cada vez mais rara sua presença aqui. — Levantou-se e deu um beijo na testa dele.

Enquanto Eulália, a criada, o servia, ele comentou:

— Esta casa sempre me traz recordações tristes. A lembrança dos seus irmãos, dos tempos de felicidade que vivi ao lado de sua mãe, tudo isso me machuca muito.

— Sabe, papai, há alguns meses tenho freqüentado um lugar muito bom, onde tenho aprendido várias coisas a respeito da vida. Sempre que vou lá me sinto bem. É um centro de estudos espirituais. Gostaria muito que o senhor fosse lá um dia comigo.

Ele, meio desinteressado, perguntou:

— E o que se aprende lá? Pelo visto, é um centro religioso.

— Lá, eles ensinam que o sofrimento é um estado antinatural, que nascemos para ser felizes e que a perfeição total é nosso destino. Mas não tem nada a ver com religião. Eles afirmam que as religiões vão acabar e trabalham com eles muitos terapeutas e médiuns que, com o auxílio de espíritos bons e evoluídos, nos ajudam a viver melhor.

Ele fez um ar azedo:

— Só podia ser mesmo o espiritismo. Quero que saiba que aqui nunca ensinamos religião a ninguém, cada um sempre foi livre para seguir o que quisesse, mas não me obrigue a ouvir coisas que vêm de pessoas simplórias e supersticiosas. Muito me admira você, sempre tão inteligente, ter caído em uma dessas.

Ela continuou, sem se importar:

— Eles trabalham como espiritualistas independentes, mas têm bases no espiritismo codificado por Allan Kardec. Vendo o senhor sempre tão triste, observando a doença horrível da mamãe e os fatos trágicos que aconteceram com meus irmãos, sempre me perguntei o porquê, e nunca encontrei respostas. Hoje, com o pessoal do centro, tenho descoberto coisas incríveis e sei que tudo está certo da maneira como está. Eles me deram *O Livro dos Espíritos* para ler e com ele estou descobrindo até o próprio Deus. Não é fabuloso, papai?

Coçando o bigode, Humberto replicou:

— Sei não... Tenho medo de que eles coloquem em sua cabeça que seus irmãos morreram e sua mãe está sofrendo porque estão pagando débitos de vidas passadas. Conheço pessoas espíritas que depois que abraçaram essa doutrina se tornaram conformistas e estagnadas, aceitando tudo sem reagir. Não quero que você pense assim.

— É aí que está o engano, papai. A interpretação errada de alguns deu a essa sublime doutrina uma conotação conformista. Tenho aprendido que não existe fatalidade e que noventa por cento dos nossos sofrimentos não vêm de vidas passadas, e sim de escolhas atuais. Só quando nascemos com defeitos físicos, em estados calamitosos de pobreza e doença, ou numa família problemática é que estamos recolhendo o que fizemos no passado. Quanto ao resto, corre por conta do nosso modo inadequado de pensar e encarar a vida. Creia, papai, o sofrimento pode e deve ser evitado. Chegou a hora de a humanidade se libertar de vez da dor. Não acha que tenho razão?

Tomando vagarosamente seu café, Humberto se perguntava de onde a filha tirava tantas idéias, que por vezes o confundiam.

— Então, como explicar o sofrimento de sua mãe, uma mulher tão boa e prestativa? Não consigo entender. Se você perguntar a um espírita, por exemplo, ele dirá que é um resgate.

— Nada disso. Conversei com a Sílvia, uma das terapeutas, sobre o problema de mamãe, e ela me disse que os problemas de saúde são o resultado de atitudes equivocadas da pessoa na presente encarnação. Nos casos de problemas renais, a causa está na escravidão que a pessoa vive consigo mesma. Espera tudo dos outros e tem dificuldades no relacionamento afetivo. São pessoas que criam a imagem do amor ideal e, quando se decepcionam, ficam com muito ódio, achando que tudo está perdido. Elas, então, desistem de viver, atraindo para si a moléstia nos rins.

Humberto remexeu-se na cadeira. Realmente Flaviana havia se decepcionado bastante com ele. Com certeza ela descobrira que o casamento só fora uma conveniência. Resolveu parar com aquela conversa; não desejava se sentir culpado.

Eulália desceu a escadaria com uma bandeja praticamente intacta nas mãos. Aproximou-se da mesa:

— Sr. Humberto, dona Flaviana o chama. Disse que quer lhe falar antes que saia.

— Como está ela hoje, Eulália?

— Um pouco pior. Está depressiva, quase não quis comer.

Deixando a filha na sala, ele foi ter com ela.

Ao entrar no quarto, uma sensação de tristeza muito grande o invadiu. Aqueles aparelhos horríveis filtrando o sangue praticamente o tempo inteiro davam uma impressão soturna ao ambiente.

Na cama ricamente arrumada, Flaviana se encontrava com os olhos perdidos num ponto indefinido. Em quase nada lembrava aquela moça jovem e bonita que um dia havia se casado com Humberto.

— Sente aí! — disse ela com voz fraca.

Ele obedeceu.

— Sei que você nunca me amou. Percebo como era ingênua quando achei que você era o homem perfeito que idealizei. Tarde demais; minha vida está destruída.

Ele pegou nas mãos dela e o remorso o fez derramar algumas lágrimas.

— Não diga isso. Você é jovem. Sua vida não está destruída, você vai se recuperar e voltar a ser o que era antes. Lembre-se de Patrícia; ela precisa muito de você!

— Não me iluda mais. Sei que não tenho chances de cura e, se tivesse, não sei se iria querer mais me curar... Para quê? Para viver desprezada por você, dentro desta casa enorme, sem meus filhos? Prefiro morrer a voltar a essa vida que você me dá.

Ele chorou pelo remorso.

— Não tive culpa do que aconteceu. Você sabe como a política me absorve. Não posso fazer mais do que já faço. Pensa que também não sofro a morte de Alfredo e Marcos? Pensa que não sofro ao vê-la assim, sem poder se levantar e levar uma vida normal?

— Você sofre pelo remorso, por ter me tirado da casa de meus pais e despertado meu amor sem nenhuma intenção de retribuir. Como fui tão cega? — lamentou-se Flaviana. — Mas não posso me demorar relembrando a infelicidade que é minha vida. Chamei-o por causa de algo mais importante: nossa filha Patrícia. Em breve não estarei mais aqui para cuidar dela e orientá-la; quero que a leve para a casa de minha mãe.

Ele ruborizou:

— Isso nunca! Patrícia vai continuar sempre comigo. Não vejo por que levá-la para a casa de dona Augusta. Tenho meios de educá-la e o farei!

— Faça o que estou pedindo. Talvez seja meu último pedido a você. Sei que não tem condições de cuidar dela. É moça, é jovem, e precisa de alguém que a oriente. Você leva vida imoral e nunca está em casa. Raramente larga Brasília para vir aqui. Faça o que estou pedindo; não hesite!

Ele pensou em discordar, mas resolveu ceder, prometendo a ela o que no fundo sabia que não iria cumprir. Jamais deixaria sua filha nas mãos de uma mulher como Augusta Camargo. Resolveu contemporizar. Beijou o rosto dela e desceu. Patrícia não estava mais à mesa, todavia teve uma desagradável surpresa ao passar pela sala: dona Augusta o esperava.

— Quero falar-lhe. Não subi porque não queria interromper sua conversa com minha filha. Não sei de que se tratava, mas espero que não a tenha feito sofrer mais do que até o momento.

Ele foi seco:

— Diga o que quer, pois estou muito atrasado.

— Como sempre! Só não estava atrasado quando tirou minha filha do lar onde era amada e valorizada para trazê-la a uma vida de sofrimentos e traições. Mas tenha certeza de que não viverá feliz um dia sequer de sua vida. Terá a mim como inimiga, e não lhe darei paz enquanto viver!

Ele esfregou as mãos tentando conter a raiva.

— Diga o que a senhora quer, pois preciso sair. Seja breve.

A velha e elegante senhora prosseguiu:

— Quero que contrate mais uma empregada para esta casa. Desejo que minha filha tenha companhia mais horas durante o dia. Conversei com o doutor Eduardo e ele garantiu que ela está em fase terminal. Não quero que nada lhe falte nesses últimos momentos de vida. Quero, pelo menos, que morra com dignidade.

— Empregada? Mas esta casa já tem tantas! A Eulália cuida muito bem dela; não lhe deixa faltar nada.

— Eulália é da cozinha. Estou me referindo a uma exclusiva. Para ser mais direta, quero que contrate uma enfermeira para cuidar de minha filha.

Nesse instante o espírito Romário, que estava atento a toda a conversa, soprou nos ouvidos de Humberto:

— Concorde com ela, não discuta. Nós o ajudaremos a encontrar a enfermeira.

Humberto resolveu concordar:

— Está certo. A senhora pode providenciar isso para mim? Não tenho tempo para essas coisas. Estou indo resolver alguns problemas e depois sigo para Brasília.

O companheiro de Romário influenciou Augusta, que logo protestou:

— Nada disso, você é que deverá encontrar a enfermeira desta vez. Já fiz muito por esta casa. Todas as empregadas daqui foram escolhidas por mim e minha filha, agora é a sua vez. Contrate e traga essa enfermeira ainda hoje, ou não responderei por mim.

Dizendo isso, a velha senhora virou o rosto e subiu a escadaria em direção ao quarto de Flaviana.

Sem saber o que fazer diante de tanta petulância, Humberto também saiu. Ia ver madame Aurélia, fazer algumas recomendações e conversar diretamente com Isabela. Iria lhe propor montar uma bela casa onde ele a visitaria semanalmente. De repente, Romário, que estava ao seu lado, lhe disse:

— Você não precisa se preocupar com a enfermeira. Traga Isabela para sua casa e transforme-a em acompanhante da sua esposa. Diga que é a enfermeira que contratou, ninguém vai desconfiar. Além do mais, você poderá possuí-la sexualmente na sua própria casa, sem gastar tanto!

A maioria dos pensamentos das pessoas é sugerida por espíritos que circulam na crosta terrestre. Ignorando esse fenômeno de comunicação telepática, os encarnados supoem que estão pensando por si mesmos. Grande ilusão! Assim como existem os bons espíritos que lhes inspiram idéias nobres e boas, há os inferiores, que os tentam levar cada vez mais para a queda. Humberto, pelo comportamento que mantinha e pelos pensamentos que cultivava, cortara a relação com seu guia espiritual, que não conseguia mais influenciá-lo. Respeitando o livre-arbítrio, seu mentor o deixara livre para que, recolhendo a dor, pudesse amadurecer.

Após captar com facilidade as idéias de Romário, ele exultou:

— Tive uma idéia excelente. Resolvi agora o que fazer com Isabela. Será a enfermeira perfeita que dona Augusta tanto almeja.

Feliz com a idéia aceita, Romário regressou para o sítio infernal onde vivia com uma comunidade muito grande de espíritos que, assim como ele, lutavam para conduzir a humanidade à maldade e à dor, degradando-se nos caminhos que levam ao sofrimento.

6

Uma inimiga

Na Mansão de Higienópolis, no dia seguinte à visita do senador, madame Aurélia reuniu todas as suas empregadas no grande salão. Queria falar com elas em especial.

— Gostaria de agradecer a todas pela noite memorável que tivemos ontem. Nossos protetores saíram satisfeitos. Libero as bebidas para todas durante uma semana.

Muitas sorriram, gratas pelo elogio; outras logo se levantaram para o bar. Muitos espíritos as seguiram, também contentes com a idéia de poder sentir o sabor da bebida por intermédio delas. Naquele lugar, além do vício sexual, havia a agravante do álcool. Aurélia olhou profundamente para Isabela, que logo notou que ela lhe queria falar em particular.

— Isabela, vamos subir. Temos muito o que conversar.

Luana, que invejava bastante a beleza e o porte da companheira de profissão, tornou:

— Nossa, quanto mistério! Ontem foi a escolhida da noite, hoje é a preferida da patroa. Quanto privilégio!

Fingindo não ouvir, as duas subiram.

No quarto excessivamente luxuoso de Aurélia, Isabela se acomodou. Estava preparada para ser explorada mais uma vez. Por certo o senador havia gostado dela e a queria de graça. Isso seria ótimo, pois estava em seus planos conquistá-lo definitivamente.

— Isabela, faz mais de um ano que está aqui comigo. Como já teve a oportunidade de ver, nem sempre a vida aqui é boa. Também não há o que reclamar, tendo vindo de um lugar como o que você veio; considere-se até com muita sorte. Mas seus dias de prostituta praticamente acabaram.

Isabela estremeceu:

— Vai me mandar embora? A senhora não pode fazer isso comigo. Dei muito lucro a esta casa e pretendo continuar dando. Meu filho aqui cresceu e está bem alimentado e com saúde; tenha piedade. Só tenho aquela favela horrível para viver — começou a soluçar.

Aurélia sorriu:

— Não precisa chorar nem se ajoelhar a meus pés. Não é nada disso que você está pensando. É algo muito melhor, maravilhoso!

— Não entendo. O que pode ser?

— Você sabe que sempre a considerei uma filha. Se fui dura algumas vezes, foi porque precisava. Quem trabalha nesse ramo sabe muito bem que às vezes temos de ser inflexíveis com os empregados. Saiba que em agências especializadas os donos costumam ser bem menos tolerantes que eu. Mas você parece que nasceu com uma estrela. Em pouco tempo conseguiu o que todas almejam: um homem rico e apaixonado a seus pés!

Isabela continuava sem entender. Será que era o que estava pensando? Não podia ser.

— Continue, madame!

— É isso mesmo! O senador Humberto a comprou. A partir de hoje, não vai servir a nenhum outro homem, será peça exclusiva para ele.

— Como isso foi acontecer?

— Não sei! Os homens são assim. Alguns são difíceis, outros são fáceis de se apaixonar. Mas todos, quando se apaixonam, cometem loucuras. Mensalmente ele vai me pagar tudo o que você costumava render aqui dentro. Também vai pagar você por fora, mas esse acerto só os dois poderão ter. Contudo, aqui vai um conselho: tire dele tudo o que puder. Os homens merecem ser usados até o último centavo. Se um dia ele não lhe servir mais, o abandone sem titubear. Mas, enquanto estiver com ele, sugue tudo a que tem direito.

Isabela estava radiante. Finalmente o universo conspirava a seu favor. Estava mais fácil do que ela podia supor. Num gesto impulsivo, abraçou a madame e desceu as escadarias gritando que estava livre e que era amada. Sua única amiga, Morgana, se aproximou, abraçando-a longamente. Foram para o jardim. Sentadas no banco, Isabela lhe contou tudo, e finalizou:

— Morgana, estou muito feliz. Minha vida vai mudar e, como a minha, a sua também!

— Quem dera, amiga, mas não vejo como. Seja feliz você; acho que eu nasci para esta vida mesmo.

— Não diga isso, Morgana. Tenho um plano e sei que vai dar certo. Se der, vou ser a senhora Isabela Aguiar. Quando isso se realizar, saberei agir para tirá-la daqui. Essa cafetina miserável deve estar ganhando uma fortuna comigo, mas hoje me deu conselhos benéficos. Vou aproveitar tudo que a vida está me dando e saberei retribuir a sua amizade e lealdade para comigo.

Morgana tinha no canto dos olhos uma lágrima teimosa.

— Se fizer isso por mim, serei eternamente grata. Penso que a prostituição não é algo bem-visto por Deus. Sinto-me muito culpada cada vez que troco meu corpo por dinheiro.

— Não seja boba em pensar em Deus em uma hora dessas. Se ele realmente existisse não teria feito esse mundo cheio de desgraças e de gente como nós. Pense em você mesma. Ceda aos homens até que eu a tire daqui; tenha paciência.

A outra pareceu se acalmar.

De repente, elas viram o carro de Humberto parar em frente a mansão. Ele entrou e cumprimentou as duas.

— Madame Aurélia está em seus aposentos. Deseja falar com ela, senhor? — perguntou Isabela.

Ao fitá-la, ele sentiu mais uma vez que era a mulher perfeita para ser sua e a enfermeira que a sogra queria. Já perturbado pelas ondas de luxúria provindas daquele ambiente, ele, meio tonto, respondeu:

— Sim, desejo ter com madame Aurélia.

As duas entraram conduzindo o senador para dentro do recinto. Em poucos minutos, estavam ele e Aurélia no escritório.

— O senhor aceita uma bebida?

— A de sempre, por favor!

Depois de servido, ele foi direto ao assunto:

— Quero desfazer a proposta que fiz à senhora ontem. Desejo tirar Isabela daqui.

Ela não acreditava no que ouvia. Não podia perder aquela renda mensal de forma alguma. Irritou-se:

— O senhor não pode chegar aqui e fazer o que bem entende. Somos um grupo muito unido; prezo pelo bem-estar das minhas meninas e não vou permitir que tire uma delas daqui sem que vá lhe dar uma vida digna.

Ele sorriu sarcasticamente.

— Faz-me rir. Sei que a senhora é uma mercenária e que não se importa com nada que não seja dinheiro. Não tente cruzar o meu caminho ou levo essa casa à falência muito mais rápido do que supõe.

Ela tentou contemporizar:

— Não vê que vai cometer uma loucura? Para onde pretende levar uma mulher que conheceu ainda ontem? Não sabe quem ela é nem do que é capaz. Trabalho há muitos anos com esse tipo de gente e sei que são capazes de tudo para atingir seus objetivos. Pode se dar muito mal. Isabela é sonsa, falsa e arrogante; também percebo nela um instinto agressivo, tenha cuidado com o que vai fazer.

Acompanhado pelos espíritos desde que saíra de casa, Humberto estava suficientemente influenciado para não ceder às palavras de Aurélia.

— Não desejo saber de mais nada que venha da senhora, não acredito no que diz. É interesseira e só pensa em explorar o corpo alheio para viver. Sei que vai fazer minha cabeça para que não leve Isabela daqui, mais a aviso de que não vai adiantar. Aceite o que estou propondo: fique com o dinheiro que lhe dei e se dê por satisfeita em ter passado um tempo com ela e lucrado tanto. Agora ela é minha e vai seguir comigo ainda hoje.

Madame Aurélia resolveu não insistir.

— Então que seja como o senhor quiser. Depois não diga que não avisei. Ah, e tem mais, algo que nunca lhe contaram: Isabela tem um filho. Ele mora com ela aqui.

Terminada a conversa, Humberto subiu ao quarto de Isabela e deu-lhe pessoalmente a notícia. Ela parecia delirar; não poderia acreditar de forma alguma que aquilo estivesse acontecendo com ela. Após se beijarem longamente, os dois foram para a cama, onde ela mais do que nunca procurou se esmerar. Quando tudo terminou, ele a olhou e disse:

— Arrume todas as suas coisas que às cinco horas passarei aqui para levá-la. Tenho alguns compromissos e, após resolvê-los, venho sem falta. — Ele deu uma pausa. — Tenho outra coisa a lhe dizer. Durante algum tempo terá de me fazer um favor; não posso lhe dizer o que é agora. Prepare-se e na hora exata saberá.

Ela concordou rapidamente. Não podia perder aquela chance. Subitamente, segurou com muita força os braços dele, e confessou:

— Há um segredo que ninguém lhe contou, mas é preciso que saiba antes de qualquer coisa.

— O que pode ser?

— Tenho um filho. Ele vive aqui comigo, nesse quarto ao lado. Uma empregada cuida dele para mim enquanto trabalho. Se não puder levá-lo comigo, recuso agora sua proposta. Ele é meu bem mais precioso.

Humberto sorriu.

— Sei que tem um filho. Fui informado por madame Aurélia. Já pensei nisso e tenho a solução. Você terá uma bela casa onde poderá viver com ele. Enquanto estiver me ajudando no que preciso, poderá contratar uma babá para olhá-lo.

Emocionada, Isabela se ajoelhou aos pés de seu protetor e chorou muito.

— Não sei como agradecer o que tem feito. Às vezes penso que estou sonhando e a qualquer momento vou acordar.

Ele olhou para um ponto indefinido e pensou alto:

— Nem sei também por que tenho feito tudo isso. Sinto por você uma atração incrível, irresistível mesmo. Uma força muito grande me atrai até você. O que sei é que a partir daquela noite não consigo mais viver sem pensar em tê-la a meu lado.

Eles se beijaram. Deixando recomendações a madame Aurélia para que ajudasse Isabela com as bagagens, ele saiu.

A alegria foi grande quando Morgana ficou sabendo o que finalmente iria acontecer com a amiga. Começaram a arrumar as malas, e então Aurélia apareceu no quarto.

— Saia, Morgana. Preciso falar com Isabela a sós.

Quando estavam apenas as duas, ela começou:

— Não pense que vai sair assim tão fácil daqui. Depois de tudo que fiz por você, me deve muito. Vim para fazermos um contrato.

Isabela não entendeu.

— Contrato? Que espécie de contrato?

A outra sorriu.

— Deverá me dar a metade de tudo que conseguir ao lado do senador. Acha mesmo que, depois de tê-la tirado daquela favela horrível, tratado de você nos melhores salões de beleza, dado-lhe um nome, ajudado seu filho a não morrer de fome, vai sair assim sem molhar muito bem a minha mão?

— Lembre-se, senhora, de que tudo isso que fez já retribuí regiamente e a duras penas. Servi aos piores homens que freqüentaram esta casa e lhe dava cinqüenta por cento. Para a senhora, isso basta. Não tente me atrapalhar; estou protegida por um homem muito importante e, se a senhora tentar algo, vai se arrepender.

Aurélia sentiu muita raiva naquele momento. Quem ela pensava que era?

— Escute aqui. Ninguém me passa para trás e fica impune. É melhor aceitar meu acordo agora ou ganhará uma inimiga para o resto dos seus dias.

— Ameaças comigo não resolvem. Aprendi desde cedo a ser forte. Fui estuprada, engravidei, desde criança tive de cuidar de mim, e não é uma mulher como a senhora que vai me atrapalhar. Antes disso, não viverá para fazer nada.

— Está me ameaçando? Não sabe com quem está lidando. Engula tudo que disse. — Dizendo isso, deu uma bofetada no rosto de Isabela, que revidou. As duas então começaram uma luta corporal.

Morgana e as outras, que escutavam atrás da porta, invadiram o quarto e acabaram separando as duas.

Despenteada, rosto cortado e com expressão de ódio, Aurélia parecia um monstro.

— Arrume suas coisas e suma daqui. Mas saiba que vou persegui-la enquanto viver. Você foi o meu maior investimento; é justo que agora eu cobre. Ainda vai me ver bastante.

Ela saiu com ar ameaçador. Morgana e Eudásia correram para acudir Isabela, que estava no chão chorando desesperadamente e tinha várias marcas em todo o rosto.

Tiraram-na do chão e a colocaram sobre a cama. Ela chorava, rosnava, mordia os lençóis e a cama de tanta raiva. Em meio ao ódio, gritou em voz alta:

— Quem ganhou uma inimiga foi a senhora. Juro que não viverá muito tempo pra atormentar minha vida. Eu tirarei a sua primeiro.

Morgana interrompeu:

— Isabela, acalme-se. Não diga mais nada para não se complicar. Lembre-se de que tem um filho que depende de você.

Nessa hora ela caiu em si. A lembrança do filho a fez refletir bastante. Instintivamente, foi ao quarto contíguo e o encontrou sobre a cama. Ao vê-la, Daniel sorriu. Isabela chorou emocionada. Pegou-o no colo, e lhe falou:

— Filhinho, a partir de agora a mamãe vai poder lhe dar tudo o que você precisa para ser um grande homem. Vou ensiná-lo a conquistar o que desejar e passar por cima de quem for preciso para conseguir vencer.

Trazendo o filho para o quarto, Isabela, Eudásia e Morgana começaram a arrumar as malas.

Já era noite quando Humberto chegou de carro e a levou. As despedidas foram tristes, principalmente para Eudásia, que cuidava de Daniel havia mais de um ano, e Morgana, que realmente era amiga de Isabela. Pelo vidro da janela de seu quarto, madame Aurélia olhava com ódio o carro que partia. A seu lado estava Luana, que se juntara à patroa para ajudá-la nos planos de vingança. Perto das duas, várias entidades sombrias as abraçavam, inspirando os mais cruéis pensamentos.

* * *

Patrícia acabara de ouvir uma palestra maravilhosa sobre o carma no Centro de Estudos que freqüentava. Após receber os passes e tomar a água fluidificada, ela foi procurar o palestrante. Depois de alguns cumprimentos de outros presentes, finalmente conseguiu se aproximar de Rodolfo.

— Gostaria de tirar algumas dúvidas sobre a palestra de hoje. Foi muito boa e proveitosa.

Rodolfo, muito simpático, a fez sentar-se num dos bancos.

— Realmente o carma é assunto muito interessante, que deve ser estudado e entendido em seu real sentido. Infelizmente, as pessoas o têm deturpado sobremaneira.

— É isso que gostaria de saber. Desde que iniciei minhas vindas aqui tenho procurado ler muito a respeito de espiritismo, mediunidade, vida após a morte e tantos outros assuntos ligados à espiritualidade. Para isso, fui numa boa livraria e comprei vários livros a respeito. Porém, tenho percebido em alguns deles idéias conformistas sobre o carma, sobre o sofrimento, e alguns até se referem a punição e castigo. O que aceitar de tudo isso?

— Realmente, na literatura espírita e espiritualista existem muitos autores que ainda teimam em continuar pensando de modo radical sobre certos assuntos. Eles ignoram que o pensamento evolui e ainda se prendem de forma ortodoxa ao que foi dito tempos atrás.

Patrícia refletiu:

— É isso que não consigo entender. Aqui aprendemos que Deus não castiga nem pune, apenas dispõe os fatos para que cada um colha aquilo que plantou e aprenda a viver melhor. Todavia, lendo as obras de Allan Kardec, sempre deparo com frases que fazem alusão ao castigo e à punição divina. Pode me explicar por que isso acontece?

Rodolfo se levantou e disse:

— Para isso preciso que venha comigo à nossa biblioteca.

Eles saíram e logo entraram numa grande sala com imensa quantidade de livros.

— Aqui é nossa biblioteca. Nela há muitos livros da literatura, tanto espírita quanto espiritualista, mas para responder às suas dúvidas e esclarecê-la quanto às outras que possivelmente vão aparecer em seu caminho, primeiro vamos ver um dos principais livros para os espíritas.

Eles sentaram. Rodolfo puxou de uma das estantes um exemplar que Patrícia logo percebeu ser de *O Evangelho segundo o Espiritismo*.

— Veja bem, Patrícia, logo na introdução deste livro, Kardec, em sua sabedoria e raciocínio ímpar, nos informou que "não é a opinião de um homem que se deverá aliar-se, mas a voz unânime dos Espíritos; não é um homem, não mais nós que um outro, que fundará a ortodoxia espírita; não é, tampouco, um Espírito vindo se impor a quem quer que seja; é a universalidade dos Espíritos se comunicando sobre toda a Terra por ordem de Deus". Hoje, como você mesma tem observado, universalizou-se a verdade de que Deus não castiga nem pune. Esse ensino se tornou praticamente universal nas lides espirituais e já tomou conta de quase todo o globo terrestre. Mas não pense que foi fácil essa generalização. No princípio, os espíritos superiores encontraram nos médiuns muita resistência e foi difícil essa idéia tomar forma. As pessoas rejeitavam-na como se fossem misticismos sem nem atentarem para o que dizia o bom-senso.

Patrícia interrompeu:

— Continuo sem entender. Se na Codificação Espírita os espíritos usaram desses termos, por que só tempos depois vieram a mudar a linguagem?

— Esperava por essa pergunta, e mais uma vez quem responde é Kardec. Veja aqui o que ele diz ainda na introdução deste livro.

Patrícia leu: "Os Espíritos superiores procedem, nas suas revelações, com uma extrema sabedoria; eles não abordam as grandes questões da doutrina senão gradualmente, à medida que a inteligência está apta a compreender verdades de ordem mais elevada, e que as circunstâncias são propícias para a emissão de uma idéia nova".

— Por este trecho você pode perceber o método de Kardec. Ele sabia que os espíritos estavam falando de acordo com uma época, de acordo com o que a humanidade poderia entender no século passado. O Codificador sabia que, quando o tempo fosse favorável, novas revelações iriam acontecer e que a verdade sempre se impõe sobre qualquer obstáculo. Hoje em dia falar que Deus castiga mostra completa ignorância sobre a natureza divina. O que naquela época foi facilmente aceitável, hoje, com a mente mais avançada da humanidade, torna-se intolerante afirmar. Kardec sabia que muitas coisas novas iriam surgir completando, e até mesmo retificando, o que ele disse naquela época, todavia sem ferir nem abalar os princípios básicos do espiritismo, que são imutáveis e universais.

— Quais são esses princípios, Rodolfo?

— Os princípios básicos do espiritismo são: a vida após a morte, a reencarnação como oportunidade única de progresso, a comunicabilidade dos espíritos com o mundo corporal, a pluralidade dos mundos habitados e a crença num Deus único, imutável, soberanamente justo e bom. Isso jamais será abalado, pois o tempo mostra que são verdades eternas.

— Entendi... Mas ainda sobre o carma. Se for verdade que ele não existe como algo fatal, como entender o que minha mãe passa sem nunca ter feito mal a ninguém? A Sílvia uma vez me explicou, mas não estou totalmente convencida. E onde fica aquela crença que vemos em muitos livros a respeito de que todos estão aqui para pagar débitos do passado? Tenho tantas dúvidas!

— É que você está muito presa à visão materialista das coisas. A crença de que viemos aqui para pagar débitos, além de incorreta, é uma maneira muito primitiva de entender a justiça divina. O que Sílvia lhe explicou está certo. Ninguém paga nada, porque ninguém deve nada a ninguém, apenas à própria consciência. Os sofrimentos são resultado das crenças, pensamentos e atitudes que ainda não se modificaram no bem, no otimismo e na fé. O sofrimento não é a cobrança de débitos do passado, e sim o chamamento divino para a evolução e a mudança para melhor. Ocorre que nossas crenças no mal vêm de muito longe e se repetem de encarnação a encarnação. Enquanto não as mudarmos, sofreremos da mesma forma. Esse é o único e verdadeiro carma que existe. Sua mãe nunca fez o mal a ninguém, todavia, se está sofrendo, é porque vem fazendo mal a si mesma. Provavelmente, antes de reencarnar, prometeu mudar, buscar o bem, evoluir pelo amor auxiliando o próprio espírito com a busca da espiritualidade e da sabedoria. Uma vez aqui, se acomodou em vez de buscar ser feliz e aprender como as leis universais funcionam. Ela fez o oposto, preferiu ser a vítima e continuou a alimentar a crença no mal.

Patrícia protestou:

— E como outras pessoas que vivem do mesmo modo que minha mãe, ou até em condição pior, estão bem e com saúde? — Nos olhos da jovem, uma lágrima teimava em cair.

— "Muito será pedido a quem muito recebeu." Deus respeita o nível de evolução de cada um; ele não pede aquilo que a pessoa ainda não é capaz de oferecer. Você exigiria que uma criança agisse como um adulto?

— É claro que não, imagine!

— Assim é que Deus age. Sua mãe chegou a um nível de evolução que não lhe permite mais ter certas atitudes, então vem o sofrimento. Sempre que a pessoa age fora de seu nível de evolução espiritual, a natureza não a protege mais, por isso a pessoa sofre as conseqüências. Acredite: quem não usa o bem que tem vai sofrer a interferência do mal.

Patrícia havia entendido, porém chorava muito. Era-lhe muito penoso ver a mãe, ainda jovem, jogada naquela cama, definhando sem esperanças. Ao seu lado, Alfredo e Marcos a consolavam. Rodolfo os viu, e lhe disse:

— Desabafe, chore, mas saiba que ela não está sozinha. Agora mesmo está sendo amparada por dois espíritos amigos que querem ver seu bem.

Ela ficou admirada

— São espíritos amigos? São meus mentores?

— Não sei dizer. Só sei é que possuem muita luz e a protegem. Renda graças a Deus por ter amigos assim no astral.

Ela estava emocionada. Ao sair do centro, tomou um táxi e foi para sua casa. Ganhara um carro último modelo dos pais, porém, ainda não aprendera a dirigir. Durante o trajeto foi refletindo sobre o que ouvira de Sílvia e de Rodolfo, e concluiu que eles tinham razão. De repente seu pensamento foi em direção à sua própria vida. Ela se sentia feliz. Não fosse a doença de sua mãe e a ausência do pai em casa, sua vida seria uma total felicidade. A perda dos irmãos também a chocara bastante, mas ela logo se recuperara. Ao ver seus corpos naqueles caixões, ela sentia no íntimo que a vida não terminava ali. Tinha amigas, mas gostava de selecioná-las. Às vezes preferia sair só a ter companhia de certas pessoas que não lhe agradavam. O que faltava mesmo era um namorado. Já tinha tido alguns, mas nenhum deles a tocara profundamente. Contudo, Patrícia confiava na vida e sabia que um dia, mais cedo ou mais tarde, a pessoa amada iria aparecer.

Após pagar o táxi, Patrícia entrou e logo percebeu que sua avó permanecia na casa.

— Vovó?! A senhora ainda aqui? Mamãe piorou?

— Não, filha. Estou esperando o crápula do seu pai chegar; hoje teremos um acerto de contas.

Patrícia sentou-se ao lado da avó no sofá luxuoso. Augusta de Camargo já estava velha, porém em seu rosto havia poucas rugas, além do que sempre se vestia com muita elegância, algo incomum em mulheres de idade avançada.

— Por que esse ódio tão grande contra papai? O que de mal ele lhe fez?

— Esse não é assunto para uma mocinha como você. O meu acerto de contas com ele hoje é outro. Sua mãe precisa de uma enfermeira e pela manhã ordenei que ele providenciasse uma para cuidar dela o dia todo. Humberto me garantiu que traria a moça ainda hoje e veja só: são dez e meia, e nada de ele chegar.

— Vovó, ele é um homem muito ocupado, mas, quando promete, cumpre. Apesar de a senhora nutrir esse ódio por ele, sempre o amarei, e mamãe também. Não acho bom guardar rancor no coração. Quem o cultiva é o primeiro a se prejudicar. Esse tipo de sentimento provoca emoções desordenadas que causarão problemas de saúde. Cuidado, vovó: eu a amo muito e a quero sempre do meu lado.

Augusta enterneceu-se:

— Ah, você é realmente um anjo. Mas esse repúdio que sinto pelo Humberto é mais forte que eu. Filha, pense bem, já é do conhecimento de todos que sua mãe tem poucos meses de vida. Temos de nos conformar... Quero que quando ela nos deixar você venha morar comigo, em minha casa.

— Não, vovó, isso não! Gosto muito da senhora, mas vou continuar vivendo aqui. Ademais, quem somos nós para dizer que uma pessoa vai viver ou morrer? Só Deus é que pode saber e, enquanto há vida, há esperança. Mesmo assim, caso mamãe se vá, irei continuar aqui, nesta casa que ela tanto amou e da qual cuidou. Vou me casar e ter minha família, e quero que seja aqui o meu lar.

— Você não vê que viver ao lado de seu pai pode prejudicá-la? Ele vai colocar em sua mente valores perniciosos, vai influenciá-la, e você vai se perder. Comigo não correrá esse risco.

— Não acredito que ninguém influencie ninguém dessa maneira, como dizem. As pessoas podem nos sugerir atos, idéias, pensamentos, mas nós só fazemos o que queremos.

A conversa foi interrompida pela chegada de Humberto.

Augusta levantou-se e foi logo perguntando:

— Onde está a enfermeira que você prometeu trazer hoje? Desde já, digo que não aceito desculpas. Se essa moça não vier, levarei Patrícia e Flaviana para minha casa. Você sabe muito bem do que sou capaz!

Humberto fez de tudo para não perder a paciência com aquela senhora intragável.

— Tive muitos compromissos hoje e só encontrei a pessoa ideal no fim do dia, de modo que ela não poderá vir hoje à noite, mas está contratada e começa amanhã cedo.

Patrícia deu um beijo nele e o abraçou. Augusta ia discutir, mas quando viu aquela manifestação de carinho entre pai e filha resolveu desistir.

— Espero que seja verdade. De qualquer maneira, vou dormir aqui hoje. Ligarei para Fátima ordenando que cuide de tudo em minha casa e amanhã bem cedo estarei de pé esperando a enfermeira. Se eu gostar, ela continua; se não, ela sai.

Dizendo isso, deixou os dois sozinhos na sala e dirigiu-se ao telefone.

— Conte-me como foi seu dia, papai.

— Ah, filha, muito cheio. Sempre que venho a São Paulo os compromissos políticos tomam a maior parte de meu tempo. Essa vida é boa, mas tem hora que dá vontade de deixar tudo.

— Queria o senhor mais presente aqui. Desde que meus irmãos morreram e que minha mãe adoeceu, esta casa está uma tristeza.

Humberto sempre se sentia mal quando alguém mencionava aquele assunto. Tentou mudar o rumo da conversa e logo estavam conversando amenidades. Após algum tempo, subiu e foi ver a mulher. Ela dormia, com uma aparência mais cadavérica do que no dia anterior, mas aquilo agora não importava. Tomou um longo banho e deitou-se. Começou a se lembrar de como tinha convencido Isabela a aceitar ser uma enfermeira em sua casa.

Eles tinham parado na frente de um hotel simples.

— Vou instalá-la aqui primeiro. Dentro de uma semana terá sua casa com tudo de melhor e moderno que há.

Ela estava em estado de felicidade:

— Nem sei como lhe agradecer. Sinto não merecer o que está me ofertando.

— Não diga isso, você merece muito mais. Agora entremos, temos muito o que conversar. Lembra da proposta que tenho a lhe fazer?

— Lembro, sim. Vamos entrar, estou ansiosa para saber.

Entraram. Já devidamente instalada e alimentando Daniel, ela começou a ouvir o que Humberto tinha a lhe dizer.

7

Orientações

Humberto contou a Isabela seus planos. Ele narrou, em detalhes, o desejo de torná-la sua esposa assim que Flaviana morresse. Mas, como parte inicial do plano, ela deveria ser a enfermeira zelosa que sua sogra tanto insistia que ele levasse para a mansão. Humberto nem percebia que não havia lógica nenhuma em se casar com uma mulher que mal conhecia. Envolvido que estava em processo de terrível fascinação, ele sequer questionava tal atitude. Assim como Humberto, a maioria dos encarnados toma decisões envolvida pelas entidades espirituais das trevas, deixando o mundo no estado atual de sofrimento.

Ao ouvi-lo, ela cogitou:

— Mas eu não tenho a mínima prática em enfermagem. Sua sogra vai perceber de imediato que não sou enfermeira. Será pior para você.

— Nem pense isso. Minha mulher está em seus últimos dias de vida, o trabalho não é tão complicado. Desde que ela adoeceu, os médicos indicaram como tudo deveria ser feito e a maior parte do trabalho são os empregados que fazem. Sua tarefa será apenas a de velar por ela, ministrando os medicamentos nas horas certas, a alimentação, etc. Verá como é fácil.

Terá de passar as noites por lá. Cuidarei para que venha todas as manhãs ficar com Daniel.

Ela o abraçou:

— Era isso o que me preocupava. Não posso ficar sem ver meu filho. Para que eu possa ficar lá durante a noite, tenho de contratar alguém que fique com o Daniel. Prefiro que seja a Eudásia, que é de minha confiança.

Ele coçou o bigode:

— Isso é comprar mais briga ainda com Aurélia. Eudásia trabalha para ela.

— Não me importa. Busque-a para mim e assim ficarei tranqüila para fazer o papel que me pede.

Humberto concordou. Pela manhã telefonaria bem cedo para Aurélia pedindo que lhe enviasse Eudásia para trabalhar e morar com Isabela. Tudo combinado, pela manhã Isabela já estava na mansão onde desempenharia o papel de enfermeira desvelada.

Madame Aurélia ficou com muita raiva do senador pela ousadia de tirar dela mais uma funcionária, porém concordou, insuflada por Luana, que com isso acabou descobrindo o novo endereço da ex-colega para realizarem os planos de vingança.

Isabela ficou deslumbrada com a elegância da mansão. Nem em seus sonhos mais ambiciosos, ainda quando morava na favela, poderia imaginar que um dia seria dona de uma casa como aquela. Sim, porque ela pensava em ser dona de tudo aquilo. Humberto comprara uniforme e apetrechos de enfermagem, e ela estava perfeita. Sentada no elegante sofá, ela esperava. De repente uma jovem bonita se aproximou:

— Então é você que vai cuidar de minha mãe? Fico feliz em ter mais alguém com ela. Meu nome é Patrícia, sou filha de Humberto.

— Prazer. Meu nome é Isabela. Vou fazer o possível para ajudar sua mãe.

— É, mas vai ter de enfrentar as exigências da senhora Augusta. É minha avó, uma pessoa muito legal, mas muito exigente e dura. Se você não atender às expectativas dela, é capaz de perder esse emprego.

— Farei de tudo para estar à altura do que sua avó espera. Ela tem razão. Para lidar com esses problemas de saúde precisamos mesmo de pessoas competentes.

Nesse momento, do alto da escadaria surgiu Augusta. Quando a viu à sua frente, fitando-a com um olhar inquisidor, Isabela sentiu-se tontear. Não era possível! Quem estava ali era a mesma senhora que a humilhara e mandara espancar quando fora pedir esmola. Precisou de todo seu autocontrole. Felizmente Augusta não a reconheceu, tão diferente que estava.

— Olá. Chamo-me Augusta, sou mãe da sua paciente. Vamos subir, tenho de lhe mostrar tudo e dizer como será seu trabalho.

Ela a acompanhou. Do sofá, Patrícia sentiu uma sensação ruim invadir o seu espírito. Não sabia explicar de onde vinha, mas não havia gostado da enfermeira. Algo nela não lhe inspirava confiança. Patrícia tinha aprendido, havia muito tempo, a confiar na intuição. Esta guia infalível, quando escutada, nos leva sempre à verdade, por mais escondida que ela nos pareça. Ela sentiu no íntimo que, com a chegada daquela mulher na sua vida, algo de macabro iria acontecer. Preferiu mudar os pensamentos e dirigiu-se ao curso.

Isabela conheceu Flaviana e ficou muito feliz. Realmente aquela mulher não iria atrapalhar seus planos; pelo estado em que a viu, não duraria muito tempo. Tentou dissimular todo o ódio que sentia por Augusta, mas em sua mente já surgiam planos de vingança assim que casasse com Humberto e fosse dona de tudo aquilo.

Tentou executar as tarefas direito, nos mínimos detalhes, para agradar à severa senhora. Durante a madrugada, enquanto todos dormiam, Humberto a chamou e foram para um dos quartos da casa. Lá deram vazão aos sentimentos que os uniam. Nem se lembraram de que estavam em um lar que devia ser respeitado acima de qualquer coisa, e assim assumiam compromissos dolorosos que os iam encontrar fatalmente no futuro.

Diana estava reunida com os amigos estudando o caso de Clotilde/Isabela. Sentados em uma sala, eles conversavam.

— Realmente, Bruno, nessa situação não podemos fazer muito. Antes Clotilde ainda nos ouvia durante o sono físico, mas hoje, quando nos vê, corre apavorada para o corpo de carne, recusando-se a ouvir nossas orientações. Devemos ter paciência e confiarmos na bondade divina.

Bruno ouvia calado com os olhos perdidos num ponto indefinido. Depois comentou:

— Ainda lembro com nitidez quando fomos resgatá-la no umbral em estado lamentável. Na caravana estávamos eu, você, Gabriel e Daniel. Após tempos conosco, perto de reencarnar, resolveu que mudaria e que desta vez faria tudo diferente. Mas a prova do reencontro com Humberto foi definitiva, e ela optou pelo caminho do erro mais uma vez. Mesmo conhecendo a origem do problema, ainda fico triste ao ver toda a programação de uma vida ser perdida assim com extrema facilidade.

Gabriel questionou:

— Não entendo onde tudo começou. Gostaria de conhecer a história dela. Pode me contar, Diana?

— Sim. A história de Clotilde vem já de algum tempo, precisamente quando viveu na França, entre os séculos XVIII e XIX. Naquele tempo, ela era uma nobre da corte muito rica. Acreditava que entre pobres e ricos deveria sempre haver grande distância e os tratava com desprezo. Naquela época, no fim do século XVIII, a situação econômica e social da França era gravíssima. A maioria dos franceses da época eram camponeses que, em geral, trabalhavam nas terras de um nobre ou nas de uma ordem religiosa católica. Clotilde, que naquela época se chamava Nathalie, e seu marido, Henry, que hoje se chama Humberto, tinham muitas terras e nelas viviam vários camponeses em sistema feudal, regime sob o qual tinham de entregar a maior parte da comida aos seus senhores. Muitas famílias nobres tratavam relativamente bem os campônios, dando-lhes boa moradia e melhores condições de vida, todavia na família de Henry o tratamento era péssimo. Nathalie não permitia que o marido, um homem relativamente bom, melhorasse a vida de quem trabalhasse para eles; deixava-os passar fome e morar em casebres com chão de terra. A vida corria bem para eles até o dia em que Nathalie conheceu um lindo camponês chamado Thierry e se apaixonou perdidamente por ele. Notando o interesse da senhora e tencionando melhorar de vida, Thierry aceitou com facilidade as suas investidas e ambos passaram a se encontrar secretamente numa cabana de caça um pouco distante da luxuosa propriedade dela.

Diana fez breve pausa para organizar suas lembranças. Depois prosseguiu:

— Nathalie se viu perdidamente apaixonada e dava somas e mais somas de moedas e jóias ao seu amante. Mesmo sabendo que Thierry só tinha interesse em seu patrimônio, cega de paixão, continuava o relacionamento. Foi aí que madame Philomene, a mãe de Henry, necessitou passar uns dias na casa do filho. Ela estava doente e era viúva; não queria morrer longe do filho único e amado. Porém, Philomene não morreu; pelo contrário, logo se recuperou. Aconselhada pelo filho, ela permaneceu no castelo, pois havia tido início o que hoje conhecemos como Revolução Francesa, e a cidade estava em polvorosa. A rotina do castelo foi alterada com a chegada da matrona e Nathalie teve de espaçar os encontros com Thierry na cabana de caça. Como Henry saía bastante a fim de resolver os problemas da imensa propriedade, pediu à esposa que cuidasse de sua mãe e velasse por ela. O receio de Henry foi logo compreendido quando, numa noite de inverno de 1789, seu castelo foi invadido por camponeses que se apropriaram de toda a comida e de documentos que registravam suas dívidas feudais. Houve morte e muita luta. Entre os camponeses estava Thierry que, a partir daquele momento, passou a residir fora das terras de Henry. Estando longe do amante, Nathalie sentiu-se muito triste. Seus filhos eram adultos e estavam fora do país. Foi então que resolveu escrever uma carta para ele marcando um encontro no lugar de costume. Sua fiel camareira, Morgan, iria entregar.

— E Nathalie conseguiu se encontrar com seu amante? — perguntou Gabriel.

— Ela não contava com as armadilhas que o destino costuma pregar — continuou Diana —, e saiu de seu quarto a procurar a empregada. Nesse momento, sua sogra, que entrara no recinto procurando por ela, viu sobre a escrivaninha a carta de amor e luxúria que seria enviada em breve para Thierry. Philomene apropriou-se da carta e quando Nathalie retornou ao quarto em companhia de Morgan, sem encontrar a missiva, entrou em surto quase psicótico. Não poderia imaginar quem estava com a carta, nem passava por sua mente que se tratava de Philomene. Após se acalmar, decidiu que precisava se manter atenta e descobrir o autor do roubo. Certamente teria sido um empregado do castelo que queria chantageá-la em troca de fortuna. A esse pensamento, sentiu-se calma. Mas as horas passavam, e nada de o chantageador falar com ela.

Gabriel escutava atentamente o desenrolar daquela história real.

— Em seu quarto, madame Philomene estava em estado de choque. Nunca poderia imaginar que Nathalie fosse capaz de semelhante ato. Decidida, contou tudo ao filho, sem atinar na tragédia que estava desencadeando. Henry, muito apaixonado pela esposa, não teve coragem de matá-la. Espancou-a várias vezes, jurando de morte Thierry onde quer que o encontrasse. Trancou sua mulher no castelo e ordenou que não saísse dali a partir daquele dia. Desesperada e pensando que Thierry pudesse morrer, Nathalie mandou que Morgan o procurasse e lhe avisasse que fugisse, pois corria risco de vida. Depois da fuga, quando tudo estivesse esquecido, ele deveria voltar e invadir a casa juntamente com outros camponios, e tirar a vida de Henry. Ela facilitaria tudo. Prometeu que ele seria um homem rico e ela uma mulher mais livre para amar. Também prometeu a Morgan muitas jóias, que a fariam uma mulher bem de vida, caso continuasse fiel a ela. Thierry fez tudo conforme o combinado. Durante a Revolução Francesa, os ataques de camponeses aos castelos se tornaram comuns e num desses ataques aconteceu o premeditado: Henry perdeu a vida. Philomene ficou arrasada, mas nem de longe conseguiu imaginar tratar-se de Nathalie a mandante do crime. Passados os primeiros tempos de luto, ela e Thierry voltaram a se encontrar. Ela continuou viúva em respeito aos filhos e, apesar de apaixonada, jamais se uniria a um camponês oficialmente.

Diana tomou fôlego, antes de prosseguir com a narrativa envolvente dos fatos:

— Charles e Luigi, filhos de Nathalie, tiveram de voltar da Inglaterra, pois a Revolução estava atingindo toda a Europa, e a Inglaterra planejava atacar a França na tentativa de conter o movimento. Os franceses já não eram mais bem-vistos naquele país. Com os filhos no castelo, e ainda a sogra, ficaram mais difíceis os encontros com o amante. Este, já rico com o dinheiro e as jóias que recebia da amante, estava começando a afastar-se dela. Percebendo isso, Nathalie pensava numa maneira de reconquistá-lo causando-lhe ciúmes. Começou então a sair com George, viúvo rico muito amigo da família. Iam a cafés e demais lugares públicos na tentativa de chamar a atenção de Thierry. Isso realmente aconteceu: Thierry passou a pensar, induzido pelo espírito vingativo de Henry, agora desencarnado, que merecia mais dinheiro, e as saídas de Nathalie com George indicavam que em breve ela se casaria novamente e ele perderia essa chance. Envenenado pela inveja, ele passou a persegui-la por toda a parte, até que um dia a encontrou comprando fazendas numa butique requintada.

— Thierry estava, então, sob a influência do espírito desencarnado de Henry? — perguntou Gabriel.

— Sim — respondeu Diana. — Thierry, após abordá-la na butique — prosseguiu —, começou a ameaçá-la e marcaram assim novo encontro na cabana de caça. Radiante, ela foi. Luigi estava caçando por perto e viu horrorizado quando a mãe entrou com um homem na cabana. Espreitou por uma fresta e os viu fazer amor. Seu sangue subiu à cabeça e ele pensou em matá-los ali mesmo, todavia seu espírito guardião o aconselhou a esquecer o assunto e a perdoar. Ele não conseguiu. Durante os dias que seguiram, influenciado por um espírito inimigo da mãe, ele traçou meticuloso plano. Sua mãe não poderia dar aquela vergonha a ele e ao irmão; era preferível vê-la morta a estar nos braços de um homem como aquele. Durante uma madrugada, ele entrou devagar e silencioso no quarto dela e a sufocou com um travesseiro. Assim Nathalie regressou ao astral. Todos pensaram se tratar de parada cardíaca; ninguém cogitou a possibilidade de Luigi ser o assassino da própria mãe. Assim que seu corpo astral se libertou do físico, o espírito dementado de Henry passou a persegui-la incansavelmente e a fez prisioneira por anos a fio no umbral. Depois disso, Thierry, em uma terrível discussão com Luigi, acabou sabendo que o próprio filho tinha matado a mãe quando descobrira que ela e ele se relacionavam. Cego de ódio e pensando ter sido madame Philomene quem os delatara, assim como fizera da última vez com o filho, Henry, ele assassinou a velha senhora com requintes de crueldade.

— E como termina tudo isso? — inquiriu com interesse Gabriel.

— Em mil setecentos e noventa e oito, desiludidos e sozinhos, Charles e Luigi se entregaram passivamente à morte numa das batalhas de Napoleão Bonaparte e chegaram ao mundo espiritual em situação lamentável. Suicidas, passaram por terríveis tormentos. Basicamente, amigos, foi isso que aconteceu.

Diana encerrou a narrativa e Gabriel estava estupefato; nunca poderia imaginar que a história de Clotilde envolvesse tantas peripécias.

Diana concluiu:

— Após passar por tantos sofrimentos, Clotilde ainda não conseguiu encontrar o caminho da evolução pelo amor. Aqui, em nossa estância de paz, ela foi orientada a respeito de que isso era possível, todavia escolheu sofrer em vez de encarar seus problemas de outra forma.

Bruno completou:

— Infelizmente, a maioria dos espíritos desencarnados escolhe apagar suas culpas por meio da expiação e do sofrimento. Bom seria se todos nós pudéssemos aprender somente pelo bem.

— Você tem razão, Bruno. Atualmente na Terra já é possível acabar com todo o sofrimento, mas a humanidade é que tem de fazer a própria libertação espiritual pela qual tanto anseia. Em via de se regenerar, nosso planeta, ao qual estamos ligados há séculos, está deixando já há algum tempo a velha forma de evolução pela dor. Vale a pena salientar que a dor é a forma mais primitiva de evolução. Ela só acontece em mundos ainda inferiores; em planos mais elevados nem as lágrimas existem mais, há muito foram abolidas — esclareceu Diana.

Gabriel estava com dúvidas:

— Lembro-me de que ajudei a resgatá-la. Só que naquele tempo eu era um novato no mundo espiritual. Iniciava meu trabalho como uma espécie de terapia para meu espírito, que estava arrasado pelas culpas e pela saudade que sentia dos que haviam ficado, por isso não pude acompanhar o processo de reencarnação desse grupo. Como foi que isso aconteceu?

— De forma sofrida, infelizmente — retorquiu Diana. — Como já lhe contei, Nathalie chegou aqui com muitos compromissos assumidos perante a própria consciência. Assim que desencarnou, teve como algoz seu marido, Henry, que, se sentindo traído, a perseguiu cruelmente. Com seus companheiros de uma falange das trevas, ele a tirou do corpo e a levou para uma caverna onde ficou presa durante décadas e onde era violentada todos os dias. Para piorar seu estado, Henry revelou como foi sua morte e ela começou a se sentir culpada por tantos erros, inclusive o de ter induzido o próprio filho a matá-la. Tendo consciência de que muito fracassara, Nathalie julgava estar no inferno, atirada às penas eternas. Não se lembrava de rezar nem de pedir auxílio a Deus. Por causa disso, demorou muito para ser resgatada.

— Madame Philomene também passou por muitos sofrimentos deste lado da vida — continuou Diana. — Não acreditava estar morta e vagou sem rumo pelo umbral por mais de dez anos, sentindo todas as necessidades de quando estava viva sem poder supri-las. Quando encarnada, julgava que o sexo era apenas para a procriação, e com isso reprimiu toda manifestação de sexualidade que lhe aparecia, até que um dia um grupo de homens ainda presos a esse vício a encontrou e sem mais dificuldades a levou para o Vale do Amor Livre, onde passaram a molestá-la sexualmente, sem se importar com a idade que ela aparentava. Tendo reprimido tanto a própria sexualidade, madame Philomene passou a gostar de ter relações com aqueles espíritos. A essa altura, seu próprio marido também fazia parte daquela horrível situação e ela havia se convencido de que tinha deixado a carne. Algum tempo depois, ela foi convidada a uma excursão pelo Vale dos Suicidas e lá encontrou seus netos com os corpos perispirituais "chumbados" ao chão. Olhos vítreos, eles estavam presos e pareciam congelados. Foi então que ela começou a perceber a real situação em que estava e o remorso começou a persegui-la. Seu desejo maior agora era rever o filho Henry e retirar seus netos daquela situação. Um dia, após tanto chorar, orou a Deus e foi atendida. Chegou à nossa colônia prometendo se regenerar, conquanto tirássemos seus netos do Vale e ela pudesse ter ao lado o filho e o marido. Então lhe explicamos que naquele momento não era possível, que ela tinha de cuidar de si mesma, procurando ser feliz. Em seguida, aconselhamos a reencarnação, que ela aceitou depois da aprovação do Plano Superior.

— E quais seriam as características de sua nova vida? — perguntou Gabriel.

— Renasceria pobre, pois achava a riqueza perigosa e má. Escolheu o Brasil, precisamente o interior do Nordeste, e lhe foi concedida a oportunidade: seria uma mãe de família honrada e criaria os filhos para o bem, pois como mãe de Henry havia fracassado e dado a ele uma educação perniciosa, baseada nos falsos valores da sociedade. Longe da cidade, ela também aprenderia a se aproximar mais de Deus no contato com a natureza, ainda que inóspita. Assim ela nasceu — explicou Diana. — Todavia as chagas do espírito são como ímãs e em pouco tempo os espíritos com os quais ela se consorciou no astral em atos sexuais a encontraram. Diante das dificuldades que ela enfrentava quando moça, sugeriram a prostituição, idéia que ela acatou com facilidade. Logo estava fazendo na Terra o que fazia quando desencarnada. Anos depois, montou uma casa de prostituição e até hoje, como Aurélia, ainda se especializa em vender o corpo em troca de dinheiro.

— Durante os anos em que Philomene passou encarnada, muitas coisas aconteceram — prosseguiu Diana. — Pudemos resgatar Charles e Luigi e os conduzimos a uma colônia correcional. Lá eles estagiaram durante anos. Mas mesmo assim não melhoravam. O ato do suicídio lesa o corpo astral profundamente e eles precisavam voltar à Terra com urgência. Oraram com fervor a Deus e a Jesus para que Nathalie fosse socorrida. Eles teriam de reencarnar, mas não podiam imaginar a mãe em tão terrível situação. Luigi estava com remorsos por tê-la assassinado e queria seu perdão. Todos estavam reunidos, menos Henry, que se recusava a ser socorrido. Por isso foi submetido a uma reencarnação compulsória, e veio ao mundo como Humberto. Era um espírito ainda muito ligado ao materialismo e às conveniências de quando viveu como nobre na França. Dessa maneira, foi facilmente envolvido pela política e pela corrupção, coisas que estava tão habituado a fazer. O casamento, que foi lhe dado para aprendizado interior, logo foi deixado de lado. Até hoje a única coisa que realmente o sensibilizou foi a morte de Alfredo e Marcos, que foram Luigi e Charles reencarnados.

Interrompendo a narrativa, Gabriel perguntou:

— E Nathalie, vai voltar à vida de Humberto? Afinal, foram marido e mulher no passado.

— Sim. Flaviana foi o espírito que induziu Luigi a sufocar a mãe naquela noite. Elas são inimigas de passado remoto; fatalmente iriam se encontrar quando encarnadas. Na Terra ninguém se encontra com ninguém pela primeira vez, principalmente nas relações de afeto. O casamento com Humberto iria terminar na hora exata e ele assumiria Isabela como esposa, para assim melhorarem como espíritos. Mas muita coisa saiu da programação e mais uma vez eles escolheram o sofrimento.

— Como assim? Na Terra as coisas podem acontecer fora da programação? — perguntou Bruno.

— Sim, e é o que mais acontece. Chamada a reencarnar, Nathalie disse que viria, mas desta vez em miserável situação. Depois de tudo que sofrera, ela criou na mente a crença de que a riqueza é ruim e só a pobreza pode levar à evolução. É um pensamento equivocado, mas no qual muitos acreditam, geralmente movidos pelos remorsos. Ela poderia ter vindo rica mais uma vez e ter usado sua fortuna para produzir o progresso no meio social e auxiliar a todos que prejudicou no passado, todavia preferiu o egoísmo de sofrer sozinha e foi viver numa favela com casa de piso de terra, assim como os camponeses que lhe serviam viviam. Sofrer sempre será um egoísmo, pois pelo bem e pelo amor vamos ajudar o próximo muito mais do que sofrendo. Clotilde não acredita nisso e prefere a vida que vem levando. Todavia, mesmo a duras penas, teria a chance de progredir. Se a qualquer momento ela passasse a crer de forma diferente, mudando os pensamentos para outros mais prósperos, logo estaria bem de vida e evoluiria com mais facilidade. Mas, movida pelos espíritos inferiores, preferiu ser prostituta e subir na vida de modo ilícito, o que fatalmente vai acabar em mais sofrimento.

— Ela vai conseguir se casar com Humberto? — perguntou Bruno.

Diana explicou:

— Isso está na programação. Eles precisam se unir até mesmo para ajudar Thierry, que está na Terra como Daniel. Ex-amantes agora como mãe e filho, eles vão sublimar a paixão que tanto os fez sofrer. Humberto, vendo-o agora como uma criancinha doce e inocente, esquecerá que ele foi seu antigo rival e assassino, e o perdoará. Por outro lado, vendo-o como pai, Thierry vencerá o ódio e aprenderá a amá-lo, mas ainda terá de sobrepujar seus instintos violentos. Para isso, contará com o espiritismo, com o qual ele assumiu se comprometer na tentativa de melhorar e evoluir. Se tudo correr assim, apesar dos erros, Humberto e Clotilde poderão ser felizes. Mas os espíritos das trevas estão atentos e vão fazer de tudo para que eles fracassem mais uma vez. Por isso estamos aqui, para ajudá-los, sempre contando com o amparo de Deus e de Jesus!

— Como é difícil vencer quando estamos na Terra, Diana! — ponderou Gabriel.

— Isso acontece porque não ouvimos a voz da nossa própria alma. Ela sabe tudo o que precisamos fazer para alcançar a felicidade. É por intermédio da intuição que o Criador se comunica conosco, nos orientando a alcançar o caminho mais indicado para atingir nossos objetivos superiores. Quem não ouve a própria alma, facilmente se perde no turbilhão do mundo e, fazendo escolhas erradas, sofrerá bastante. Só vence na vida aquele que está do lado da espiritualidade, dos valores eternos do espírito, que são muito diferentes dos valores da sociedade. Quem vive de acordo com as leis universais, mesmo contrariando as leis sociais, vai estar sempre equilibrado e feliz.

Os amigos terminaram de conversar e, após um abraço amigo, se despediram. Bruno e Gabriel foram dormir na casa onde residiam na própria colônia. Diana era um espírito muito avançado, então aproveitava a noite para estudar os casos em que trabalhava ou então ia ler os livros de espíritos que eram mais evoluídos que ela, livros esses que as pessoas da Terra ainda não conheciam e que, mais tarde, quando a humanidade estivesse melhor, chegariam à Terra por intermédio de médiuns dedicados e responsáveis.

8

Adquirindo compromissos

A noite estava fria e Isabela folheava um livro, sem muito interesse, na cabeceira da cama da moribunda.

— Como está a mamãe? — Era a voz de Patrícia, que acabava de entrar no quarto.

— Está bem melhor hoje. Aliás, sua mãe tem melhorado muito ultimamente.

— São seus cuidados. Depois que vovó teve a idéia de trazer uma enfermeira para cá, tudo melhorou. Até papai está mais presente no lar, coisa que não fazia antes.

Isabela mordeu os lábios. Aquela sirigaita nem desconfiava o porquê de o pai estar tão presente.

— É mesmo, o senhor Humberto tem se interessado bastante pelo lar. Sinto que a melhora de dona Flaviana o tem deixado mais alegre e motivado para estar em casa.

— Deus a ouça; sinto muito a falta de papai aqui.

Flaviana tossiu e acordou:

— Filha, que bom acordar e ver você!

— Vim aqui ver como a senhora estava. Não queria ir ao centro sem vê-la. Isabela me disse que a senhora melhorou.

— Sinto-me mais forte ultimamente. Também, pudera... Com um anjo como Isabela à minha cabeceira não tinha como não melhorar.

Patrícia a beijou, despediu-se e saiu do quarto. As duas ficaram sozinhas. Isabela costumava conversar com Flaviana sobre amenidades e, depois de alguns minutos, ela estava novamente adormecida.

Isabela recomeçou a leitura, sempre atenta ao menor ruído para ver se Humberto havia chegado. Agora, três vezes por semana ele estava em casa. Mesmo com os compromissos em Brasília, ele fazia questão de voltar para o lar, onde dava vazão a sua paixão por ela. O quarto de Flaviana tinha uma vidraça que dava para o jardim e o portão da frente. Era dia de Humberto chegar e, ao menor ruído de carro, ela corria para vê-lo. Estava ansiosa. Quando aquela mulher cadavérica iria morrer para ela se tornar logo dona da mansão? O tempo passava e Humberto não chegava. Ela acabou adormecendo na cadeira de balanço.

Assim que se desligou do corpo, percebeu uma pessoa à sua volta. Era Romário, que demonstrava ansiedade no rosto.

— Parecia que você não ia dormir nunca. Estava ansioso para lhe falar; preciso com urgência lhe fazer um alerta.

Ela, meio assustada, não reconheceu de imediato aquela pessoa tão feia e suja. Depois de alguns instantes, se lembrou:

— Ah, o que é desta vez, Romário?

— Você precisa agir muito rápido. Por acaso quer perder a chance de ser a dona de tudo isso aqui?

— Como assim? Não vou perder a chance. Essa mulher doente logo morrerá e Humberto vai se casar comigo. Ele me prometeu e sei que é homem de palavra.

— Eu não estaria tão certo disso — respondeu Romário maliciosamente.

— Como assim? Ele está com outra? Diga-me, por favor — ela começou a se desesperar, afinal confiava em Romário, e, se ele estava lhe dizendo aquilo, havia de ter um motivo.

— Não é isso. Humberto é fiel a você. O que acontece é que você não está enxergando o óbvio. Flaviana está se recuperando. A doença dela deixou de se desenvolver e está regredindo. Daqui a alguns meses estará boa e voltará a reinar absoluta como dona desta casa. Humberto, pressionado pela sogra e pela filha, não vai ter coragem de se separar. Você terá de se contentar em ser uma reles amante.

Ela começou a sentir ódio.

— Isso não pode acontecer. Bem que suspeitei que ela estava melhorando. O que posso fazer para me livrar dessa mulher de uma vez por todas?

— Matá-la! É isso que deve fazer. Se não matar Flaviana, não vai conseguir ser a senhora desta casa.

— O quê? Nunca matei ninguém, isso é errado!

— Boba! Ou faz isso, ou perderá sua chance de ficar milionária. Aproveite enquanto ela dorme e a sufoque com o travesseiro. Todos pensarão que foi parada cardíaca e ninguém suspeitará de você. Acorde no corpo físico e mate-a sem piedade. Ademais, na última encarnação, ela foi o espírito que influenciou seu filho a matá-la. Você apenas fará justiça.

— Isso mesmo. Vou agora para o corpo e farei o que me indicou, só assim serei rica e feliz.

Romário sorria de prazer mórbido. Tinha conseguido enganar Isabela facilmente. A melhora de Flaviana era temporária, ele sabia que a insuficiência renal crônica não tinha cura, mas o que ele queria era comprometer ainda mais Isabela com as leis de Deus. Os espíritos inferiores induzem os outros ao mal com um único propósito: o de os fazer infelizes como eles. A felicidade das pessoas é um verdadeiro tormento para os espíritos inferiores, então, para vê-las infelizes também, eles as induzem ao mal. Isabela, com esse ato, se comprometeria seriamente e seria tão infeliz quanto eles num futuro próximo. Ainda que as leis da Terra jamais descobrissem seu crime, as leis divinas agiriam sem erro até forçá-la ao reajuste.

Num susto, Isabela acordou. Olhou novamente pela vidraça e nada de Humberto. Já era tarde e àquela hora ele não viria, ficaria no apartamento em Brasília. Certamente os compromissos lá tinham se intensificado e ele não pudera voltar para casa. Olhou Flaviana adormecida e percebeu que sua respiração estava normal. Aquela mulher estava melhorando e isso era péssimo para ela. De repente, um pensamento a invadiu: "E se ela melhorar?" Já ouvira falar de casos em que o paciente estava com o pé na sepultura e mesmo assim havia se recuperado e passado a levar vida normal como antes. Não, isso não podia acontecer. Flaviana estava perto da morte e nada a faria se recuperar.

Tentou se concentrar no romance, mas não conseguia. Algo lhe dizia fortemente que Flaviana iria se recuperar e voltar a ser a senhora daquela casa. Isso ela não podia deixar acontecer; tinha de fazer algo. Nas últimas semanas, Flaviana tinha melhorado muito. Se se recuperasse, não permitiria que Humberto se separasse dela para se casar com outra. A velha chata da Augusta continuaria a imperar e ela não poderia se vingar. De repente, outro pensamento lhe tomou: "E se ela morresse? Só assim tudo ficaria resolvido".

Estranha força a envolveu e ela pegou o travesseiro sobre o qual Flaviana dormia. Bruscamente, começou a apertá-lo contra seu rosto. Flaviana acordou assustada e tentou gritar, mas a voz não saiu. Sentiu que alguém a sufocava, mas não sabia quem. Isabela tinha força multiplicada e, ao perceber que a vítima tentava se livrar, apertou ainda mais o travesseiro. Em desespero, a enferma sentia perder o resto de suas forças e concluiu que ia morrer. Ao pensar nessa hipótese, um mórbido pavor a invadiu e ela perdeu os sentidos. Isabela, ao se certificar de que Flaviana estava morta, foi para sua poltrona e fingiu dormir. Como se sentia aliviada ao pensar que agora tudo seria seu! Pela manhã teria de estar preparada para representar o papel de surpresa e inocente.

Amanheceu. Augusta e Patrícia estavam reunidas na mesa tomando o café. Era sempre assim; elas acordavam, tomavam o café e depois iam ver Flaviana. Augusta, mesmo depois que Isabela chegara, continuava praticamente morando na mansão, tão preocupada estava com a filha. De repente, ouviram um grito agudo vindo de cima. Com o susto, elas correram a fim de ver o que era. Ao chegarem, viram Isabela chorando ajoelhada aos pés de Flaviana, que parecia morta. Sentindo o que tinha acontecido, Augusta desmaiou. Logo os empregados chegaram e se enterneceram ao ver o desespero de Isabela e o choro baixinho de Patrícia, debruçada sobre a mãe. Levaram Augusta para outro quarto e telefonaram para Humberto dando a fatídica notícia. Nem perceberam o exagero cometido pela enfermeira, que nem de longe se importava com a situação.

— Levante, Patrícia — dizia Zulmira, antiga empregada da casa. — Não vai adiantar ficar aí debruçada. É hora de rezar e pedir a Deus que receba a alma de dona Flaviana no céu. Era uma santa mulher.

Patrícia levantou-se e seguiu com ela. Tudo parecia um pesadelo. Isabela, olhos inchados, depois de contar sua versão dos fatos ao médico, foi para casa. No trajeto não conseguia esconder a egoística satisfação com o que tinha feito. O doutor Vasconcellos diagnosticou parada cardíaca e ninguém nunca iria desconfiar dela. Mas, mesmo assim, tinha de disfarçar. Eudásia estava lá cuidando de Daniel e ela não poderia desconfiar de nada; seria um segredo que levaria ao túmulo.

Em casa, Isabela fez a mesma cena com Eudásia, que de nada desconfiou. Algumas horas depois na mansão, Humberto havia acabado de chegar. Abraçou a filha e tentou confortá-la como pôde. O pessoal do centro espírita estava lá e reanimara Patrícia com palavras de consolo. Augusta estava inconsolável. Chorava, gritava e desmaiava repetidas vezes, até que o doutor Vasconcellos a fez dormir com uma alta dose de ansiolítico.

O velório foi na capela de um rico cemitério. Isabela compareceu e estava com Augusta o tempo inteiro. Naqueles seis meses trabalhando lá, ela fizera grande amizade com a sogra de Humberto. Com extrema falsidade, tinha se acercado da senhora e conquistara sua afeição. Ouvia-lhe as confidências. Augusta era severa e só tinha amigas de sua idade e religião, mas com Isabela ocorrera uma exceção; ambas teriam se tornado grandes amigas, não fosse a hipocrisia de Isabela. Humberto estava cercado por amigos do Senado e até o presidente compareceu. Isabela ficava imaginando como seria maravilhoso ser a esposa dele e brilhar na sociedade. Foi com esses pensamentos que viu o corpo de Flaviana ser sepultado. Augusta não permitiu a cremação.

Naquela noite, o ambiente estava triste na mansão. Humberto, que tinha passado quase a vida inteira longe da filha, não sabia agora como se aproximar dela. Ele também se sentia mal. No fundo, sua consciência já o acusava de ter sido interesseiro e se casado sem amor. Naquele instante, o remorso pareceu aumentar. Na sala com a sogra e a filha, cada um a um canto do sofá, ele não sabia como quebrar aquele mórbido silêncio.

— Sei que é muito triste... — começou ele. — Mas precisamos acabar com esse silêncio pavoroso que se instalou aqui. Dona Augusta, é hora de deixarmos para trás nossas desavenças e nos tornarmos amigos, pelo bem de Patrícia.

— Sei o que você quer, mas não vou ceder. O que lhe disse antes de minha filha morrer, repito agora. A partir da próxima semana Patrícia vai viver comigo em minha casa; não posso permitir que ela passe a viver aqui sozinha. Não volto atrás na minha decisão.

Patrícia, ainda com os olhos inchados, pareceu sair do torpor que a invadia e se defendeu:

— Vovó, já conversamos sobre isso. Eu lhe disse que, apesar de ter apenas dezoito anos, sei bem o que quero da vida. Não vou morar com a senhora, apesar de amá-la bastante. Ademais, se eu sair daqui, o que será feito desta casa tão grande da qual mamãe cuidou com tanto carinho? O que será desses empregados que cuidaram de nós durante tanto tempo? Não, não vou sair. Pretendo me casar e morar nesta casa. Acredito que quando mamãe despertar no plano espiritual ficará contente ao me ver aqui.

— Você e essas suas idéias. Sua mãe morreu, e, como todos que morrem, ela estará dormindo até o último dia; não vai poder ver nada. Veja só, Humberto, o que sua negligência fez! Até entrar para uma seita horrível sua filha entrou. É claro! Flaviana, sempre doente, não pôde guiá-la como deveria, e você, que tinha essa obrigação, a abandonou, por isso segue esse caminho. Temo por você, minha neta. Pode até enlouquecer com essas idéias.

— A senhora não pode falar de uma coisa que não conhece. O espiritismo é uma filosofia séria, voltada para o bem. Além do mais, ela consola mais do que qualquer outra religião que existe no mundo. Não quero ofendê-la, mas sua religião não acredita no perdão de Deus, uma vez que considera o inferno como um lugar de padecimentos eternos, e também não consola, já que acredita que os espíritos não se comunicam e não têm consciência de si mesmos. Eu aprendi com o espiritismo que Deus é bom, sempre perdoa seus filhos e não fecha a porta para nenhum deles, por mais errados que pareçam estar. Aprendi que a morte não existe e que a vida é eterna. Acredito que minha mãe, agora, está amparada por espíritos de luz, descansando em algum lugar, e isso me dá consolo e alegria.

— Patrícia, sua avó está certa. Nunca obriguei ninguém a seguir religião alguma, mas acredito que este não seja um caminho bom para você. Se essa religião lhe desse consolo mesmo, não teria chorado tanto a morte de sua mãe.

— Chorei sim, e ainda vou chorar mais, pois a amava, e quem ama sempre sente quando se separa do ser amado. Mas meu choro é como se fosse por mamãe ter ido fazer uma longa viagem. Não choro o “nunca mais”. Sei que, se Deus a levou, foi porque assim foi o melhor. Tenho certeza de que um dia a reencontrarei.

Augusta estava indignada.

— Que desgosto! Para mim é horrível ter uma neta nessa religião. Se você fosse igual a Isabela... Ela sim é que é uma pessoa sensata e tem aprendido muito com minha experiência. Tornamo-nos amigas e ela ouve tudo quanto eu digo, já você...

— Pense como quiser. Só aviso que não irei morar com a senhora. Agora vou dormir, porque estou muito cansada.

Dizendo isso, beijou o pai e subiu. Augusta ficou sozinha com Humberto.

— Você está vendo no que está se transformando sua filha: numa anarquista. Isso é o resultado da sua ausência aqui no lar. Saiba que eu nunca o perdoarei por tudo que fez minha filha passar. Vou amanhã para minha casa, mas ficarei atenta ao que acontece aqui. Não permitirei que se case com outra enquanto eu for viva.

— Dona Augusta, hoje todos os ânimos estão exaltados. É melhor termos essa conversa depois. Patrícia vai morar aqui com a Zulmira e com os outros empregados. Ela já é bastante adulta para escolher o que quer da vida. Não posso estar aqui todo dia, mas vou mandar redobrar a segurança da casa e sei que com Zulmira, que a viu nascer, ela estará protegida.

Augusta começou a chorar e Humberto, angustiado, deixou-a sozinha. Desse modo, ela passou o resto da noite chorando o triste destino e a morte de sua filha.

— Eudásia, a felicidade vai entrar para sempre em minha vida! Não consegui nem dormir direito esta noite pensando no que me acontecerá de agora por diante — falava Isabela à sua fiel amiga desde os tempos do bordel.

— Mas não consigo entender... Ontem você estava chorando tanto a morte de dona Flaviana, e hoje já está tão alegre?

— Percebi que de nada me vale ficar chorando por ela. Chorei ontem porque cuidei dela, e acabei me apegando à enferma. Mas a morte dela é um passaporte para a vida que eu tanto sonhei.

Levando um pão à boca, Eudásia questionou:

— Você acredita mesmo nisso, menina? Será que o senhor Humberto vai realmente cumprir suas promessas?

— Nem diga isso. Claro que vai! Ele está apaixonado, e você sabe como é um homem assim. Dei muita sorte nesta vida; nunca pensei ser possível sair daquela favela horrível onde eu vivia.

Eudásia silenciou. Isabela estava muito feliz e ela não queria tirar suas esperanças. Resolveu mudar de assunto:

— Agora que sua tarefa como enfermeira terminou, o que pensa em fazer?

— Bom, vou continuar visitando dona Augusta e ficar cada vez mais amiga dela. Sei que vai ser um choque quando ela descobrir que eu serei a futura mulher de Humberto, mas ao mesmo tempo ela nunca vai desconfiar de que já nos relacionávamos.

— Será? Ela pode ficar com muito ódio de você e deduzir que já eram amantes. Tenha muito cuidado.

Isabela ia responder quando viu Daniel se aproximar. Era uma criança muito bonita e esperta, de cabelos encaracolados, branquinho e com olhos castanho-claros. Parecia um anjo.

Ela se enterneceu. Realmente, a única coisa que mexia com as fibras mais íntimas do ser de Isabela era seu filho. Pegou-o e o colocou no colo. Estava assim, dando comida a ele, quando a campainha tocou. Eudásia foi abrir e a figura de Humberto apareceu. Rapidamente Isabela levantou-se para recebê-lo e ambos se beijaram. Já na sala, ele começou:

— Estou indo hoje para Brasília e não poderia deixar de passar aqui antes para vê-la.

— Meu amor, a cada dia sinto que nascemos um para o outro. Em que dia vamos nos casar?

Ele coçou o bigode.

— Vocês, mulheres, nem esperam o período de luto e já querem agarrar a todo custo o viúvo... — falou ele sério.

— Nossa, Humberto, não sabia que você era dado a ser puritano. Nem parece o mesmo homem viril que me possuía no quarto vizinho ao da sua esposa.

Ele sorriu.

— Boba! Falei isso de brincadeira. Olhe que nem sou homem dessas coisas, veja só no que você me transformou. — Ele deu uma pausa. — Não podemos pensar em nosso casamento agora. Devemos ser discretos, se não quisermos ser impedidos por Augusta. Ainda ontem conversamos e ela me disse que não deixará que eu me case outra vez.

— Mas que petulância daquela velha! Tenho ganas de matá-la com minhas próprias mãos. Se não fosse nosso plano, não a estaria mais suportando.

— Você precisa ser a melhor atriz possível. Quando formos nos casar, ela deverá pensar que nunca nos relacionamos antes. Será um problema a menos.

Isabela começou a fazer beicinho para ele e logo estavam na cama, acompanhados por entidades viciadas que usavam suas energias no campo do sexo. Isso acontecia porque tanto ela quanto Humberto viviam e acreditavam na maldade.

Alguns dias se passaram e Flaviana começou a despertar. Via vultos de pessoas ao seu redor, mas o sono era maior e ela voltava a adormecer. Ficou assim durante um tempo até o dia que acordou de vez. Ao abrir os olhos, teve uma surpresa: estava deitada com muitas outras pessoas em uma espécie de cama de vidro ao ar livre. Intimamente perguntou-se onde estava e que lugar era aquele, tão bonito. As camas estavam sobre um chão coberto de uma grama muito verde, cheia de gotas de orvalho. As pessoas pareciam dormir ou relaxar, e algumas conversavam com outras, que pareciam lhes passar informações. Tentou chamar uma dessas pessoas, mas não conseguiu; elas estavam um tanto distantes.

Em sua sala, Diana estava com Gabriel à sua frente.

— Vá, Gabriel, e faça o possível para não chocá-la. — Flaviana, assim como a maioria dos que estavam naquela ala de refazimento, não tinha consciência de que já havia deixado o corpo de carne, e saber disso de forma abrupta podia levá-la ao desespero. — Faça como sempre fez; seja sincero e firme ao mesmo tempo, mas deixe-a ciente da sua nova condição.

Gabriel aquiesceu e se dirigiu para a ala. De onde estava até o parque destinado a receber os recém-chegados havia uma certa distância, e ele usou a volitação. Logo estava se aproximando de Flaviana. Ela estava impaciente, via as pessoas atender as outras nas camas, mas ninguém ia procurá-la. Começou a se angustiar. Por que sua mãe a levara para um lugar de terapias alternativas? E seus aparelhos? Ela estava atordoada. De repente, viu a figura de um jovem de seus vinte anos sorrir para ela e depois aproximar-se.

— Como está, dona Flaviana? Sente-se bem?

Ela se sentou.

— Sim. Muito bem, por sinal. Até que enfim alguém veio falar comigo. Estou aqui há horas e ninguém vem conversar, me dizer onde estou. Afinal, que lugar é este?

— A senhora está numa colônia de recuperação. Aqui é um local de recuperação e refazimento, onde a senhora poderá ser muito feliz, se souber aproveitar.

Ela pareceu não entender.

— Colônia? Nunca ouvi falar nesse lugar. Será um lugar para loucos? Se for, então erraram comigo, pois minha doença é nos rins.

Gabriel sorriu:

— Fique tranqüila. Aqui não é um local de loucos como a senhora conhece. Como já lhe disse, é um local de refazimento. Esta ala é destinada aos recém-chegados. A propósito, como está se sentindo fisicamente?

— Estou muito bem. O mal-estar passou, não sinto o corpo cansado... Aliás, não sinto mais nada da minha doença. Por quê?

— É que aqui as doenças desaparecem.

— Nossa, que lugar fantástico! Como Humberto o encontrou? Ou terá sido minha mãe?

— Ninguém o encontrou. A senhora chegou aqui sozinha, porque era a hora.

— Olha, rapazinho, você não responde nada com clareza. Até agora, só me deixou mais confusa ainda. Como cheguei aqui sozinha se não tinha forças nem para andar?

— A senhora veio viver nesse lugar pela misericórdia divina. Agradeça; nem todos podem estar aqui.

— Quer dizer que estou internada? Cadê os aparelhos que filtram meu sangue?

— Aqui a senhora não vai mais precisar deles. Se quiser, poderemos dar uma volta e poderá conhecer o lugar. Aqui é muito bonito.

— Estou percebendo. Parece o paraíso. Onde estamos é muito verde e essas serras que nos circundam dão um ar maravilhoso ao local. Estamos em São Paulo?

— Não, estamos distantes de lá agora. Mas não se preocupe com isso. Vamos dar uma volta?

Flaviana começou a ficar preocupada. Afinal, que lugar era aquele? Levantou-se e foi andando por entre as outras camas. Via crianças com copos de água molhando a testa de pessoas que dormiam, outras pessoas empunhavam as mãos sobre a fronte, e ela ficou ainda mais confusa. Crianças trabalhando em hospitais?

Durante o trajeto, Gabriel ia explicando com evasivas as dúvidas dela sobre o ambiente em que estava. Flaviana ficou tão empolgada que por instantes se esqueceu de Patrícia, Humberto e de sua enfermeira, Isabela. Aquele lugar era lindo! Flaviana viu animais domésticos, coelhos, gatos, cachorros, cavalos; observou pessoas colhendo flores, crianças brincando, mulheres entretidas com o jardim. Não pôde conter a pergunta:

— Nunca vi ou estive num lugar tão bonito assim. Aqui é tudo natureza? Não vejo casas... Onde fica a sede?

— A senhora vai conhecer, mas não agora. Aqui é uma cidade. A parte em que estamos é uma zona onde predomina apenas a natureza, porém mais à frente temos conjuntos de habitações e prédios onde as pessoas realizam as mais diversas tarefas.

— Agora foi que fiquei confusa. Primeiro você me disse que aqui era um lugar de recuperação, então pensei que fosse um hospital. Agora me diz que é uma cidade. O que me deixa tranqüila é que estou bem e sei que foi minha mãe ou Humberto que me trouxeram para cá, logo é um lugar seguro. Mas quero falar com o diretor, saber que dia posso sair ou ver minha família. Que horas posso falar com ele?

— Agora vamos voltar àquele lugar onde a senhora estava e voltará a descansar. Depois prometo que falará com o responsável.

Flaviana estava muito bem-disposta e não queria descansar, mas resolveu obedecer. Pensava estar fazendo um tratamento inovador que deveria seguir à risca. Nem cogitou que, se estivesse na Terra, jamais poderia ficar sem os aparelhos. Chegando ao lugar novamente, deitou-se. Um homem maduro começou a empunhar as mãos na fronte dela, que logo adormeceu, sem perceber que saíam energias brilhantes das mãos daquele abnegado seareiro de Deus.

Gabriel volitou e chegou rapidamente à sala de Diana.

— E então, como foi?

— Não pude revelar-lhe a verdade. Achei muito prematuro. Ela pensa que ainda está na Terra e que o marido e a mãe a internaram numa clínica de terapias alternativas; nem sequer lembra que foi assassinada.

— Você agiu certo, Gabriel. Esperávamos que ela fosse se lembrar de algo, mas a memória ainda está apagada. Deus sabe o que faz! Mas, ao acordar, a deixaremos ciente. Eu mesma falarei e lhe explicarei tudo. Estamos vivendo no mundo da verdade, e não podemos deixar uma pessoa enganada. Aqui cada um descobre que a vida continua e que a morte é a maior ilusão que o ser humano cultiva, seja qual for sua crença ou religião, ou ainda que seja ateu.

— Você tem razão, Diana. Eu mesmo sei como certos religiosos dão trabalho quando chegam aqui. Muitos se recusam a entender que a idéia que mantinham de céu e inferno não era verdadeira e acham que nós somos loucos.

— Verdade. A maioria dos religiosos são os que mais sofrem quando chegam aqui e descobrem o quanto estavam enganados. Mesmo assim não acreditam e acabam retornando para a Terra. Lá vão constatar, entre pasmados e desesperados, que realmente deixaram o corpo de carne. Então começam a vagar por entre os familiares ou vão viver no umbral. A maioria deles se recusa a aceitar auxílio de pessoas que eles julgam ser espíritas, na ignorância de que aqui não existe religião.

Gabriel estava pensativo:

— Nossa, como o problema é complexo! Por que as pessoas são tão resistentes em aceitar que estavam erradas?

— Devido ao orgulho. Infelizmente esse sentimento tem dificultado muito nossa estadia no plano astral. Nunca gostamos de aceitar que erramos em nossas convicções. Preferimos sofrer a admitir que nos enganamos. Existem espíritos que durante a vida na Terra acreditaram que morrer era ficar dormindo, sem consciência. Quando chegam aqui e descobrem que estão mais acordados do que nunca, fogem assustados e vão ser presas fáceis das entidades infernais que os farão dormir por anos, satisfazendo seus egoísticos desejos.

— Quer dizer que os espíritas na Terra devem se arvorar em ser donos da verdade?

— Não foi isso o que quis dizer. Não quero contribuir para aumentar o fanatismo que anda tomando conta dos nossos irmãos das lides espirituais. As verdades que o espiritismo veio revelar não são propriedade exclusiva de ninguém, pois pertencem a todos, e são verdades da vida, acima de tudo. O Espiritismo apenas as estuda, pois a vida após a morte, a mediunidade, a reencarnação são fenômenos que pertencem às leis da natureza, e não a grupos religiosos. As religiões vão acabar porque estão dividindo as pessoas. A única religião verdadeira do mundo é o amor, e nela todos estamos incluídos, pois somos herdeiros dele. Só assim perceberemos que não há por que querermos ser donos de verdades que só pertencem a Deus, supremo criador do universo.

Gabriel estava satisfeito com as respostas de Diana e pacientemente esperou que Flaviana voltasse a despertar.

9

A descoberta de Flaviana

Naquela mesma tarde, Flaviana acordou e percebeu que ainda estava no mesmo lugar. As mesmas camas de vidro, as mesmas pessoas à volta atendendo os pacientes, até a paisagem era a mesma. Quando abriu completamente os olhos, percebeu que ao seu lado estavam Gabriel e mais outra mulher que ela não conhecia.

— Suponho que ela seja a diretora daqui. Foi bom a senhora ter vindo. Não estou conseguindo entender nada. Até agora só dormi e nem minha filha, nem minha mãe apareceram para me ver. Acho isso muito estranho... Sou uma mulher doente e eles jamais me deixariam sozinha por tanto tempo.

— Chamo-me Diana e sou trabalhadora daqui, não sou a diretora. Sou responsável, entre outras coisas, por este departamento que chamamos de Departamento dos Recém-Chegados.

Flaviana abriu bem os olhos castanhos e grandes, e indagou:

— Recém-chegados de onde?

Sem hesitar, Diana respondeu:

— Recém-chegados da Terra. Aqui todos vieram de lá.

Flaviana sentiu uma sensação ruim, pois sentiu que aquela mulher era sincera e não estava mentindo.

— Da Terra? Quer dizer que não estamos na Terra? Que brincadeira é essa?

— Não é brincadeira, e vamos lhe mostrar isso agora. Deite-se novamente. — Flaviana obedeceu, tremendo por dentro. Sentia que algo de muito ruim lhe seria revelado.

Diana colocou a mão direita sobre sua fronte e pediu:

— Agora feche os olhos e tente se lembrar da última imagem que tem da sua vida antes de chegar aqui.

Flaviana se esforçou e começou a se ver deitada, com uma aparência cadavérica, em sua cama. Tinha Isabela por perto em uma poltrona, lendo um livro e velando por ela.

— Diga o que você vê — pediu Diana.

— Vejo-me em meu quarto deitada, muito doente, e Isabela, minha enfermeira, ao meu lado.

— O que mais? Tente se lembrar do último dia que esteve com sua enfermeira.

— Estou lembrando. Fazia muito frio e ela se levantava toda hora para ir até a janela do quarto. Logo depois adormeci e...

Flaviana demorou algum tempo com os olhos e o rosto comprimidos, e depois soltou um grito:

— Socorro, ela... ela está me matando! Ajudem-me!

Diana retirou a mão e ordenou:

— Acorde, Flaviana. Já passou; você está bem.

Ela abriu os olhos e todo seu corpo tremia.

— Foi Isabela... Ela tentou me matar, meu Deus! Por que ela fez isso comigo? Era tão fiel, tão boa!

Gabriel trouxe-lhe um copo com água e fê-la beber. Quando se acalmou, ela colocou as mãos na de Diana, e perguntou:

— Por favor, me diga: quem me salvou aquela noite? Já prenderam Isabela? Meu Deus, estávamos com uma criminosa em casa e nem desconfiávamos... Ela ia me sufocar com o travesseiro!

Diana, já acostumada com aquele tipo de situação, começou a explicar:

— Ninguém a salvou naquela noite. Seu corpo morreu e nós a recolhemos aqui. É hora de cuidar de sua vida, rever seus valores e entender como atraiu isso para seu destino.

Flaviana começou a chorar convulsivamente. Sentia que era verdade, ela estava morta! Mas, se estava morta, como se sentia mais viva e saudável do que nunca? Seu corpo estava igual ao da Terra; até o coração batia.

Sentindo seus pensamentos, Diana a orientou:

— Você agora vive com o corpo do espírito, que chamamos de perispírito. Você pensa que ele é igual ao seu corpo de carne, mas logo perceberá que não é. Quanto à forma, sim; todavia, esse corpo em sua constituição é muito diferente. Mas outra hora conversaremos sobre isso. Tente dormir que, ao acordar, será levada para uma casa que preparamos para você.

Flaviana explodiu:

— Como você fala isso com tanta simplicidade assim? Fui assassinada, estou morta, tenho de me afastar de minha filha, e você vem me dizer que vai me dar uma casa? Não quero nada disso, quero minha vida de volta: minha casa, minha mãe e até mesmo o Humberto.

— Você prefere viver num corpo doente, sem ter mais condições de levar uma vida normal? Reflita e procure entrar em contato com Deus pela prece. Quando chegar o momento, entenderá que tudo que lhe aconteceu foi para o melhor; busque a fé. Há quanto tempo você não reza?

Ela, enxugando as lágrimas com as mãos, disse:

— Não tenho fé em Deus. Ele me tirou tudo, a saúde, o marido, a alegria de viver e até mesmo minha vida. Não vou rezar.

Diana a olhou com ternura:

— Não seja injusta. Deus lhe deu a vida e a dá todos os dias. Mesmo tendo deixado seu corpo de carne na Terra numa cova escura, você está aqui com o corpo astral, mais viva do que antes. Recuperou a saúde e pode reencontrar a felicidade. Tudo depende de você. Quando perceber que o que lhe aconteceu veio da forma negativa como olhava a vida, vai compreender melhor.

Flaviana soluçava. Como se sentia triste! Deitou-se e fingiu que dormia. Em seu íntimo, existia um único pensamento: o de escapar dali e voltar para sua casa.

Durante o trajeto de volta, Diana ia falando com Gabriel:

— Acredito que Flaviana não vá ficar muito tempo conosco. Ela fingiu que dormia, mas percebi claramente que quer sair daqui e, se continuar assim, acabará conseguindo.

— É uma pena, mas não podemos prender ninguém aqui. O livre-arbítrio é sempre respeitado. Com isso ela vai atrasar ainda mais seu encontro com Aurélio. Para ele, são mais de quarenta anos de espera.

— É mesmo. Todavia o amor é paciente. Ele continuará a esperar, tenho certeza.

Eles se abraçaram e seguiram para o prédio onde trabalhavam.

Flaviana, ao vê-los se distanciar, levantou-se rapidamente e começou a andar pelo lugar. Precisava encontrar a saída. Mas, quanto mais andava, mais percebia como o lugar era grande. Ela via pessoas montadas em cavalos passeando livremente, outras cultivando flores em jardins, mas nada daquilo lhe interessava. Anoiteceu e as primeiras estrelas no céu começaram a brilhar. Ela se sentou sobre uma frondosa árvore e recomeçou a chorar. De repente, uma senhora negra se aproximou dela:

— Por que não volta para onde estava? Já é noite!

— Quem é você?

— Chamo-me Amélia. E, pelo tempo que estou aqui, posso garantir que é melhor aceitar; chorar não adianta.

— Não posso, tenho de voltar à Terra e me vingar de quem me matou. Só assim terei paz.

Amélia fez uma cara de assustada e disse:

— Não saia daqui não! Atrás desses muros altos tem muitos perigos, você vai se dar mal. Apesar de essa cidade ser muito bonita e organizada, ainda estamos no umbral, e circular por ele sozinho nunca acaba bem.

Flaviana não entendeu:

— Não estamos no céu?

A outra riu, bem-humorada.

— Não, estamos muito longe dele. Muitos acham que depois que morrem vão chegar aqui e ver Deus e Jesus, e que estão no céu. Mas nada disso é verdade. Estamos no umbral mesmo.

— O que é isso?

— O umbral é um local de passagem para as regiões superiores. Aqui ficamos estagiando até podermos ir ao nosso lugar de origem. Pelo pouco que sei, o umbral tem várias zonas. Onde ficam as colônias de recuperação, como esta, é uma zona mais amena, mas nos outros lugares há sofrimentos inenarráveis. Há também cidades como esta, só que voltadas ao mal.

Flaviana começou a ficar com medo.

— Você chegou aqui há muito tempo? — perguntou à sua interlocutora.

— Nem tanto; morri há vinte e cinco anos.

— De quê?

— Tive um câncer de pulmão. Mas fugi deste lugar e vivi horrores nas zonas mais densas do umbral. Só há três anos é que fui recolhida novamente. Mas já estou me preparando para voltar à Terra. Vou reencarnar!

— Reencarnar?

— Sim, reencarnar, ou vestir um novo corpo de carne e renascer na Terra. Sabe, não fui muito boa na minha última vida.

— O que você fez?

Ela lançou um olhar para o infinito, soltou o gatinho que segurava e começou a narrar:

— Eu queria ter uma vida melhor, ser rica, daí inventei que era médium e que recebia comunicações dos espíritos desencarnados. Fingia que psicografava mensagens de parentes mortos e cobrava por isso. Logo estava cheia de clientes e ganhei um bom dinheiro. Quando morri, fiquei presa ao caixão durante dias e uns espíritos horríveis, todos de preto, vieram me retirar do túmulo. Sofri muito e hoje quero voltar à Terra e reparar o meu erro. Serei uma médium ostensiva e vou me comprometer com o auxílio ao próximo. Mas estou avisada de que se novamente falhar serei submetida a um processo de loucura.

Flaviana estava confusa. Seria verdade?

— Você pode ficar louca? Vai aceitar isso?

— Vou sim. Sou muito ambiciosa. Enquanto vivo aqui estou protegida quanto às minhas ilusões, mas quando reencarno fica bem mais difícil. O esquecimento do passado, o consumismo, o apelo do *status* e do dinheiro são muito fortes. Se em qualquer momento eu priorizar mais a vida material do que a espiritual, começarei a ter problemas mentais. É difícil, mas será esse o remédio amargo que levará à cura de meu mal.

Flaviana olhava Amélia sem entender muito o que ela falava. Esta a convidou para ir ao salão de orações, mas Flaviana recusou. Sentada embaixo da árvore, ela pensava: "Não posso deixar Isabela impune. Preciso descobrir por que me matou e depois quero me vingar". A esse pensamento um acesso de ódio a acometeu e ela começou a chorar. Flaviana desejou tanto sair dali e se vingar que num átimo se viu arremessada a um lugar muito escuro, cheio de fumaça e pessoas gemendo. Assustada, tentou se levantar e andar, mas seus pés atolaram numa poça de lama. Com esforço, ela conseguiu sair dali e começou a andar, e o que via era muito diferente do local onde estava. As árvores estavam secas, e a vegetação rasteira e o solo lamacento davam uma impressão mórbida ao lugar. Com muito medo, ela andava sem parar, sem saber para onde estava indo. Olhou para o céu e ele estava coberto com pesadas nuvens escuras. Ela não conseguia ver a Lua nem as estrelas. Seria a outra parte do umbral a que Amélia tinha se referido? Pensou num instante. De repente, ouviu uma voz:

— O que esta dama faz aí sozinha? Está precisando de companhia?

Flaviana se arrepiou inteira. Um homem magro, de rosto fino e nariz aquilino, vestindo um terno preto estava à sua frente. Tentou correr, mas não conseguiu. Sentiu que seus pés estavam chumbados ao chão. O homem com olhar assustador começou a gargalhar e, de tanto medo, Flaviana desmaiou.

— Acorde, acorde!

Ao despertar, ela se viu ainda no mesmo lugar e o pavor continuava. O homem sentado ao seu lado abriu um sorriso e disse:

— Sei que é uma novata; não quero lhe fazer mal. É que às vezes acho graça em assustar as pessoas, é muito divertido.

Ela, ainda trêmula, respondeu:

— Pois não vejo graça nenhuma. Estou muito assustada e quero sair daqui e voltar para minha família.

— Bem se vê que chegou agora. Sair daqui não é tão fácil como pensa, mas eu posso ajudá-la. Chamo-me Nicodemos e moro numa cidade perto daqui. Chama-se Cidade das Trevas. Lá você poderá morar e daí voltar para ver os seus.

— Nossa, que nome mais esquisito. Por que a cidade se chama assim?

— Porque lá nós não vemos a luz do Sol. Temos de usar tochas e outros tipos de chamas para iluminar os ambientes. — Ele abriu um sorriso malicioso. — Também possui esse nome porque nos utilizamos do mal para atingir nossos objetivos. Lá o lema é: “Os fins justificam os meios”.

— Nossa... Depois da morte tem tudo isso, é?

— E muito mais. As pessoas acham que depois da morte perdem a consciência ou vão viver em locais esfumaçados ou nas nuvens. Quando acordam aqui, percebem que nada disso é verdade. Conseguimos capturar essas pessoas que durante a vida foram descrentes, atéias ou acreditavam que dormiriam até o juízo final, e as colocamos para dormir por longo tempo. Fazemos isso para retardar o progresso delas. Lá na minha cidade tem câmaras onde essas pessoas ficam praticamente em estado de coma.

Flaviana pensou e respondeu:

Não quero viver lá. Parece que é um lugar ruim; prefiro a colônia onde estava.

Ele sorriu mostrando as falhas da dentadura.

— Você é que sabe, mas essas colônias são como prisões. Você não poderá fazer o que deseja, e aposto que não vão deixá-la ver sua família. Já na nossa cidade somos livres e fazemos o que queremos. Se ficar conosco, garanto que Teodoro deixará você vê-los.

— Quem é Teodoro?

— É o novo chefe da nossa cidade. É uma espécie de prefeito.

— Ah, se for assim então eu vou. Leve-me para lá.

Eles caminharam por uma estrada íngreme e depois de uma hora chegaram a uma rua cheia de casas feias e mal construídas.

— Aqui é a entrada da cidade. Vamos, que os guardas me conhecem e se lhe virem comigo a deixarão passar.

Eles passaram por diversas ruas da tenebrosa cidade e foram até o chefe. Flaviana foi apresentada a um homem branco, jovem, de rara beleza, mas com um olhar cruel que exalava sensualidade. Flaviana admirou-se, pois julgava que "o chefe" fosse um senhor, e havia encontrado na realidade um rapaz de, no máximo, vinte anos. Depois de ouvi-lo, ela foi informada de que poderia ir para a Terra ver os seus. Como acompanhante ela teria Nicodemos.

Chegaram à mansão que, àquela hora da madrugada, estava às escuras. Flaviana sentiu o ódio corroê-la. Fora ali, em sua própria casa, que tinha sido assassinada pela asquerosa Isabela. Na sala ela começou a chorar. Depois do pranto, sentiu fome:

— Nicodemos, estou com fome. Antes de ver minha filha, quero me alimentar. Preciso estar forte para agüentar vê-la sem poder falar ou tocar nela.

— Lá na cidade não temos alimentos, mas é muito fácil se alimentar aqui na Terra. Vamos a um bom restaurante que vou ensiná-la.

Flaviana não entendeu nada, mas seguiu com ele. Chegaram a um restaurante de luxo em um bairro nobre de São Paulo. Apesar do adiantado da hora, algumas pessoas ainda faziam refeições. Nicodemos logo sentiu apetite com o cheiro saboroso dos pratos e da carne. Olhou para Flaviana e disse:

— Você vai chegar perto de quem está se alimentando; aproxime-se bem. A matéria de nosso corpo é diferente da do corpo de carne, portanto uma penetra na outra. Fique perto e deixe seu corpo ser parcialmente absorvido pelo corpo do encarnado, logo sentirá o prazer da alimentação como se a estivesse ingerindo.

Flaviana achou estranho, mas, imitando Nicodemos, começou a se aproximar de um senhor gordo que devorava prazerosamente um filé. Estranho fenômeno aconteceu. Flaviana sentiu-se intimamente ligada ao senhor e começou a perceber o gosto da carne em sua boca. Gostou do que estava fazendo. Ao se sentir farta, parou. Depois percebeu que o homem continuava a comer sem parar.

— Não sei como ele consegue comer tanto. Já me fartei, e ele continua lá. Veja!

— Isso acontece porque a energia dos alimentos dele ficou com você. O que ficou para ele foi somente o "bucho". Agora, para se sentir farto, ele terá de comer o dobro.

Flaviana não entendeu nada, mas estava se sentindo completamente alimentada. Depois sentiu vontade de ir ao banheiro. Há quanto tempo não fazia suas necessidades? Nicodemos a orientou para que fosse a um dos banheiros do restaurante e agisse normalmente. Ela só não devia dar a descarga, pois não conseguiria movê-la com seu corpo de agora. Assim ela fez. Tudo terminado, ela exigiu que retornassem para sua mansão. Desse modo fizeram. Patrícia dormia e foi com emoção que Flaviana a abraçou. Humberto, como sempre, não se encontrava, e ela ficou muito tempo abraçada à filha. De repente se lembrou:

— Onde está o espírito de minha filha agora?

— E eu sei lá! Só sei que à noite, quando os encarnados dormem, seus espíritos se libertam e vão passear no astral. Essa sua filha tem cara de boazinha. Deve estar em alguma colônia conversando.

Flaviana resolveu dormir na casa e permanecer lá até o amanhecer.

10

Plano sórdido

Amanheceu e Humberto chegou cedo à casa que tinha alugado para Isabela viver. Ela, Eudásia e Daniel tomavam o desjejum. Fazia três semanas que Flaviana tinha morrido e a vida tinha quase voltado ao normal. Isabela ia visitar Augusta várias vezes e a "consolava" pela morte da filha. Naquela manhã, ela estava irritada. Por isso, quando Humberto chegou, ela logo o arrastou para o quarto.

Quando estavam sentados na cama, ela começou:

— Não agüento mais essa situação. São três semanas, e você não toma nenhuma atitude. Estou perdendo minha paciência.

Coçando o bigode, ele respondeu:

— Você terá de esperar um pouco mais. Não faz nem um mês que Flaviana baixou ao túmulo e eu não posso me dar ao luxo de já me casar com outra. Tem Augusta, que pode criar problemas, e principalmente Patrícia. Você sabe que eu não posso magoar a minha filha.

Isabela se contorceu de ódio por dentro. Novamente aquelas duas em seu caminho. Mas, no momento certo, ela saberia se livrar delas. Tinha de ser paciente. Ao mesmo tempo, sentia que não podia deixar Humberto fazer o que quisesse. Se fosse assim, em pouco tempo ela deixaria de ser interessante para ele, que logo estaria com uma outra.

— Não estou conhecendo você. Um homem tão corajoso, que se envolve com operações arriscadas do governo, com medo de duas mulheres.

— Não é isso — respondeu ele, tentando se defender. — É que temos de dar tempo para as coisas se arrumarem. Se eu chegar agora com a notícia de que me casarei novamente, e com a ex-enfermeira da minha mulher, o mundo desabaria sobre minha cabeça. Até você teria problemas, o que desejo sinceramente evitar.

Isabela sentiu que ele falava a verdade. Apesar de sem moral, Humberto era um homem completamente discreto. Isso fazia parte do temperamento dele, e ela tinha de respeitar. Por isso encerrou a discussão e mesmo em plena manhã o puxou para a cama, onde se entregaram ao amor.

Horas mais tarde, quando ele saiu, Isabela se maquiou, colocou uma roupa elegante e disse a Eudásia que iria visitar dona Augusta. Tomou um táxi e, durante o trajeto, ia repensando todo o plano. Sabia que o que iria fazer poderia deixar Humberto com muita raiva, mas ela tinha de dar esse passo. O táxi parou na frente da elegante mansão onde Augusta morava, e ela relembrou o dia em que tinha sido espancada por aquele mesmo segurança que hoje a atendia gentilmente. Um dia ela ainda iria se vingar daquela velha inútil. Na enorme sala, Augusta lia um jornal sem muita atenção quando Isabela entrou.

— Querida, que bom que está novamente aqui. Não tenho muito o que fazer, e hoje estava me sentindo tediosa.

Isabela abaixou a cabeça e fez um ar triste.

— Infelizmente o que vim conversar com a senhora hoje em nada vai lhe agradar, mas a tenho como minha mãe e não posso deixar de lhe falar o que há em meu íntimo.

— O que tem, filha? Nunca a vi tão triste. É problema de saúde?

— Antes fosse... É um problema de consciência. Enquanto não desabafar com a senhora e obter seu perdão, não posso ficar em paz. — Isabela deixou uma lágrima forçada cair em seu rosto.

Augusta se ajeitou melhor no sofá e, com olhos miúdos, fitou-a profundamente:

— O que pode ser tão sério? Saiba que pode confiar. Eu a tenho como uma outra filha e sei que você não ia fazer nada que me desagradasse.

Deixando lágrimas falsas rolarem sobre seu rosto, Isabela começou a narrar sua sórdida mentira.

— Desde que vim trabalhar na casa da sua filha, percebi que o senhor Humberto me olhava de forma diferente. Como não sou muito experiente, procurei não pensar no assunto, até o dia em que ele me chamou e se declarou apaixonado por mim. Fiquei muito assustada e disse a ele que procurasse me esquecer, que aquilo era impossível, e até lhe passei um sermão. Mas ele não desistiu e continuou me assediando. Eu fugia o máximo que podia, porém durante uma noite ele chegou muito triste e perguntou se podia desabafar comigo. Fomos então para o bar. Eu não queria beber, mas a noite estava fria e ele insistiu, até que cedi. Ele me contou que estava muito triste com a doença da esposa e que a amava sinceramente, mas me disse que depois que ela tinha adoecido nunca mais havia tido relações com ninguém. Pediu-me perdão por ter se apaixonado por mim e disse que ia deixar de me importunar. Fiquei muito feliz e não percebi que estava me excedendo na bebida. Logo caí num sono profundo e o pior aconteceu...

Ela fez uma pausa e percebeu que Augusta a ouvia com expressões de ódio.

— Quando acordei, tempos depois, estava nua com Humberto também nu do meu lado. Vendo o que tinha acontecido, me desesperei e, num acesso de ódio, comecei a esmurrá-lo. Ele me revelou que havia colocado sonífero em minha bebida, pois queria me possuir a todo custo, e que eu agora lhe pertencia. A partir daquele dia, pensei em abandonar o emprego, mas, vendo a senhora tão triste e a dona Flaviana tão doente, não tive forças. Contudo, passei a evitar Humberto completamente. Quando sua filha morreu, pensei que tudo estivesse terminado, mas ele descobriu onde eu moro e passou a me perseguir. Chegou a fazer ameaças a uma amiga que mora comigo. Resisti em lhe contar isso até hoje pela manhã, quando descobri o pior: estou grávida! Aquela noite me trouxe sérias conseqüências.

Isabela começou a chorar convulsivamente aos pés de Augusta, que começou a chorar também de ódio e pena da moça. Após um pranto sentido, Augusta cerrou os punhos e vociferou:

— Aquele calhorda miserável! Teve a coragem de cometer um ato vil e degradante debaixo do teto onde minha filha agonizava. Avalio sua dor, Isabela, e a perdôo.

Ela levantou o rosto inchado pelo choro, e disse:

— Mas não sei se a senhora vai me perdoar depois do que vou lhe dizer agora. Aceitei me casar com Humberto; serei a esposa dele!

Augusta assustou-se:

— Casar?

— Sim. Hoje, logo depois que fiz o exame e descobri a gravidez, ele apareceu novamente na minha casa e, pressionada, acabei revelando a minha real situação. Ele me pediu em casamento e eu aceitei.

— Isso jamais vou permitir. Saia da minha casa agora! — gritou ela.

— Dona Augusta, me ouça! Nunca tive sorte na vida. Meus pais são pobres lavradores do interior de Goiás e não podem me ajudar a criar esse filho. Apenas tenho um curso técnico de enfermagem, por isso não posso me manter, nem a criança, com o que ganho. Depois, estou desonrada, nenhum rapaz vai querer me assumir e a esta inocente criança. Não tenho alternativa. Se quiser dar uma vida digna a esse ser pequenino, tenho de aceitar ser esposa desse homem que desgraçou a minha vida.

Ela chorava muito e Augusta acabou ficando com pena. Lembrou-se dos momentos de dedicação que ela tivera com Flaviana, lembrou-se da sua amizade preciosa, e nessa hora sua antiga raiva por Humberto falou mais alto — ele era de fato o culpado. Não era justo acusar a pobre e inocente Isabela, que mais parecia um anjo.

— Levante-se! Ficando aí no chão estará mais humilhada do que a situação permite. Não deixarei que esse homem acabe com sua vida como fez com a de minha filha. Recomponha-se, vamos para a casa dele imediatamente.

Isabela estava muito feliz, mas precisava disfarçar.

— Não, não podemos. Se ele souber que lhe contei tudo, não me perdoará. Não posso ir.

Augusta levantou-se:

— Eu saberia de qualquer maneira. Agora vamos que o tempo urge. Se Humberto está aqui é porque vai almoçar com Patrícia. Chegaremos lá e aguardaremos. Sei que vão se casar, mas antes preciso conversar seriamente com ele, que terá de garantir seu futuro e o desse ser que vai nascer.

Ela parecia estar sonhando. Seu plano resultara melhor que o esperado. O chofer as conduziu para a casa de Humberto. Lá chegando, não encontraram Patrícia, que só voltaria da faculdade à uma da tarde. Sentadas no sofá luxuoso que em breve seria seu, Isabela sonhava. Resolveu reforçar a cena teatral; a velha de nada poderia desconfiar.

— Dona Augusta, será que é necessário tudo isso? Não penso que a senhora deva entrar em um assunto que só vai machucá-la ainda mais.

Apesar da raiva, Augusta se enterneceu:

— Você é que foi enganada e precisa que Humberto repare esse erro. O que vou fazê-lo cumprir, custe o que custar.

Dali a poucos minutos, o elegante carro de Humberto entrava pelos portões da mansão. Andando pelo jardim, de repente ele se lembrou de Flaviana ainda na juventude, cuidando da casa com carinho e dedicação. Um remorso o tomou, porém logo ele tratou de mudar os pensamentos. Sabia que fora leviano, interesseiro e infiel, entretanto agora era tarde. O importante é que em breve seria feliz ao lado de Isabela. Assim, entrou na sala. Seu coração disparou. Sentiu uma vertigem e, se não houvesse tido muito controle, passaria mal ao ver Isabela e Augusta juntas no sofá.

— Foi bom que chegou. Precisamos ter uma conversa — falou Augusta dirigindo-se para ele. Ela levantou a mão e lhe deu um tapa tão forte no rosto que Humberto rodou nos calcanhares. As marcas dos dedos e dos anéis ficaram em sua face.

— Posso entender por que me esbofeteou?

— E ainda pergunta, seu canalha? Seu cafajeste!

— Quero uma explicação, desejo saber o que a ex-enfermeira de minha mulher quer aqui e por que me bateu na frente dela.

Augusta ia bater outra vez, mas agora Humberto a segurou fortemente pelo pulso.

— Não se atreva ou não responderei por mim. Até um homem como eu tem seus limites. Não se esqueça disso.

Durante a cena, Isabela se mantinha quieta e encolhida no canto do sofá, fazendo o papel de vítima.

Augusta se recompôs e falou entre dentes:

— Já sei de tudo, seu animal. Sei que fez mal a Isabela durante o tempo em que ela trabalhou aqui. Sei que a persegue até hoje e chegou a lhe propor casamento. Mas eu tomei a dianteira e as coisas serão como quero, ou então o denunciarei como adúltero, e tenho como provar.

Augusta repetiu toda a história que Isabela lhe contou enquanto Humberto ouvia estupefato. Como ela tivera coragem para tanto? Mas no fundo se sentiu confortável. Ele não teria mais de explicar nada à sogra; aquela história viera mesmo na hora certa.

— Eu... Eu não resisti aos encantos de Isabela. Fiquei apaixonado e agora não posso deixá-la sozinha com esse filho que ela espera. Vou me casar com ela.

— Meu Deus! Minha filha deve estar se revirando no túmulo uma hora dessas.

Patrícia entrou na sala e, ouvindo as últimas palavras, mal conseguiu acreditar.

— Então era por isso que eu não gostava de você. Sempre soube que agia mal, mas nunca pensei que pudesse chegar a tanto. É uma mulher sem moral. Papai, se o senhor se casar com ela, leve-a para outro lugar ou sairei desta casa.

Isabela, com voz fraca, se manifestou:

— Tente entender, Patrícia, não foi culpa minha. Fiz de tudo para resistir ao seu pai, mas não consegui.

Augusta a defendeu:

— Fique calma, Patrícia. Isabela nessa história é mais vítima do que qualquer outra coisa. Depois lhe contarei o que aconteceu e você verá como tenho razão.

— Nunca gostei de você; algo me dizia que não era confiável. Tenho certeza de que planejou isso só para ficar com o dinheiro de meu pai.

Isabela chorava copiosamente.

Foi Augusta quem terminou:

— Levarei Isabela até sua casa e depois acertaremos as coisas pendentes. Vamos, filha, não chore assim.

Patrícia estava surpresa com a atitude de sua avó. Aquela mulherzinha conseguira enganar a todos, inclusive Augusta, uma mulher experiente e vivida. A sós com o pai, ela lhe lançou um olhar de indignação:

— Eu esperava tudo do senhor, menos isso.

— Filha, tente entender... O amor acontece e não temos culpa.

— A desculpa é o amor. Por isso não vou me entregar a esse sentimento nunca. Foi por ele que minha mãe foi infeliz e terminou doente e morta. E é por ele que você e essa mulherzinha andaram cometendo atos indecentes. Nunca amarei.

— Patrícia, não é isso o que me dizia quando conversávamos. Você aprendeu muito no centro que freqüentava e me dava grandes lições. Por que mudou tão de repente?

— Concluo hoje que só vivi a teoria; da prática ainda estou distante. Não sei quando poderei perdoá-lo.

Ela subiu as escadas e foi se trancar em seu quarto. Humberto não almoçou. Pediu que retirassem a mesa e ficou pensativo durante horas. O que estava fazendo seria realmente certo?

O que ele nem ninguém suspeitava era que Flaviana e Nicodemos estavam ali acompanhando os fatos minuciosamente. Ela chorava, esmurrava as paredes e o chão. Nicodemos não sabia mais o que fazer para acalmá-la.

Ouvindo aquela história criada por Isabela, Flaviana estava descobrindo o real motivo de sua morte. Só não entendia uma coisa: se Isabela fora violentada por Humberto e não o desejava, por que a tinha matado? Fora Flaviana quem inspirara Patrícia a dizer todas aquelas palavras de indignação. Depois deixara Nicodemos com Humberto e subira com a filha para o quarto.

Patrícia não conseguia parar de chorar. Após muito tempo deitada pensando no sofrimento que a mãe tinha passado com uma enfermeira que lhe roubava o marido, resolveu rezar. Aprendera no centro que a prece reconforta e alivia, e o que ela mais precisava era de alívio. Depois de sentida prece a Jesus, sentiu-se melhor.

Flaviana viu que o espírito de uma mulher passava as mãos pelo corpo de sua filha e derramava energias coloridas sobre ele. Nunca, quando estava viva, pensou que isso pudesse acontecer. A mesma mulher, quando terminou, olhou para ela e disse:

— Deus fique com você. — Em seguida desapareceu.

Pela manhã, quando a casa despertou, ela acompanhou Patrícia enquanto tomava café. Percebeu que sua filha tinha proteção e por isso Nicodemos não conseguiu tomar café junto com ela, como pretendia. Como sua filha era linda! Quando a viu sair para estudar, abençoou-a e chorou muito. Como seria bom se estivesse ainda no mundo e com saúde! A manhã havia transcorrido sem nenhuma novidade, até que apareceram sua mãe e Isabela. O ódio tomou conta de Flaviana e ela tentou estrangulá-la. Mas uma força estranha a arremessou para o outro lado da sala e ela caiu com estrondo. De repente, um espírito de aspecto feio e olhar de ódio se aproximou:

— Essa aí é minha protegida, faz tudo que quero. Ninguém toca nela; se tentar outra vez, se arrependerá amargamente. — Dizendo isso, o espírito se retirou e foi postar-se ao lado de Isabela.

Nicodemos se aproximou:

— Como ousou fazer isso? Essa aí tem proteção de pessoas poderosas; não podemos nos meter com eles. É melhor desistir.

— Mas não é justo, Nicodemos. Ela me assassinou e continua livre, e o pior: na companhia de minha mãe. Temos de fazer alguma coisa para destruí-la.

— Sei que está ansiosa, mas temos de esperar. Pela roupa que aquele espírito usa, ele vem da Cidade Perversa, um lugar cujos moradores corrompem os encarnados por meio do sexo desenfreado e perverso. Eles são poderosos e bem organizados. Nossa cidade não pode com eles.

— Nossa! Mas hei de conseguir. Vamos ficar atentos e ver como conseguiremos. Você tem de me ajudar, Nicodemos.

— Ajudarei.

De repente Flaviana apurou mais a visão e viu uma mulher vestida com um hábito preto de freira. Flaviana não gostou daquela mulher, que, apesar de não se aproximar, a olhava cinicamente.

— Quem é aquela freira?

— Não sei — respondeu Nicodemos. — Deve ser o espírito acompanhante da sua mãe. Pelo visto, essa freira não é nada boa. Quando vejo uma pessoa da luz logo reconheço, e essa aí está longe de ser iluminada.

Nicodemos estava certo. Irmã Celeste era uma antiga freira cujo fanatismo a fez cometer atos de violência, tortura e morte alguns séculos atrás. Augusta também fora freira junto com ela e participava dos mesmos atos. Quando Augusta reencarnou, Celeste ficou vagando no astral até o dia que a reencontrou e não a deixou mais. Era ela quem guiava quase todos os passos de Augusta.

11

A hora da vingança

No carro com Augusta, Isabela seguia nervosa. Não poderia deixar aquela velha entrar em sua casa sob hipótese nenhuma. Por enquanto ela não poderia saber que tinha um filho. O que fazer se ela cismasse em entrar?

O carro parou na frente da casa e Augusta estranhou o fato de Isabela, apesar de ser tão pobre, morar numa casa que não era tão pequena e situada num bairro de classe média. Isabela desceu do carro e fez um ar de descontente:

— Não posso convidá-la a entrar. Minha casa humilde a deixaria constrangida. Por fora é bonita e bem-acabada, mas quase não possuo móveis e o que tenho está um tanto gasto.

Augusta sorriu:

— Mas a nossa amizade está acima de qualquer coisa. Vá, deixe-me entrar e me convide para um chá ou um café.

Isabela ficou sem cor. Ela não poderia entrar de jeito nenhum; tinha de achar uma saída.

— Dona Augusta, não irei me sentir bem em recebê-la em minha casa. Peço que não insista. Sinto vergonha em não ter nenhum assento decente para a senhora. Perdoe-me, mas será convidada de honra na casa que era de sua filha e que por um golpe duro do destino acabará em minhas mãos.

— Bom, se quer assim, aceitarei. Mostra mais uma vez o quanto é bonita de alma. Fico pensando no triste destino das mulheres que passam pelas mãos de Humberto. Se não fosse pela gravidez, juro que encontraria um homem decente que se casasse com você.

— A senhora é muito bondosa mesmo.

— Deixe-me ir. Quero que saiba que comprarei todo o enxoval do bebê com você, peça por peça.

Deu um beijo na moça e foi embora.

Ao entrar em casa, ela não se conteve e abriu um largo sorriso. Abraçou Daniel e beijou Eudásia. Finalmente tudo estava indo como planejado. Depois do susto da situação, Humberto até iria agradecê-la. Passou o resto da tarde cantarolando e naquela noite dormiu muito bem.

Como Isabela tinha planejado, após ficar viúvo, o senador Humberto Aguiar já estava casado. A cerimônia teve grande pompa e a mais fina sociedade paulistana compareceu. As pessoas comentavam a pressa de Humberto em se casar tão rapidamente, mas logo esqueciam ao ver a beleza da noiva e ao participarem da elegante recepção num clube famoso. Patrícia havia aceitado o fato e já conseguia conversar normalmente com sua madrasta. Durante a recepção, Isabela teve sua atenção voltada para um belo rapaz moreno claro, muito bem vestido, olhos amendoados, corpo bem-feito, que exalava sensualidade. Ele acompanhava Patrícia e, entre um cumprimento e outro, ela se aproximou:

— Não vai me apresentar seu amiguinho, Patrícia?

— Ah, sim. Este é Fernando, meu namorado.

— Namorado? Como nunca o levou à nossa casa?

— Ele já foi, mas você não se encontrava.

Fernando abriu um belíssimo sorriso e seus olhos penetrantes procuraram os de Isabela, no que foi retribuído.

No resto da noite eles continuaram se olhando sem parar. Nem Patrícia, nem Humberto perceberam nada.

Até aquele momento, Isabela havia conseguido esconder Daniel de todos. Eudásia ficava com ele o tempo inteiro e Isabela planejava apresentá-lo depois. Tanto falou que acabou convencendo Humberto. Todos achavam que ela era uma mulher solteira e sem filhos; só Augusta e Patrícia sabiam da suposta gravidez.

A lua-de-mel foi um passeio em cidades da Europa. Isabela não sabia se portar bem, mas Humberto não a deixava cometer nenhum tipo de gafe. No final, ela até se comportou bem, tendo em vista que saíra de uma favela miserável.

Um mês depois estavam de volta e Augusta providenciou uma pequena festa para recebê-los. Isabela ficou feliz ao perceber que Fernando estava lá. Ao vê-lo, ela sentia seus desejos aumentarem e não via a hora de tomá-lo de Patrícia e fazê-lo seu amante. É claro que ela iria conseguir. Com o dinheiro que tinha agora poderia fazer o que quisesse. Apesar disso, ela foi formal com ele e ninguém desconfiou.

No outro dia pela manhã, ela pediu a Humberto que contratasse novos seguranças para a casa, pois os queria de sua confiança, no que logo foi satisfeita. Uma semana depois, sem que ninguém soubesse, ela pediu a Eudásia que fosse para a mansão. Havia chegado a hora. No mesmo dia, ela convidou Augusta para um chá.

Quando a velha senhora chegou, encontrou tudo arrumado na mesa e Isabela à sua espera.

— Que bom que a senhora veio. Hoje será um dia muito especial para nós duas. Tenho muitas surpresas e gostaria de compartilhá-las. Mas antes vamos ao chá.

Augusta pegou sua xícara, adoçou e, antes de se sentar, recebeu um tapa tão forte no rosto dado por Isabela que tonteou e caiu no chão. Aturdida, ela não sabia o que pensar. Isabela começou a gargalhar alto, parecendo uma bruxa, como se representasse em um filme de terror. Gargalhava tanto que o som de sua risada poderia ser ouvido por toda a mansão.

— É aí o lugar onde a senhora sempre deveria ter estado: no chão!

Augusta sentia ódio, mas ao mesmo tempo não entendia o que estava acontecendo.

— Levante-se, o show está apenas começando.

— O que está acontecendo?

— Calada! Aqui quem manda sou eu. Sou a dona absoluta desta casa e a senhora vai fazer o que eu quiser.

Augusta continuava sem saber o que ocorria.

— Sei que você não está entendendo, mas vou lhe explicar. Acabou a farsa, dona Augusta. Eu a odeio e meu desejo é vê-la morta. Como não posso matá-la, vou humilhá-la o mais que puder. Em sua cabeça suja você nada está compreendendo, mas será que a senhora não se lembra de uma mendiga com o filho nos braços que lhe pediu um prato de comida, a qual a senhora mandou espancar?

Nessa hora, Eudásia entrou e trouxe Daniel nos braços.

— Lembra-se dessa criança?

Augusta sentia-se tonta. Não conseguia organizar os pensamentos. Subitamente, lembrou-se. Veio-lhe à mente o dia em que mandara espancar uma mendiga insolente que ousara desafiá-la. Sem coragem para ouvir a resposta, ela perguntou:

— Vo... Você é aquela mendiga?

Novas gargalhadas.

— Eu *era* a mendiga! Agora sou Isabela Aguiar. Nunca fui sua amiga. Sempre a odiei mais do que tudo. Agora posso confessar, porque hoje quem manda aqui sou eu. Roubei, sim, o marido de sua filha. Ele me encontrou num bordel e me trouxe para esta casa. Durante as noites nos amávamos no quarto ao lado de onde sua filha esquelética dormia. Tramei o plano passo a passo, e hoje, com sua ajuda, sou a esposa dele. Agora saia daqui e nunca mais coloque os pés nesta casa.

— Mas minha neta mora aqui...

— Por pouco tempo. Nela também darei um jeito.

Nunca Augusta sentira tanto ódio em sua vida. Com voz rouca, ela balbuciou:

— Fique certa de que isso não ficará assim. Você não viverá para usufruir de sua ousadia, nem você nem esse filho que carrega no ventre.

Mais gargalhadas.

— Filho? Nunca existiu filho nenhum aqui dentro; fazia parte da farsa na qual você caiu. Para Patrícia tratei de dizer que perdi a criança durante a viagem. Ah, e aquela casa onde não a deixei entrar não era tão pobre quanto a senhora imaginava. Humberto a alugou para mim e tinha tudo, do bom e do melhor. Agora saia! Está esperando o quê, velha asquerosa?

Augusta chorava de raiva. Ao sair deparou com um homem forte e musculoso. Isabela logo apareceu na porta.

— É essa aí, Amaral. Faça o que pedi.

O homem, ao olhar aquela senhora que poderia ser a sua avó, ou mãe, sentiu pena.

— Senhora, não terei coragem. Melhor desistir da idéia.

Isabela estava com os olhos esbugalhados pelo ódio.

— Faça o que pedi ou será demitido agora mesmo. Sei que tem mulher e filhos, e se perder esse emprego ficará na miséria. Eu mesma farei com que você fique sem trabalho; é pegar ou largar.

Amaral, vendo que não havia outra maneira, segurou Augusta, que, pressentindo o que iria acontecer, começava a correr.

Espancou-a e depois a jogou na calçada, fechando o portão de grade. Augusta, humilhada e sem conseguir andar, esperou que o chofer a recolhesse do chão e a colocasse no carro. Adonias o fez sem entender o que havia acontecido. Ia perguntar quando Augusta respondeu:

— Sem perguntas, mantenha-se calado. Vamos para um hospital, rápido!

Poucos instantes depois, sem saber de nada, Patrícia chegava em casa. Encontrou Isabela calmamente tomando o chá que havia preparado tendo a seu lado Eudásia e Daniel.

— Olá, Isabela! Quem são eles? Quem é esse bebê lindo e formoso?

— Patrícia, temos de levar uma conversa séria. Eu sou a mãe desta criança.

— Como assim? Não consigo entender! Você já é mãe?

— Sabe como é... Humberto quis esconder esse fato de todos, até que os comentários amainassem. Mas agora disse que eu já poderia trazê-lo para morar nesta casa. Esta é Eudásia; é ela quem cuida dele.

— Estou surpresa! Nunca poderia imaginar que você, sendo tão jovem, pudesse já ter um filho.

Patrícia era um espírito bom. Logo perdoava as ofensas e havia de pronto se afeiçoado ao bebê, que lhe sorria inocentemente.

— Que bom que vieram morar conosco. Essa casa é muito grande. Meus irmãos morreram e essa mansão ficou muito vazia. Casa cheia é bom. Pretendo morar aqui quando for me casar. Mas estou curiosa: o que foi feito do pai de Daniel? É o papai?

Isabela jamais iria revelar que um dia fora Clotilde e que havia sido estuprada. Pensando rápido, retrucou:

— Não, absolutamente! O pai dele morreu quando eu ainda estava grávida. Era um pobre lavrador de Goiás, terra onde meus pais residem.

— É estranha essa ligação com seus pais. Eles nem sequer compareceram ao seu casamento!

— São pessoas simples do interior. Insisti para que viessem, mas não querem se misturar com o mundo dos ricos, como eles chamam. Tenho de respeitar.

Patrícia, apesar de agora gostar de Isabela, sentia que ela era exímia na arte de mentir e sabia que aquelas histórias estavam sendo mal contadas. De qualquer maneira, se Daniel fosse seu irmão ela acabaria sabendo. Depois de dar as boas-vindas aos novos moradores, Patrícia foi para seu quarto.

Diana, Gabriel, Marcos e Alfredo estavam ali presentes observando a cena. Flaviana e Nicodemos também. Eles havia passado o tempo todo tentando envolver Isabela, mas não tinham conseguido.

Marcos perguntou a Diana:

— Por que nossa mãe não se lembra de nós?

— É porque ela está tão envolvida pelo ódio e querendo vingança que se esqueceu de todo o resto. Não consegue perceber que nós estamos aqui.

Foi a vez de Alfredo dizer:

— Isso mesmo. Para ela, não existimos.

—Também não é assim... Em breve Flaviana vai se lembrar de vocês e poderá ser o instante em que decida esquecer seus planos. Deus a auxilie para que isso aconteça.

— Tem horas que acho a vida injusta. Se eu e meu irmão estivéssemos vivos, as coisas poderiam ter sido diferentes. Meu pai começou a se desinteressar pelo lar depois que nós desencarnamos.

Diana explicou:

— É que, apesar do tempo de desencarnados e dos estudos que fazemos juntos, vocês ainda não conseguiram entender como as leis divinas funcionam. Deus rege o universo com sabedoria e amor. O que acontece na Terra primeiro passa pela permissão Dele. Sem isso, nada em nossa vida é feito. Vocês não podem esquecer que desencarnaram cedo porque foram suicidas na vida anterior. Antes de renascer, pediram uma vida curta, caso tivessem uma educação permissiva e voltada para o mal. Apesar de suicidas, se fossem guiados para o caminho do bem pelos pais, Deus lhes concederia uma moratória e viveriam uma vida longa sobre a Terra, na qual, pelo bem, poderiam se reajustar com o passado de crimes. Todavia, Humberto os estava preparando para uma vida exclusivamente material e corrupta. Naquele momento, seus espíritos escolheram desencarnar a ter de falir mais uma vez.

Eles ficaram calados. Gabriel perguntou:

— Então é por isso que há pessoas que desencarnam em plena juventude?

— Cada caso é um caso, mas podemos afirmar sem erro que se todos vivessem uma vida voltada para a espiritualidade, para o bem; se não se desviassem dos planos que traçaram no astral para a própria redenção, não haveria mortes prematuras. A bondade divina quer que todos os encarnados tenham vida longa para que possam aproveitar bem as lições que a Terra oferece. Quanto mais se vive encarnado, mais se é útil e mais se aprende. Infelizmente muitos têm de voltar antes do tempo previsto ou escolhem uma encarnação curta com medo de falhar. Foi assim com Marcos e Alfredo; eles preferiram fugir a ter de enfrentar as tentações e os desafios.

Gabriel não estava satisfeito:

— E por que Deus permite que esses espíritos assim escolham?

— Porque Ele não interfere no livre-arbítrio de ninguém. Quando os espíritos retornam da Terra após um período curto, geralmente percebem o quanto estavam iludidos com a escolha e pedem logo para voltar e continuar aprendendo. Deus é extremamente sábio. Se permite que escolhamos caminhos dolorosos é porque sabe que é por intermédio deles que aprenderemos o valor e a força do bem.

Marcos e Alfredo deixavam lágrimas rolar por seu rosto, mas Gabriel continuava curioso:

— E Isabela, até onde irá com seus enganos?

— Rapidamente ela colherá os resultados de suas atitudes. Isabela, como você a chamou, é parecida com cada um de nós. Infelizmente, muitas vezes nos esquecemos de que nada nesta vida é para sempre, e por isso cometemos muitos enganos, que nos custarão anos de sofrimento. Se as pessoas soubessem como tudo na vida é passageiro, todo o sofrimento da Terra estaria terminado.

— Como assim? — quis saber Marcos.

— Tudo que temos na vida de bom ou de ruim um dia passará. O movimento é lei do universo e nada pára, portanto em nossa vida nada é tão seguro quanto imaginamos. Quem pára atrai a dor e o sofrimento. Quando todos entenderem que nada é para sempre, certamente deixarão de sofrer, principalmente por medo, ansiedade e angústia. Clotilde achava que sua vida na favela seria eterna. Não confiava em Deus; ignorava que ele tem o poder de modificar nossa vida quando temos fé, por isso começou a agir no mal. Agora, como rica, também pensa que sua situação é definitiva, e continua cometendo barbaridades. Logo perceberá o quanto estava iludida. Assim é com a maioria das pessoas. Quando vivem um problema, uma situação dolorosa, acreditam que isso nunca passará e em nome disso agem mal e impulsivamente. O ser humano sofre muito por agir pelos impulsos do momento. Às vezes, uma ação de um minuto é tão maléfica que vai destruir todo o bem que está programado para nosso caminho. A falta de fé é ainda o maior problema do ser humano.

— Quer dizer que as coisas boas também passam?

— Sim. Mas elas só passam quando nos vão conduzir a algo melhor, ainda que por meio do sofrimento momentâneo. Precisamos aprender que o que nos acontece é para o melhor; essa é uma lei da vida.

— Minha mãe acreditou que seu casamento era para sempre, que meu pai iria ser fiel. Esse foi o erro dela.

— Não diga que foi um erro; foi simplesmente uma forma de pensar. Todas nós, mulheres, somos ensinadas a acreditar no sonho de amor. Só que a realidade supera o sonho e na maior parte das vezes não queremos enxergar. Acreditar no casamento eterno, na perfeição e fidelidade do marido, apesar de ser ilusório, ainda povoa os sonhos de muitas mulheres. Elas ignoram que não existe pessoa perfeita na Terra e que as relações obedecem ao nosso ciclo de aprendizagem, todas um dia terminam, seja na Terra, seja no astral, para dar início a novas etapas de progresso dos envolvidos; isso é certeza. Ademais, esperar dos outros aquilo que eles não nos podem oferecer é uma utopia e sempre nos faz sofrer. As pessoas não estão no mundo para satisfazerem os desejos egoísticos dos outros, estão para aprender a crescer e evoluir, e como evoluir sem o direito de liberdade e escolha?

Finalmente eles entenderam. Diana os chamou para voltarem à colônia onde viviam. Deixaram lá Flaviana e Nicodemos, obstinados em prejudicar Isabela.

12

De volta a antigos hábitos

A partir do dia em que foi tão humilhada e aviltada por Isabela, Augusta entrou em depressão profunda. Perceber que fora ludibriada e que tinha uma inimiga dentro de sua própria casa abateu-a profundamente. Já não saía às compras, não visitava amigas nem recebia visitas. Percebendo seu sumiço, Patrícia foi procurá-la e ainda viu algumas marcas da agressão em seu corpo, embora Augusta tivesse dito que sofrera uma queda e que não estava podendo andar direito. Todavia, ela nunca mais apareceu na mansão. Pensou em revelar a verdade a Patrícia e Humberto, mas quem acreditaria? Certamente Isabela desmentiria tudo e ainda iria se fazer de vítima. O remédio foi se calar. Augusta chorou bastante durante aquele tempo. Sentia saudades da filha e muita solidão, afinal morava praticamente só numa casa imensa. A depressão era tão grande que ela não tinha mais forças nem para odiar; sentia-se morta.

O desaparecimento de Augusta em muito agradou a Isabela, que continuava levando vida boa na riqueza. Humberto quase não deu por falta da velha senhora, atribuindo seu sumiço ao fato de a filha ter morrido e de ela não suportar outra assumir o lugar, mesmo que fosse uma amiga. O casamento de Isabela com o senador foi noticiado em todas as revistas e jornais nas colunas sociais. Um dia, praticamente por acaso, Juvêncio parou numa banca de jornal e acabou lendo uma das reportagens. Nela havia detalhes da cerimônia, onde passaram a lua-de-mel e até mencionava o endereço da bela mansão onde vivia o casal. Pensando em conseguir dinheiro para sustentar seu vício nas drogas, ele resolveu procurar Isabela. Para isso esperou passar o período da lua-de-mel e, quando viu que era a hora certa, rumou para lá. Não foi difícil para ele encontrar a casa. Ao chegar, viu Isabela no jardim com uma empregada e Daniel, que brincava satisfeito. Chamou o segurança e disse que queria conversar com a dona da casa. Isabela sentiu faltar o chão ao deparar com o homem que um dia a violentara sexualmente.

— Não conheço esse senhor, Amaral. Peça que se retire daqui imediatamente.

Juvêncio não perdeu a chance:

— Se não quiser atender, conto tudo que sei sobre sua vida e ainda recupero o que é meu de direito.

Ao ouvir aquelas palavras, ela resolveu ceder. Nunca em sua vida imaginava que iria rever aquele homem horrível. Ela se aproximou do portão e pediu que os seguranças se afastassem.

— O que deseja? Aquela moça boba de antes morreu completamente. Aqui está agora uma mulher rica e poderosa. Não tente nada contra mim ou se arrependerá amargamente.

— Não pense que está assim tão por cima. Posso destruir sua vida contando seu passado e tomando Daniel para mim. Ou me dá dinheiro ou quem vai se arrepender é você!

— Meu marido me ama e não vai se importar se conhecer minha origem. Nada vai conseguir contra mim.

— Posso ir à Justiça reclamar meus direitos de pai e, se não conseguir, sabe que posso seqüestrá-lo ou fazer qualquer mal a ele? Está em suas mãos a decisão.

— Não posso acreditar no que diz. Como pode falar isso do seu próprio filho? Aqui não é o momento para conversarmos; vamos marcar em outro lugar.

— Não é bem assim. Quero dinheiro. Ou me dá a quantia de que preciso ou transformo a vida do seu filhinho em um inferno.

Ao olhar Daniel brincando tão inocentemente, Isabela ficou preocupada. O que aquele homem poderia fazer? Sentiu medo.

— Diga quanto quer que vou providenciar. Mas que seja a última vez.

Ao ouvir a quantia, Isabela quase desmaiou.

— Não tenho como conseguir tudo isso. Desista.

— Você é quem sabe. Só que você vai ser a mais prejudicada. Não ama tanto o seu filhinho?

— Cretino, cafajeste! Vou arrumar o que me pede. Ligue-me na segunda às três da tarde. Nesse horário ninguém está em casa e poderemos nos falar e marcar um lugar para a gente se encontrar.

Juvêncio pegou um papel, anotou o número e saiu satisfeito. Isabela entrou. Já escurecia e começou a ventar forte. Naquela noite Humberto não estava em casa e ela se sentia aliviada por isso. Não iria conseguir aturá-lo com aquele problema para resolver. Depois que Daniel dormiu, ela foi para a banheira, encheu-a de sais e começou a tomar um banho relaxante. Precisava pensar friamente no que iria fazer. Ceder à chantagem iria colocá-la em uma situação ruim, pois ele sempre exigiria mais. Todavia, ela não podia deixar de fazer o que ele queria, senão poderia colocar a vida do seu filho em risco. Mesmo sendo rica e cheia de pessoas que a protegessem, ela sentiu medo. Ouvia falar de pessoas ricas que, mesmo com todo o dinheiro do mundo, tiveram seus filhos ou parentes seqüestrados e mortos, e sentiu um frio percorrer seu corpo. Não poderia imaginar seu filho sofrendo.

Passou mais de uma hora na banheira. Depois saiu e com um confortável roupão foi para a cama. Tentava encontrar uma solução e não conseguia, por mais que pensasse. De repente, uma idéia surgiu em sua mente e foi tomando forma. Ela a achou perfeita. Como não havia pensado nisso antes? Interfonou e pediu que Amaral fosse até a garagem, pois ela precisava muito falar com ele. Patrícia dormia e ninguém perceberia que conversavam. Frente a frente com o motorista, que a partir daquele dia se tornaria seu cúmplice, ela disse:

— Amaral, você tem de encontrar um lugar deserto, de preferência uma casa pequena e isolada. Preciso de um encontro e não quero que ninguém saiba.

Ele balançou a cabeça:

— Senhora, não desejo me envolver com esses assuntos. Não posso perder meu emprego, muito menos trair a confiança do senhor Humberto. Não posso fazer o que me pede.

— Pode e vai fazer. Sei que tem uma família, mãe doente, e se não fizer isso perderá o emprego hoje mesmo. Posso contar a Humberto que tentou fazer sexo comigo à força e será pior para você. Eu mesma cuidarei depois para que não encontre nenhum emprego.

— Tudo bem. A senhora, como sempre, venceu. Encontrarei o local que me pede.

— Mas tem de ser rápido. Hoje é sexta-feira e quero isso para segunda à tarde. Humberto chega esse fim de semana e não quero que desconfie de nada, por isso não me dirija a palavra. Segunda pela manhã conversaremos.

O fim de semana pareceu eterno para Isabela. Humberto estava meloso e a queria a todo momento. O que ela mais gostou foi ter a presença de Fernando no domingo na piscina. Ela flertava com ele discretamente e sabia que era correspondida. Porém, naquele dia, tinha de se concentrar no que pretendia fazer.

Finalmente a segunda-feira havia chegado. Humberto tinha viajado e a casa estava vazia. Ela saiu e pediu ao taxista que a deixasse numa loja. Esperou. Poucos minutos depois, Amaral apareceu.

— Vejo que é eficiente. Vamos, quero conhecer esse local para ter certeza se é realmente bom. Depois preciso de um treinamento seu.

— Treinamento?

— Sim. Na hora explicarei.

Eles tomaram um táxi e foram se afastando do centro. Quando chegaram próximo ao local, dispensaram o carro e seguiram a pé. Foram ter em uma espécie de cabana que, apesar de isolada, de onde se localizava podia se avistar algo parecido com uma favela.

— Aqui é o local perfeito. Agora vamos ao treinamento.

Mesmo a contragosto, Amaral ensinou o que ela deveria fazer, ainda que soubesse que estava cometendo um erro.

Já em casa, ela esperou ansiosamente o telefonema.

— Alô? — Era a voz de Isabela atendendo o tão esperado telefonema.

— Sou eu. Desejo saber se nosso encontro está combinado para hoje e se tem a quantia. Tem de responder que sim, pois não estou acostumado a esperar.

— Tenho sim. Vou passar o endereço do lugar onde vamos nos encontrar. Mas estou avisando: será a primeira e última vez. Nunca mais desejo ver seu rosto repugnante na minha frente.

Juvêncio sorriu ironicamente.

— Calma, Clotilde, não precisa ficar assim tão nervosinha. Tudo só depende de você.

Ela, muito irritada por ter sido chamada por seu verdadeiro nome, resolveu dar um basta na conversa e passou logo o endereço.

— No final dessa rua tem um terreno baldio com uma cabana abandonada. É lá que vamos nos ver. Até mais.

Ela ficou por ali com Daniel e Eudásia até chegar a hora do almoço. Patrícia estava encantada com o filho de Isabela e não cansava de brincar com ele. Às três da tarde, Isabela, pretextando um dor de dente, pediu que Amaral tirasse o carro e a levasse ao dentista. Patrícia se ofereceu para ir com ela, mas recebeu uma negativa.

— Vá estudar, não se importe. Seu pai me deu o endereço de um ótimo dentista e o Amaral vai comigo.

Assim saíram.

No carro, ela indagou:

— Ela está pronta como pedi?

— Sim senhora. Mas acho que vai cometer um erro muito grande. Não vou ser testemunha; deixarei a senhora no final da rua e ficarei no carro.

— Nada disso, você vai comigo até o fim. E se ele tentar me imobilizar? Quero tê-lo ao meu lado. E já sabe que não aceito um não. Ou isso, ou perde o emprego.

Amaral aceitou, porém sabia que aquilo não ia terminar bem. Nunca em sua vida havia se metido num caso como esse. Contudo, preferia ajudar a nova patroa a ficar sem dinheiro para sustentar sua família e sua mãe doente.

Chegaram. Isabela retirou do carro um pacote marrom e entrou na cabana. Poucos instantes depois Juvêncio apareceu. Estavam os três reunidos, quando ele falou nervoso:

— Vamos, passa a grana. Ainda vou contar para ver se tem a quantia certa. Quero ter certeza de que não está me enganando.

Ela passou o envelope e ele abriu com rapidez. Após contar as cédulas, gritou:

— Mas aqui não tem nem a metade. Você está me enganando, sua ordinária! — Dizendo isso, ia avançando sobre ela quando, de repente, viu um revólver apontado em sua direção.

— Basta! Fique longe. Sempre desejei sua morte desde o dia em que acabou com minha juventude com aquele estupro. Como desejei matar você! Mas o que eu podia fazer morando naquela favela horrorosa sem ter ninguém que cuidasse de mim? Agora tudo mudou. Sou rica e mulher de um senador. Posso tudo, e você vai morrer e conhecer os horrores do inferno.

— Calma, Clotilde, vamos conversar. Sou pai de seu filho, pense no que vai fazer...

— Você nunca será o pai do meu filho. É um miserável, que vou fazer um favor em tirar do mundo. Deus está guiando minhas mãos nesse momento.

Ela não pensou em mais nada. Começou a atirar sem parar até que viu o corpo dele inerte no chão. Vendo-o ainda respirando, ela se aproximou, mirou seu cérebro e atirou pela última vez. Depois gargalhou dizendo:

— Morra, seu verme.

Ela parecia estar em transe. Quando voltou ao normal, recolheu o dinheiro e saiu do lugar deserto com Amaral, única testemunha do seu crime.

Tempos mais tarde, chegou em casa como se nada tivesse acontecido.

— Olá, Patrícia. Onde está o Daniel?

— Lá em cima com Eudásia. Brincou até cansar. Acho que agora pegou no sono.

— Vou subir e tomar uma ducha, estou precisando.

— Isabela, preciso conversar com você. Tem um tempo para mim agora?

Ela sentiu que era um assunto sério. Nunca Patrícia a havia chamado dessa forma.

— Em que posso ser útil?

— Desejo a sua sinceridade. O que houve entre você e a minha avó?

Apanhada de surpresa, Isabela não soube o que responder. Precisava inventar uma mentira com rapidez.

— Olha, Pati, não gosto muito de falar nesse assunto porque me magoa bastante...

Patrícia olhou firme para ela.

— Não seria minha avó quem deveria estar muito magoada com você?

— Não sei o que a dona Augusta lhe falou, mas, se quer saber a verdade, vou lhe contar. Sua avó era muito minha amiga, como você mesma sabia. Depois que lhe disse o que tinha acontecido entre mim e seu pai, ela fingiu aceitar. Até me ajudou no casamento. Contudo, depois que voltei da lua-de-mel, ela me chamou e me falou coisas horríveis. Disse que havia descoberto a existência do meu filho e que eu não serviria para morar na casa que tinha sido de sua filha. Fui muito humilhada e ela jurou que eu não viveria para usufruir desse casamento. Confesso, Patrícia, que tenho medo, muito medo do que a dona Augusta possa fazer contra mim.

Patrícia sentiu que algo nela não era verdadeiro. Ela continuava a freqüentar o centro espírita e tinha intuição aguçada. Tentava fazer o possível para agradar a Isabela, mas algo lhe dizia que havia uma coisa muito errada naquela história.

— Estranho, minha avó não quer tocar no assunto e está há mais de um mês depressiva. Nem sai mais de casa. Levou uma queda, que machucou muito seu braço, e está fazendo fisioterapia porque eu insisti. Ela, que era ativa, religiosa, gostava de viajar, visitar as amigas, agora parece um farrapo humano.

— Sinto muita pena dela, mas não posso fazer nada. Ela não me aceita como amiga e deve estar assim por sentir falta da dona Flaviana e por me ver no lugar dela. Creia, Patrícia, aprendi a gostar de seu pai, mesmo a contragosto, e acho muito justo ele reconstruir a família.

— Entendo. Deve ser impressão minha, então. Bom, pode subir. Vou me encontrar com Fernando. Iremos ao centro espírita.

— Ele também é espírita? — interessou-se ela.

— Não, é apenas simpatizante. Vai porque eu vou.

— Ah, se me convidasse, bem que eu poderia ir.

— Então está convidada. Às segundas são palestras instrutivas a respeito da espiritualidade; no meio da semana há outras tarefas.

— Irei, sim.

Terminada a conversa, Isabela subiu. Sorriu da ingenuidade de Patrícia. Mas ela iria usá-la para se aproximar de Fernando. Desde o dia em que o vira, tencionava tê-lo como amante. Ele era um rapaz extremamente atraente, de olhos amendoados, alto, cabelos lisos que lhe emolduravam o rosto, pele clara, musculoso, e Isabela se deixava levar em pensamentos, antevendo o prazer que sentiria ao lado dele. Havia se esquecido por completo de que deixara um inimigo desencarnado por suas mãos em estado de completo alheamento.

Na cabana abandonada, o corpo de Juvêncio jazia lavado em sangue. Passados alguns instantes após seu espírito estar inconsciente, acordou ainda preso ao corpo. Não conseguia entender o que estava se passando. Tentava se levantar, mas não conseguia. De repente, estranho fenômeno aconteceu. Ele parecia haver se duplicado. Estava fora do corpo e via seu cadáver todo cheio de balas, ensangüentado e inerte no chão. Desesperado, tentou correr do lugar, mas não conseguiu. Sentia-se puxado ao corpo inerte e mais uma vez estava dentro dele. Juvêncio nunca sentiu tanto medo e pavor em sua vida quanto agora. Os dias passaram e ele continuava no mesmo estado. Por que ninguém o socorria? Sentia seu corpo exalar um terrível mau cheiro e suas carnes apodrecerem, porém nada podia fazer para sair daquela situação. Um dia, um casal de namorados entrou na cabana e se assustou com o que viu.

— Rodrigo, esse homem está morto, e parece que há muitos dias.

— É isso mesmo, Fátima. Precisamos avisar a polícia.

Ela fez beicinho:

— E nosso encontro de hoje?

— Esse cadáver cortou todo nosso clima. Vamos sair daqui e telefonar contando o que vimos.

Assim fizeram. A polícia chegou ao local, retirou o corpo e começou as averiguações. O assassino não havia deixado pistas e nada existia junto ao corpo que pudesse identificá-lo, portanto o entregaram ao Instituto Médico Legal. Juvêncio sentiu o horror de ser engavetado em um local gelado. Era a primeira vez que chorava um pranto sincero e angustiado. Também nunca havia sentido tanto medo, apesar dos longos anos de vida marginal que tivera. Por mais que gritasse aos policiais, ninguém o ouvia. Com os médicos foi ainda pior. Então começou a se lembrar de Clotilde e de que ela o havia matado. Sentiu um ódio surdo brotar em seu peito, e o sentimento teve tanta força que o arremessou para o lado dela. Era noite e todos estavam na sala de jantar. Flaviana continuava lá, acompanhada de Nicodemos, sem conseguir se aproximar de Isabela. De repente, ela viu um vulto aparecer na sala. Era uma pessoa sangrando muito, cheia de buracos pelo corpo. Ficou com medo.

— Quem é esse, Nicodemos?

— E eu vou lá saber? Mas parece que é dos perigosos. Vamos ficar longe.

Era sábado, por isso todos jantavam juntos. Humberto estava presente e Fernando estava acompanhando Patrícia. Juvêncio viu com ódio Isabela sorrindo e conversando animadamente. Numa rapidez muito grande, ele avançou sobre ela, mas foi detido por Romário que, com um soco, jogou-o no canto da sala.

— Quem é você?

— Sou o protetor de Clotilde. Ninguém se aproxima dela.

— Tenho o direito. Ela me matou, e vou me vingar, custe o que custar. Não vai ser você quem vai me impedir.

— Vou sim.

Os dois travaram uma luta corporal no meio da sala. Juvêncio conseguiu se livrar e lançou-se sobre Isabela, apertando seu pescoço. Seu ódio foi tanto que ela engasgou e perdeu o fôlego. Todos correram para socorrê-la. Isabela tentava respirar, mas não conseguia. Foi ficando vermelha, até que desmaiou.

Patrícia ficou muito nervosa:

— Papai, leve-a para o hospital. Ela pode morrer!

— Como ela foi engasgar assim desse jeito?

— Não vamos perder tempo com isso. Vou pedir a Amaral que tire o carro e nos leve ao hospital agora.

Quando chegaram ao hospital, Isabela foi atendida e o médico informou que por pouco ela não perdera a vida. O doutor Fagundes suspeitava de que algo mais grave estava acontecendo com ela, pois sua língua havia ficado enrolada, o que tinha dificultado a passagem do ar. Humberto sentiu muito medo de perdê-la. Ficou toda a noite com ela no hospital. Juvêncio também não deixou o quarto. Na madrugada, Romário apareceu com um homem de rosto sério, bigode fino e olhar penetrante. O estranho homem olhou para Juvêncio e falou:

— Levante-se daí, precisamos conversar.

— O que quer? Saiba que só vou sair daqui quando levar Clotilde à morte. Esse aí tentou me impedir e levou uma sova daquelas. Quer apanhar também?

O homem sorriu.

— Não. Quero ajudá-lo. Também tenho interesse em que essa mulher desencarne para que venha sofrer junto de nós. Mas não é assim que você vai conseguir matá-la. Com essa atitude, ela vai ter esses ataques até melhorar de vez, e você não vai conseguir mais atingi-la.

— Melhorar? Como assim?

— Já ouviu falar em centro espírita?

Ele demorou, mas respondeu:

— Sim. De vez em quando pessoas desses centros apareciam lá na favela levando comidas e roupas. Mas o que isso tem a ver comigo?

— Tudo! Isabela mora em uma casa onde sua enteada freqüenta um desses horríveis lugares, e se você continuar provocando essas crises nela a enteada vai desconfiar de que é envolvimento de espírito desencarnado. Então a levará para fazer um tratamento. Esses lugares malditos têm um poder especial que consegue neutralizar nossa ação. Em pouco tempo, você não conseguirá mais nada com ela.

— Mas isso é injusto! Ela é má, egoísta e assassina. Deixou a mãe e os irmãos na maior miséria e não faz o bem a ninguém. Como é que será protegida?

— Não sei dizer, mas os seres da luz não gostam que exerçamos a justiça com as próprias mãos. Dizem que só Deus pode fazer justiça e, assim, conseguem nos afastar. Porém, se ficar do meu lado, teremos como matá-la de outra forma.

Juvêncio se interessou.

— Então me conte como.

Horácio chamou-o a um canto e narrou-lhe o plano terrível. Ele ia ouvindo sem acreditar naquelas palavras, que lhe mostravam uma trama tão habilidosa que sequer poderia ter imaginado algum dia. Quando terminou estava radiante.

— Seguirei com você. Nossa, como é inteligente! Tem razão em ser o chefe.

Horácio respondeu:

— Não sou o chefe; quisera eu! Nossa cidade no astral está sem comando. Nosso chefe foi resgatado e ninguém ainda ocupou o lugar.

— E por que você mesmo não toma o lugar?

— Não tenho gabarito para isso. Estamos esperando nosso próximo chefe desencarnar para nos comandar. Trata-se de um político muito famoso na Terra. Assim que ele morrer, o receberemos com alegria e assim passará a comandar os planos de vingança, tão a seu gosto.

— Tem certeza de que devo deixar a Clotilde aí?

— Sim. Venha comigo. Aposto que está doido para sentir o prazer das drogas novamente.

— Como adivinhou?

— Soube pela sua ficha. Acompanhe-me que vou levá-lo a um lugar onde poderá sentir esse prazer novamente.

— Mesmo depois de ter morrido?

— É claro! Aqui na Terra sugamos as energias que nos dão prazer por meio das pessoas que fazem as mesmas coisas. Você mesmo servia de repasto para outros espíritos viciados, só que não se lembra de nada.

Juvêncio estava admirado com aquilo. Resolveu seguir Horácio e ver se era verdade o que ele dizia.

No domingo pela manhã Isabela recebeu alta. Quando chegou em casa, já no elegante sofá da sala de estar, ela comentou:

— Não sei como aconteceu. De repente, me deu uma vontade enorme de tossir e quando vi estava engasgada. Parecia que tinha alguém apertando meu pescoço. Foi horrível.

Humberto a tranqüilizou:

— Mas não foi nada. Mesmo assim, terá de fazer os exames que o doutor Fagundes pediu.

— Farei, meu amor. Agora desejo ver Daniel. Onde ele está? — dizendo isso, subiu as escadas.

Patrícia ficou sozinha com o pai e aproveitou:

— O senhor está feliz com esse casamento?

— Claro, filha. Por que pergunta isso?

— Não sei. Sinto que essa união não lhe trará felicidade.

Humberto coçou o bigode.

— Lá vem você com essa história de intuição de novo. Sabe que não acredito em nada disso.

— Também não sei por que sinto isso. Gosto da Isabela, sei que ela o faz feliz e que é uma boa pessoa. Pela lógica, não era para eu sentir nada disso. Mas aprendi no centro que a intuição é superior à razão, e sempre nos conduz à verdade. Algo me diz que sua vida com ela não vai ser sempre boa.

Humberto irritou-se.

— Não quero mais falar sobre isso. Causa-me mal-estar. Mudemos de assunto. Como está seu namorinho com o Fernando?

— Muito bem. Gosto dele e sei que ele gosta de mim. Acabaremos casados.

Ele riu.

— Como pode dizer isso se tem tão pouco tempo de namoro? É intuição também?

— Sim, sei que ele será meu marido.

— Você às vezes me faz rir. Bem que eu gostaria de ter essa tal intuição para descobrir quem são meus inimigos no Senado.

Os dois riram e começaram a falar amenidades.

No quarto com Daniel, Isabela havia esquecido o mal-estar e só pensava numa forma de se aproximar de Fernando. Todo movimento estranho que acontecia, ela ia olhar na esperança de vê-lo chegar à mansão. Era domingo e certamente ele iria aparecer para ver Patrícia. Até agora ambos haviam só trocado olhares e ela precisava agir. Sentia que ele estava tímido para procurá-la e ela não queria mais perder tempo. Suas relações íntimas com Humberto já não lhe davam o prazer esperado e ela queria descobrir novas sensações. Sem perceber, ela voltava aos hábitos antigos de sua encarnação anterior, incorrendo nos mesmos erros. Quando vivera como Nathalie, traíra Henry, que agora era Humberto, e agora novamente tencionava fazê-lo. Romário a estava inspirando o tempo inteiro, colocando em sua mente cenas de intimidade com Fernando. Ela sentia aumentar seu desejo. Estava ficando ansiosa e com dor de cabeça quando finalmente o viu entrar. Rapidamente ela entregou seu filho a Eudásia e desceu. Fernando estava à beira da piscina com Patrícia, quando ela chegou.

— Vim tomar um pouco de sol. Depois do mal-estar de ontem sei que o sol me fará bem.

Patrícia comentou:

— Isso mesmo, fez muito bem. Sente-se conosco.

Fernando tentou conversar, um tanto tímido:

— Está melhor? Não sentiu mais nada?

— Não. Se novamente tiver um ataque daquele, morrerei.

— Não diga isso. A senhora é muito jovem para morrer.

A conversa continuou amena, até que de repente Isabela pediu:

— Patrícia, peça a Eudásia que venha até aqui e traga o Daniel. Ele precisa tomar sol.

— Irei sim. Vou aproveitar e trazer mais refrigerante.

Assim que Patrícia saiu, Isabela olhou profundamente para Fernando e, com coragem, falou:

— Sei que pode pensar mal de mim, mas estou loucamente apaixonada por você. Meu casamento é uma infelicidade, não amo o pai da Patrícia. Vivo com ele por necessidade. Sei também que sou correspondida, pois noto seus olhares de desejo sobre mim. Isso me faz acreditar que não gosta de Patrícia e que está com ela por outros interesses. Amanhã às três da tarde me ligue, pois precisamos conversar melhor. Encontrarei um lugar para nos encontrarmos.

Fernando não teve tempo de falar nada, pois Patrícia tinha voltado. Mas ele gostara muito do que ouvira. Afinal, ser amante daquela mulher, mesmo que se casasse com Patrícia, lhe daria muitas vantagens. Fernando era um jovem de 26 anos de classe média. Trabalhava para ter mais dinheiro e havia prestado vestibular algumas vezes, sem contudo nunca ter conseguido ingressar em nenhum curso superior. Na realidade, não pensava em estudar. Pensava em fazer um bom casamento do qual pudesse tirar muitas vantagens. Na realidade, ele usava sua beleza para viver bem financeiramente. Assim, saía com algumas mulheres e logo começavam suas exigências: queria dinheiro. Se algumas fugiam, decepcionadas, outras, movidas pelo interesse no sexo e pela vaidade de estarem acompanhadas por um homem bonito, cediam a todos os seus desejos. Mas ele sentia necessidade de mais. Queria uma vida estável e, quando conhecera Patrícia "por acaso" numa festa de amigos, logo sentiu que ela era a pessoa indicada. Rica, Patrícia possuía boa parte da fortuna de sua mãe e ele sabia que esse casamento lhe traria a situação que almejava. Mas a vida estava sendo por demais pródiga com ele, colocando em seu caminho Isabela, que pelo visto faria tudo que ele quisesse.

Foi Isabela quem perguntou:

— Daniel já vem?

— Vem sim. Também nosso refrigerante está chegando. Vamos aproveitar esse sol e cair na piscina.

Fernando e Patrícia entraram na água, enquanto Isabela, vendo-o nadar, sentia aumentar compulsivamente seu desejo.

13

Na Mansão de Higienópolis

Flaviana estava muito triste aquele dia. Fazia meses que se encontrava na casa de Humberto e não conseguia se aproximar de Isabela, pois Romário sempre impedia. Ficou muito feliz quando viu aquele homem asqueroso apertá-la pelo pescoço, porque achou que ele ia matá-la. Mas qual não foi sua surpresa quando a viu voltar como se nada tivesse acontecido.

Nicodemos chegou arfante.

— Você não sabe o que a Isabela quer aprontar agora.

Ela, desanimada, respondeu:

— Estou cansada dessa vida. Estou sofrendo, ficando mais velha e feia, e nada tenho conseguido. Às vezes penso nas pessoas que me acolheram num lugar chamado colônia, mas lá também não quero ficar; parece uma prisão. Também não tenho para onde ir... Que desespero! — dizendo isso, começou a soluçar sentidamente.

Nicodemos a olhou penalizado.

— Tem a minha cidade. Lá você poderá ficar e até trabalhar.

— Não desejo ficar com vocês. Na verdade, nem sei o que fazer da minha vida. Sinto-me perdida. Nunca pensei que morrer pudesse nos levar a uma vida tão parecida com a que levávamos na Terra.

— Deixe para pensar nisso depois. Temos de nos concentrar agora na vingança contra sua assassina. Ou quer deixá-la sem receber o que merece?

Ela enxugou as lágrimas teimosas e o fitou seriamente.

— Vingança é o que mais desejo no mundo! Então, o que tem para me dizer?

— Estava lá na beira da piscina vigiando a assassina quando vi que ela se declarou ao rapazinho que namora sua filha.

— Como? Ela quer trair Humberto?

— Sim, não percebe que ela tem muito fogo? É daquelas que não se bastam com um homem só.

Flaviana corou:

— Não fale isso na minha frente. Sou mulher de respeito.

— Tudo bem, me desculpe. Mas é isso: ela quer tê-lo como amante. Podemos influenciar Humberto para que desconfie e mate os dois. Uma vez aqui, nós a prenderemos em uma das celas e a castigaremos.

Flaviana exultou:

— Que boa idéia! Fale baixo, pois Romário poderá escutar.

— Não se preocupe. Ele está do lado dela, passando desejos sexuais e pensamentos obsessivos de paixão; nem percebeu que vim lhe contar.

— Fico mais tranqüila. Temos de influenciar Humberto sem que ele perceba, pois, do contrário, estaremos perdidos.

Nesse momento, uma luz azulada penetrou no ambiente. Flaviana e Nicodemos fecharam um pouco os olhos porque aquele reflexo era muito forte e lhes doía as vistas. A luz foi reduzindo sua intensidade e apareceu no meio do clarão a figura de uma mulher. Ela olhou para Flaviana e falou:

— Vim em nome de Deus, porque preciso lhe mostrar duas pessoas que muito a amam e há muito querem vê-la.

— Diana? É você?

— Sim, minha amiga. E estou acompanhada de pessoas das quais sua mente nem se lembra no momento. Nunca se perguntou onde estariam seus dois filhos que morreram no acidente?

— Filhos? Acidente? — Ela estava atordoada. — Meu Deus! Marcos e Alfredo! Onde estão eles? Como pude me esquecer?

— Você se deixou levar pelos sentimentos negativos e esqueceu tudo o mais, porém eles jamais esqueceram de você, dos seus carinhos de mãe, das noites insones que teve, dos zelos e cuidados, e estão aqui para vê-la.

Era muita emoção para Flaviana. Do meio do clarão, Marcos e Alfredo surgiram. Ela, sem lembrar de mais nada, correu a abraçá-los. Chorou muito e naquela hora a lembrança dos seus sofrimentos reapareceu com toda a força. Lembrou-se do acidente terrível, de como havia sofrido com a perda dos seus filhinhos amados. Recordou-se de Humberto se afastando do lar e, finalmente, de sua doença cruel.

— Meus filhos, deixe-me abraçar cada um de vocês. Quanta saudade! Como estou sofrendo!

Marcos foi o primeiro a dizer:

— Mãe, venha conosco e esqueça a vingança. Só Deus tem o poder para julgar as pessoas e aplicar sua justiça. Quem somos nós para condenar os outros? A vingança nunca trouxe felicidade a ninguém; ao contrário, nos leva a caminhos tortuosos de sofrimento e infelicidade.

— Você diz isso porque é muito bom, sempre foi, desde criança. Mas não posso deixar de matar aquela que me tirou a vida, é justo. Fiquem comigo, provem que me amam de verdade e me ajudem a trazer para o inferno essa mulher que roubou minha existência.

Alfredo, muito paciente, explicou:

— Não estamos aqui para nos vingar de ninguém. Há muito aprendi que não existem vítimas sobre a Terra e são nossos pensamentos e crenças que atraem todos os sofrimentos em nossa vida. Creia, mamãe, a senhora passou pelo que era necessário ao seu aprendizado e pelo que estava de acordo com sua maneira de ser. Ao contrário de condenar, abençoe a mão que lhe deu, por meio do sofrimento, a chance de se melhorar e redimir.

Flaviana pareceu não aceitar.

— Vocês dizem coisas estranhas. Pelo jeito, parece que ela estava certa em fazer o que fez e que a errada fui eu.

— Não estamos dizendo isso. Claro que Isabela se comprometeu seriamente com as leis divinas quando agiu daquela maneira, mas já se perguntou como a senhora a atraiu para sua vida? Se não houvesse necessidade de a senhora passar por essa experiência, Isabela não teria conseguido o que pretendia e iria molestar outra pessoa.

Ela não queria entender e mudou de assunto.

— Como vocês estão crescidos! Eu queria tanto que todos nós estivéssemos ainda na Terra, como antes.

Diana interrompeu:

— Flaviana, seus filhos desejam que você siga conosco. Eles estão penalizados com sua situação e querem ver a mãe bem. Aceita?

— Isso não! Não posso deixar essa mulher vulgar impune. Eles é que deveriam sair daquela colônia e estar aqui perto de mim, ajudando. Aliás, esse é um dever de filho.

— Bom, aceitamos sua posição, mas aviso que Marcos e Alfredo não poderão ficar. Vamos nos despedir; fique com Deus. Quando precisar de nós pense com força que atenderemos.

Flaviana começou a chorar.

— Não me deixem, tenho me sentido muito sozinha. Voltem!

Os três desvaneceram diante dos seus olhos e ela continuou a chorar. Mas o sentimento de vingança era mais forte que tudo, e

Flaviana pensava em reencontrar os filhos depois que concluísse seus planos. Como estava enganada! A vingança nos afasta de Deus e dos espíritos superiores. Jesus nos recomendou perdoar setenta vezes sete, querendo mostrar que o perdão é infinito. Esquecendo dessa elevada orientação, Flaviana ia se prender a espíritos ignorantes e demoraria muito para rever os filhos.

Passado um tempo, Marcos e Alfredo foram novamente visitar Diana, que sempre os recebia com amor.

— Continuamos preocupados com nossa mãe. Pensamos que nossa presença ia demovê-la de seus intentos, mas foi tudo em vão.

Diana sorriu.

— O bem nunca é em vão. Às vezes ficamos tristes quando fazemos o bem, orientamos pessoas e elas fazem justamente o contrário; parece que não aprenderam nada e até pensamos em desistir. Ledo engano. Tudo que escutamos de bom, por mais que não usemos no momento, fica registrado em nossa alma e um dia o usaremos. Há sementes que passam séculos para germinar e dar frutos; assim também somos nós. O que o Mestre de amor nos ensinou há mais de dois mil anos, e que ainda não conseguimos colocar em prática, está dentro de nós como uma semente que um dia vai criar vida. Creiam, amigos, todo o bem que plantamos no coração de alguém, por mais dura, por mais rude que seja essa pessoa, um dia vai ser usado em benefício dela própria, e nessa hora ela se lembrará de quem o plantou, onde quer que esteja.

Alfredo comentou:

— Há na Terra quem pense que a morte não modifica as pessoas e que elas continuam as mesmas. Pelo caso de minha mãe, posso perceber que não é uma regra geral. Quem diria que a dona Flaviana, uma mulher doce e cordata, estivesse depois da morte planejando uma vingança e um assassinato?

— É que as pessoas não conhecem as outras completamente, e não sabem do que elas são capazes. Ainda temos muito que conhecer a respeito de nós mesmos, imagine, então, dos outros. Convivemos certamente durante várias encarnações com uma pessoa sem conhecê-la profundamente. Flaviana mostra que tinha uma bondade apenas aparente. Bastou um pequeno golpe da vida para se rebelar e apresentar o outro lado de sua personalidade. Assim somos nós: caridosos, bondosos, doces e sorridentes até que um pequeno fato venha a mexer em nosso orgulho para a máscara cair. Temos muito o que aprender para evoluir. Quantas vezes vemos pessoas aparentemente bondosas passarem por toda a sorte de privações? Achamos injusto ou culpamos seus desacertos em vidas passadas, porém estamos enganados. Os sofrimentos decorrem das nossas atitudes atuais e de como estamos nos portando no presente. Quem é bom de verdade jamais sofre, pois a lei é justa.

Alfredo, com voz que o pranto embargava, disse:

— É difícil aceitar certas coisas, mas os fatos mostram que você está certa, Diana. Todavia, desconfio que essa ligação entre Isabela e minha mãe vem de muito longe. Por que o espírito dela me induziu a matar minha mãe quando vivemos na França?

Diana foi falando com calma:

— Elas são inimigas de um passado remoto. Tudo começou no início do século XVIII. Isabela, naquele tempo, chamava-se Moema e Flaviana tinha o nome de Sebastiana. Viviam num pequeno arraial no Brasil e eram amigas. Certo dia, conheceram um homem misterioso que as seduziu e lhes ensinou os segredos da magia negra. Tornaram-se satanistas. Em parceria com Leopoldo, elas cometeram muitos crimes para satisfazer entidades infernais, em troca de vida longa, saúde e fortuna. Os três viviam uma relação poligâmica, mas Moema tinha grande ciúme da forma pela qual Leopoldo tratava a amiga e passou a odiá-la. Em trato com os espíritos das trevas, ela fez um encantamento e conseguiu que Sebastiana morresse. Foi uma morte lenta e sofrida. Moema a fez ingerir uma erva que tapava pouco a pouco o esôfago, e ela morreu agonizante com insuficiência respiratória. Quando chegou ao astral e descobriu quem tinha sido sua assassina, era tarde demais. Por ter se envolvido com a magia, os espíritos que a assessoravam prenderam-na para que servisse de cobaia em suas experiências. Tendo seu poder temporariamente suspenso, ela não conseguiu prejudicá-los e o casal Leopoldo e Moema continuou vivendo bem e cometendo mais crimes. Anos mais tarde desencarnaram e sofreram muito. Os espíritos de suas vítimas eram tantos que eles foram perseguidos cruelmente, chegando à loucura. Sebastiana, libertada dos seus algozes, ficou muito feliz com a cena, mas ainda assim não se sentia vingada. Queria mais. Por isso se juntou com o grupo e pretendia transformá-los em massas disformes, até que um espírito superior, com ordem de Jesus, interferiu no processo e resgatou os espíritos de Leopoldo e Moema, completamente loucos, do umbral. Havia no astral um espírito amigo do casal que todos os dias orava a Deus pedindo auxílio para eles, até que foi atendido.

Marcos e Alfredo ouviam sem querer perder nem uma palavra. Diana prosseguiu:

— Recolhidos a um manicômio do plano espiritual, padeceram. Nenhum tratamento surtia efeito. Um dos mentores chamou os encarregados do caso e avisou que só a reencarnação poderia amenizar um pouco o problema. Reencarnaram em completo estado de idiotia e viveram poucos anos na Terra. Os espíritos que foram suas vítimas no passado os encontraram mesmo em corpos infantis, e, por intermédio de uma trama ardilosa, conseguiram assassiná-los. As crianças apareceram mortas subitamente e ninguém encontrou explicação plausível. Ao regressarem para cá, tinham melhorado e adquirido lucidez. O corpo de carne é uma válvula que absorve as energias do perispírito e as extravasa. Eliminando esses resíduos, os espíritos voltam a ter saúde. Reunidos conosco, Moema se mostrou muito arrependida e queria uma nova chance. Leopoldo reconheceu que usou seus potenciais mediúnicos a serviço das trevas e queria uma reencarnação na qual pudesse usar esses dons para o bem. Foi aconselhado a esperar e desenvolver outros lados da sua personalidade. Eles acreditavam na força da riqueza, então decidiram ser nobres na França e contribuir com pessoas necessitadas dando trabalho e dignidade a elas. Muitos seriam suas vítimas reencarnadas. Felizes, voltaram ao mundo, ela como Nathalie e ele como Henry. Sebastiana não renasceu porque não tinha chegado a hora e ficaria no astral esperando o instante de nascer como filha do casal. Mas ela não aceitou o tratamento que queríamos ministrar e fugiu de nossa colônia, indo em busca dos seus antigos parceiros para se vingar. Foi quando conseguiu, através de Luigi, matar Nathalie por asfixia, a mesma forma como tinha sido morta.

Marcos interrompeu:

— O resto eu já sei. Eles falharam novamente e renasceram no Brasil. Mais uma vez, Isabela não perdoou minha mãe e a matou. Meu pai continua mergulhado no materialismo e esquecido de tudo o que programou para a própria existência.

Alfredo completou:

— Minha mãe continua querendo vingança e Isabela, no caminho dos crimes, vai certamente ter um final trágico. Meu Deus, quando essa sucessão de vinganças vai parar?

Foi Diana quem respondeu:

— Quando aprenderem o valor do perdão e a força do bem. Não sabemos até quando essa situação vai permanecer, todavia não poderão permanecer eternamente estacionados e fazendo o mal; nada permanece para sempre do mesmo jeito e as pessoas não podem ficar desrespeitando as leis de Deus sem que sejam contidas. Um dia, por um sofrimento muito grande, eles vão aprender que só o bem tem força e que o mal cobra um tributo muito grande daquele que o pratica.

— Por que meu pai não veio na última encarnação com as faculdades mediúnicas ostensivas? Afinal, ele precisava reparar o mal que tinha feito no passado. — Fora Marcos quem perguntara.

— Porque ele teve medo de falhar e pediu a Deus uma encarnação mais amena, na qual pudesse ir ganhando coragem para no futuro exercer esse mandato. Mesmo que demore, Humberto ainda voltará com as faculdades mediúnicas muito desenvolvidas para que, com o trabalho em favor dos sofredores, possa se redimir do passado de crimes.

— Quando eles vão encontrar a felicidade?

— Quando quiserem. A felicidade tem um preço que nem todos querem pagar para obtê-la. As pessoas sempre preferem a comodidade, a lei do mínimo esforço, as ilusões do materialismo a ter de se modificar no bem e disciplinar os pensamentos. Viver bem é fácil quando percebemos que já possuímos tudo que é necessário para ser felizes. Ao contrário do que se pensa, a felicidade independe das coisas externas, pois é um estado interior de satisfação, de contemplação do belo, da natureza e de êxtase com as coisas simples do dia-a-dia. É um erro procurarmos a felicidade em acontecimentos grandiosos que nem sempre trazem a alegria esperada, pois ela se encontra na vivência de todos os momentos, e qualquer um pode, desde já, alcançá-la, basta querer.

— E a busca pelo progresso, pelo bem-estar? Onde fica?

— Os acontecimentos materiais, o progresso vêm apenas aumentar a felicidade de quem já a possui; são meros complementos.

Já notou aquelas pessoas que têm tudo e não são felizes? É que ser feliz é uma arte, uma conquista do nosso espírito, e é um sentimento inato no ser humano, basta buscar que a encontraremos.

— Nossa, Diana, hoje você nos elucidou bastante. Vivo colocando a minha felicidade para depois. A partir de hoje, quero ser feliz já, não vou esperar mais.

— É assim que se fala, Alfredo. Agora vamos que o trabalho nos espera.

Abraçados, eles saíram rumo a outros departamentos daquela operosa colônia.

No elegante quarto de Madame Aurélia, na Mansão de Higienópolis, a grande cama de casal se encontrava coberta de jornais e revistas. Ela, Morgana e Luana observavam tudo com muito ódio. Eram fotos de Isabela e Humberto em colunas sociais.

— Acolhi essa miserável aqui e olhem como ela se porta, finge que nem existimos. Já pensei em mil formas de destruí-la e não encontrei nenhuma que possa realizar. Quando penso em minha impotência, tenho ainda mais raiva.

Luana não perdeu a chance:

— Sempre avisei à senhora que estava colocando uma cobra aqui dentro. Mas ninguém quis me escutar.

Na ponta da cama, Morgana chorava de raiva.

— O que mais me deixa magoada é a ingratidão que ela teve para comigo. Éramos amigas; aliás, a única amiga que ela tinha aqui dentro era eu. Era em meu ombro que Isabela chorava suas mágoas, revelava seus sonhos e me prometia que assim que melhorasse de vida ia melhorar a minha também.

Madame Aurélia sorriu ironicamente.

— Como você é ingênua. Essa miserável só pensa nela mesma. Logo que teve a sorte de achar quem a quisesse, deixou-a sem sequer um adeus.

— Justo a mim, que era sua melhor amiga.

Madame Aurélia pensou um pouco e depois gritou:

— Morgana, tive uma idéia perfeita! Sem querer, suas palavras acabaram me dando a chave.

Ela enxugou as lágrimas e Luana se aproximou para ouvir bem.

— É isso mesmo. Você vai procurá-la e dirá que sentiu sua falta e que gostaria que fossem amigas novamente. Fale que não vai cobrar sua promessa, que se contenta em tê-la por perto, conversando como antigamente. O resto lhe direi depois.

— Assim não, senhora. Quer dizer que serei a isca e não sei dos planos? Tem de me contar.

Luana interrompeu:

— Tem de contar a nós duas, pois também detesto aquela mulher.

— Bom, já que fazem questão, vou contar. Traga-me uma bebida forte, pois a idéia que tive vai arrepiar as duas. Porém, aviso: se alguma de vocês trair esse segredo, o túmulo virá como resposta.

As duas perceberam que era algo pesado. Passou pela cabeça de Morgana desistir, mas a madame já havia começado a narrar e ela não teve mais como voltar atrás.

— Alô? É você? — Isabela, nervosa, perguntava.

— Sou eu, sim. Quando podemos nos ver?

— Amanhã à tarde. Tenho um lugar onde podemos nos encontrar à vontade. Finja que veio buscar algo aqui de que precisa e eu passarei o endereço.

— Combinado.

Enquanto Fernando desligava o telefone, sua mãe entrou na sala.

— Estava falando com a Patrícia?

— Sim, era com ela mesma — mentiu.

Marília era uma mulher de meia-idade muito bonita. Havia criado o filho único com dificuldades. Apesar de se manter num nível em que o dinheiro não era o problema principal, ficara viúva muito cedo e tivera de criar Fernando praticamente sozinha. Sabia que o filho era muito bonito e requestado pelas mulheres; apesar disso, até aquele momento ele não havia namorado com nenhuma delas. Quando o viu saindo com Patrícia Costa Aguiar, ficou muito feliz. Marília havia educado Fernando para fazer um rico casamento; não toleraria que se juntasse com uma moça pobre ou do mesmo nível que eles. Ela queria mais e Fernando acabou sendo o filho que ela sonhou, interesseiro e mercenário. Mesmo assim, Marília controlava sua vida, com receio de que ele se apaixonasse por uma garota sem posses ou de baixo nível. Seu filho era um príncipe e, movida por esse pensamento, ela buscou informações de moças solteiras e ricas, e orientava Fernando para que se aproximasse delas. O encontro dele com Patrícia não fora casual; tinha sido muito bem programado. Marília sabia que nenhuma mulher resistia ao seu filho.

Sentou-se no sofá com uma expressão de tédio, pegou uma revista de moda e folheou-a sem interesse. Vendo o filho pensativo, comentou:

— Sabe como faço gosto nesse namoro com Patrícia. Não sei no que está pensando, mas espero que não seja em nada que venha atrapalhar nossos planos.

Ele levantou e, com um sorriso que fazia covinhas em seu rosto, abraçou e beijou a sua mãe.

— Tenha a certeza de que nada vai atrapalhar nossos planos.

— Fico feliz!

— Vou sair. Não pego no serviço hoje e quero aproveitar.

— Deus o acompanhe.

A porta bateu e Marília sentiu muita raiva. Que vida humilhante ela levava, tendo de ver seu filho trabalhar se quisesse ter alguns luxos a mais. A pensão de seu marido dava para manter um pouco do luxo que um dia haviam tido, mas a duras penas. Ela economizava no que podia para sempre estar no cabeleireiro e com roupas da moda, ou para manter Fernando impecável. Só assim ele encontraria uma noiva à altura. Sentindo-se depressiva, reabriu a revista e começou a ler.

Isabela havia pedido certa quantia em dinheiro a Humberto, alegando ter de comprar algumas roupas, quando, na realidade, seria utilizado para alugar temporariamente um apartamento onde iria se encontrar com Fernando. A quantia deu para pagar dois meses de aluguel e o apartamento foi alugado por Amaral, que a cada dia se envolvia mais com as tramas dela. Várias vezes tinha pensado em se demitir daquele emprego, mas as ameaças da patroa o impediam. Depois de tudo marcado e combinado o local, Isabela esperava ansiosa a chegada de Fernando. O apartamento era mobiliado e ela mandou comprar bebidas para o barzinho, que ficava em um canto da sala. Quando Fernando chegou, ela já havia tomado várias doses de uísque e estava mais excitada do que o habitual. Nunca desejara tanto um homem em sua vida como desejava Fernando. Ia arrastando-o para o quarto quando ele a interrompeu:

— Não sei se o que vamos fazer é certo. Tenho pensado muito a respeito desde que comecei a me sentir atraído por você.

Ela se sentou com ele no sofá e fez ar de vítima.

— Também tenho me questionado sobre isso, mas não tenho como evitar a atração que sinto; é mais forte que eu. Não gostaria que nada disso estivesse acontecendo, afinal, Humberto é um homem bom e não merece.

— Você não gosta dele?

— Casei-me por gratidão. Não tinha uma vida fácil e ele foi a única pessoa que me estendeu a mão. Mas não me sinto realizada com ele, sou infeliz. — Ela deixou uma lágrima falsa escorrer por seu rosto.

Fernando sabia que ela estava fazendo um jogo, mas ele também jogava e queria ganhar, por isso tornou:

— A Patrícia também não merece. Gosto dela, mas preciso de uma mulher mais experiente, que saiba oferecer coisas que ela ainda não sabe.

— E como sabe que sou essa mulher? Tenho praticamente a mesma idade que você. Não sou tão experiente assim.

— Mas é casada, conhece a vida conjugal. Patrícia não me permite muitas intimidades e eu fico muito carente. Sabe, um homem sempre precisa de mais.

— O que sente por minha enteada?

— Não sei ao certo, creio que coisas da juventude. Mas confesso que a admiro e que gosto de estar com ela. Com você, entretanto, é uma atração incontrolável, não programei sentir isso.

— Esqueçamos esse assunto por enquanto. Quero mesmo que me faça feliz. Venha!

Ele não falou mais nada e foram para o quarto. Quando terminou, ainda abraçada a ele, Isabela jurou que jamais iria perdê-lo.

A partir daquele dia se tornaram amantes. As visitas àquele lugar de encontros se tornaram assíduas e logo Fernando começou a se queixar de dificuldades financeiras. Ela sempre o auxiliava, pedia dinheiro, cheques a Humberto, e deixava nas mãos dele. Quando Marília soube, exultou de alegria. Ao mesmo tempo, teve receio de que isso viesse a atrapalhar o casamento do filho com Patrícia, ao que ele respondia:

— Nada vai atrapalhar nossos planos. Somos discretos e não posso perder essa mina de ouro que encontrei.

— Também acho. Mas tenha cautela; não ponha em risco o futuro brilhante que sonhei para você. Depois de casado, poderemos pedir que Humberto lhe arranje um cargo em Brasília, de preferência daqueles que a pessoa nem vá lá e mesmo assim ganhe bem. No governo existem milhões de funcionários fantasmas, e você será um deles.

Os dois sorriram abertamente, mas ele retrucou:

— Mesmo assim, terei de trabalhar. Não quero que minha mulher pense que sou um preguiçoso. Basta ter de inventar mil desculpas para explicar por que não faço curso superior.

— Essa menina é bobinha mesmo. Um rapaz com sua beleza precisa de curso superior para quê? Enquanto os bobos passam anos de suas vidas em bancos de faculdade para depois terem um emprego de mísero salário, você é mais esperto e está cortando o caminho. Conseguirá muito mais e sem nenhum esforço.

Ele sorriu, fazendo as covinhas no rosto, e colocou a cabeça no colo da mãe. Continuaram a trocar idéias.

Marília ignorava que conduzia muito mal o filho que Deus lhe confiara. Educando-o de maneira errada, as idéias falsas e o egoísmo prevaleciam, e ela se comprometia bastante com a própria consciência. Os dois estavam falindo mais uma vez sobre a Terra e mãe e filho sofreriam muito na hora do reajuste. Os pais que conduzem os filhos pelos caminhos do materialismo, do preconceito, do orgulho e do egoísmo falham na missão da paternidade e encontrarão a dor no caminho da redenção. Eles não são responsáveis pelos atos dos filhos, mas são responsáveis pelas crenças que cultivam e plantam em espíritos que a vida enviou para ser educados para o bem. Sendo assim, passarão por duras provas até aprenderem a força da bondade e cultivarem os valores eternos do espírito.

Isabela brincava no jardim com Daniel e Eudásia quando viu uma figura de mulher aparecer no portão. Rapidamente a reconheceu: era Morgana. O que ela fazia ali? Nem lembrava mais que ela existia.

Pediu que a deixassem entrar e ambas trocaram um longo abraço.

— Minha amiga, como está você? Pensei que nunca mais fosse vê-la.

— A saudade apertou e resolvi vir até aqui. Vi no jornal uma foto sua com Humberto e lá se mencionava seu endereço. Resolvi arriscar, em nome de nossa velha amizade. Devo dizer que pensei em ser mal recebida.

— Não diga isso, Morgana. Sempre a receberia bem. Afinal, naquele lugar onde eu vivia, a única pessoa que foi verdadeira comigo foi você.

— Confesso que fiquei magoada. Em nossas horas de tristeza, você disse que me ajudaria, mas bastou se casar para me esquecer. Não estou aqui para me queixar, mas é que fiquei com esperanças de sair dali. Como você mesma sabe, ninguém é feliz naquela vida. — Dizendo isso, começou a chorar.

— Morgana, não foi essa minha intenção. Não queria magoá-la. É que desde que casei não parei com as atividades. Vida de rica é muito trabalhosa, você não imagina o quanto. Mas me lembrava de você e pensava numa forma de tirá-la dali e das mãos daquela mercenária.

— Você não imagina como sofro. Porém não posso sair de lá. Meus pais são do Nordeste e não sabem a vida que levo. Não tenho para onde ir nem a quem recorrer. Depois que você se casou, fiquei deprimida. Não gosto mais de exercer aquela tarefa repugnante e tenho sido punida por madame Aurélia. Tenho levado até tapas no rosto.

Um ódio surdo brotou no peito de Isabela e ela sentiu que não poderia deixar sua amiga à mercê de uma pessoa tão ordinária.

— Morgana, saia de lá e venha viver aqui. Tem espaço de sobra e diremos a todos que você é uma parente do interior que veio pedir ajuda.

Os olhos de Morgana brilharam. As coisas estavam saindo melhor do que ela poderia supor.

— Mas o que poderei fazer para ganhar dinheiro? Não quero ser um peso para você e também não posso ficar sem dinheiro para minhas coisas. Não. Obrigado, amiga, mas não posso aceitar.

— Aceite, Morgana. Você vem morar aqui e trabalha como governanta. A Idalina já está velha mesmo, e você pode substituí-la. Ou podemos ter duas. Humberto pode pagá-la bem, tudo será melhor, você pode ajudar Eudásia com o Daniel e seremos felizes.

Morgana fingiu chorar de emoção e abraçou-a.

— Deus a abençoe, Isabela. Nas circunstâncias em que vivo, essa é a única solução.

— O que vai dizer à megera?

— Que vou voltar a morar com meus pais no Nordeste. Direi que estão doentes e precisando do meu auxílio.

— Faça isso. Ainda quero ver aquela casa fechar suas portas e Aurélia morrer de fome.

Daniel se aproximou e começou a brincar com Morgana. Vendo-o tão inocente, será que ela teria coragem de executar o planejado? Claro que sim! Isabela só a estava auxiliando porque fora procurá-la. No fundo, agia mais movida pela promessa antiga do que qualquer outra coisa. Se não fosse esse plano ela iria envelhecer na prostituição e acabar no olho da rua. Sim! Isabela merecia uma vingança. Foi convidada a entrar e tomar um chá. Eudásia emocionou-se quando a viu e as duas se abraçaram. Patrícia chegou e foi apresentada à “prima” de Isabela.

— Ela chegou hoje do interior e está num hotel. Amanhã passará a viver conosco e ajudará a Idalina no comando da casa.

Patrícia achou aquilo bem estranho.

— Mas a Idalina cuida de tudo muito bem, não precisamos de mais ninguém aqui.

Isabela foi rápida:

— É que minha prima veio do interior desesperada. Seus pais estão doentes e ela precisa desse emprego para enviar o dinheiro do tratamento. É mais uma questão de caridade do que de necessidade.

Fingindo entender, Patrícia deu as boas-vindas e subiu. Gostava de ter gente por perto. Não fazia objeções, mas algo a avisava de que aquela história estava mal contada. Seu pai estava muito apaixonado por Isabela e fazia tudo que ela queria. Resolveu não pensar no assunto e entrou no banho.

Morgana ficou impressionada com a beleza da casa.

— Nossa! Como o Humberto consegue manter o luxo daqui? O dinheiro de um senador dá para tudo isso?

— Ah, mas Humberto tem seus meios de conseguir mais dinheiro. É braço direito do governo. Pensa que ele recebe só o salário dele, é? Além do mais, a dona Flaviana era muito rica e foi ela quem decorou tudo aqui.

— Teve muito bom gosto. Agora tenho de ir. Amanhã cedo estarei aqui.

— Vou ligar para o Humberto e avisá-lo. No fim de semana ele deve estar aqui e não quero que tenha nenhuma surpresa.

— Acha que ele pode não gostar?

— Não! Ele está apaixonado, faz tudo que desejo; não haverá problemas.

Morgana saiu muito feliz. Tomou um ônibus e, durante o trajeto, ia pensando em como madame Aurélia ficaria satisfeita. O plano acontecera melhor do que o imaginado. Ela fora até lá apenas com o intuito de reatar a amizade e passar a ter acesso à casa para facilitar a vingança. Mas morar lá seria melhor ainda. Ela faria tudo e ninguém ia desconfiar.

Quando chegou à mansão, foi logo se reunir com Luana e Aurélia no quarto.

— Ela caiu como uma patinha, nem acredito no que está acontecendo.

Após contar todos os fatos em detalhes, ela finalizou:

— A ordinária ainda disse que quer ver essa casa fechada e a senhora passando fome.

Aurélia cerrou os punhos com raiva.

— Ela sentirá o peso de meu ódio. Ainda vai chorar lágrimas de sangue.

Morgana ficou um pouco triste, e Luana perguntou:

— Em que pensa?

— Senti uma angústia quando vi a criança brincando perto de mim, pegando meus cabelos. Quase pensei em desistir, mas sei que Isabela nunca foi minha amiga e merece sofrer.

Aurélia aquiesceu:

— Isso mesmo, mas há um detalhe: não posso liberá-la do serviço aqui. Sabe que está sendo exclusividade do doutor Estevão e terá de vir algumas tardes por semana para servi-lo.

Morgana não gostou.

— Não vou poder sair de lá assim sem explicações. Isabela pode desconfiar.

— Isso não é comigo. Encontre uma desculpa, invente, sei lá. Mas terá de vir aqui.

Morgana resolveu não discordar. Madame Aurélia era severa e não gostava de ser contrariada. As três continuaram a conversa rindo da ingenuidade de Isabela, sem imaginar que eram assessoradas diretamente por espíritos inferiores.

14

A morte se aproxima

Morgana se adaptou muito facilmente à casa de Humberto, que não fez nenhuma oposição à sua moradia lá. Apaixonado, ele fazia tudo quanto Isabela queria. Naquela tarde, todos estavam calmos. A presença do senador em casa mudava a rotina e Isabela ficava diferente. Atenciosa, carinhosa, ela nem se aproximava de Fernando, que agora já estava noivo de Patrícia. Ela tinha de conter seu ciúme e agradar o máximo possível ao marido. Eudásia, Morgana e Daniel estavam no jardim, Patrícia e Fernando no quarto e Isabela dialogava com Humberto, saboreando deliciosa bebida. Mas eles não estavam a sós. Flaviana e Nicodemos continuavam na casa tentando uma forma de aproximação com o casal.

— Estou ficando entediada aqui sem ter o que fazer. Preciso me vingar. Podem se passar anos, mas enquanto não conseguir o que quero não me afasto — Flaviana dizia cerrando os punhos.

Nicodemos estava pensativo. Não agüentava mais aquela situação. Mas também não tinha o que fazer. Sua vida na Terra terminara tragicamente por sua própria culpa. Não queria se vingar de ninguém, mas o que lhe restava fazer? Pelo menos enquanto acompanhava aquela mulher vingativa passava seu tempo.

De repente, vultos escuros surgiram na sala e eles reconheceram o homem forte que havia tentado sufocar Isabela acompanhado por mais dois espíritos que traziam uma rede nas mãos. Flaviana teve medo. O que eles pretendiam fazer?

— Nicodemos, vamos sair daqui. Não gosto dessa gente, tenho medo.

— Não, vamos ficar para ver o que eles pretendem. São da pesada e talvez nos ajudem em nossa vingança. É só observar e não fazer nada, e eles nos deixam em paz.

Eles apuraram os sentidos e perceberam que a rede que eles traziam não estava vazia. Nela havia seis massas de formato arredondado, um pouco menores que uma bola média. Cuidadosamente, um deles colocou a mão na nuca de Humberto.

No meio da conversa, ele interrompeu:

— Acho que essa bebida me deu sono. De repente, veio uma vontade grande de ir para a cama e deitar.

— Mas você bebeu muito pouco, deve estar cansado. Venha, eu o acompanho até o quarto.

— Não precisa. Vá ficar com seu filho e sua amiga. Dormirei um pouco, o sono me domina. Estranho isso. Nunca fui de dormir nesse horário.

— Não sei... Mas vá se deitar, sim. Aproveito e vou ultimar os preparativos para o jantar.

Humberto subiu as escadarias e o grupo das trevas foi junto. Ele mal conseguiu tirar a calça e em seguida caiu num sono profundo. De repente, ao sair do corpo, percebeu as entidades no seu quarto. Gritou-lhes:

— Quem são vocês? Como entraram em minha casa?

— Cale-se! Você faz parte do nosso plano para destruir Clotilde e, se tentar atrapalhar, vai se dar mal. É melhor paralisá-lo. Vamos, segurem-no ou vai nos dar trabalho.

Os homens paralisaram Humberto em espírito e colocaram-no à beira da cama. Flaviana e Nicodemos observavam tudo com pavor. O que iria acontecer? Os homens retiraram as formas arredondadas e cuidadosamente, por meio de fios magnéticos, colaram-nas no corpo adormecido de Humberto na região genital. Quando terminaram, disseram:

— O serviço está pronto, Juvêncio. A partir de hoje começa o fim do reinado de Clotilde.

— Tem certeza do que diz?

— Absoluta. Esse plano nunca falha.

Todos gargalharam e Humberto, sem nada entender, perguntou aflito:

— O que fizeram comigo? O que são essas bolas amarradas no meu corpo? Por que querem destruir Isabela?

O homem que chefiou a operação respondeu:

— Instalamos em você os parasitas ovóides. Esses seres disformes lhe causarão uma impotência sexual tão severa que nenhum médico da Terra vai conseguir curar.

— O que são parasitas ovóides?

— Não importa. Você não vai entender mesmo que eu lhe explique. O fato é que seu orgulho de macho vai acabar. Você não conseguirá mais ter relações sexuais nem com sua esposa, nem com ninguém.

Humberto sentiu que era verdade e começou a se desesperar.

— Por que fazem isso comigo? Deixem-me em paz!

Todos riram muito. Juvêncio respondeu:

— Sua mulher destruiu a minha vida e agora vai pagar caro. Você será o nosso instrumento.

— Se a vingança é para ela, por que estão fazendo isso comigo?

— Sua mulher tem muito fogo. Se você estiver impotente, ela vai precisar mais e mais do amante, até que, enlouquecida por uma obsessão sexual, não consiga mais esconder o relacionamento. Você vai acabar descobrindo que é traído. Nessa hora, será intuído a lavar sua honra com sangue, matando-a e a Fernando, que será seu genro. Quer plano melhor?

Humberto sentia a cabeça rodar e desmaiou. Na cama, seu corpo estava suado e agitado, mas ninguém chegava ao quarto. Quando tudo terminou, o grupo foi embora muito feliz, deixando Flaviana e Nicodemos entre assustados e exultantes. Isabela teria o fim que merecia. Ficaram sós no quarto e viram Humberto desmaiado.

— Vou acordá-lo.

— Humberto, Humberto! Acorde!

Ele despertou.

— Flaviana, o que faz aqui? Você não morreu?

— Sim, morri. Oh, como ainda o amo. Você fez de minha vida um inferno. Por quê? Eu não merecia.

— Não é hora para relembrar o passado. Ajude-me. Não consigo me mexer.

Nicodemos interferiu:

— Vamos ajudá-lo. Assim ele acorda mais rápido no corpo físico.

Com esforço, eles ajudaram Humberto a se libertar. Depois ele olhou com pena para si mesmo.

— Vejam no que vão me transformar: num homem sem potência. Não vou ser homem para minha mulher.

— Isso é ótimo. Vai ajudá-lo a perceber quem é a cobra que tem em casa, e o homem horrível que sempre foi.

— Não me acuse, Flaviana. Apesar de tudo, sei que ainda me ama. Reze por mim. Sei que vou sofrer muito. — Dizendo isso, ele entrou no corpo que, assustado, acabava de acordar.

Humberto se levantou sem saber o que tinha acontecido com ele e qual fora o motivo daquele sono pesado e intenso que o havia acometido. Lembrava que tinha tido um pesadelo e que nele estava sua mulher, Flaviana. Lembrou também que vira uns homens com rostos crispados pelo ódio, mas estava tudo muito confuso em sua mente. Havia suado bastante e resolveu tomar uma ducha morna para relaxar.

Isabela foi à cozinha, verificou o jantar e, a pretexto de falar sobre a saúde de Humberto, bateu à porta do quarto de Patrícia. Ela queria evitar que algo de mais íntimo ocorresse entre o casal. Estava muito envolvida com Fernando e só em pensá-lo nos braços de outra sentia uma onda enorme de rancor. Patrícia abriu e se surpreendeu:

— O que faz aqui? Algum problema?

Ela tentou disfarçar, mas pelo que viu dava para perceber que os dois estavam apenas conversando.

— É seu pai. Estou um pouco preocupada com ele.

— Mas ele estava muito bem ainda há pouco quando o deixamos na sala. O que aconteceu?

Fernando havia se aproximado e ela sentia o coração disparar.

— Ele sentiu um sono estranho de repente e falou que ia deitar. Pensei que tivesse sido pela bebida que tomávamos, mas ele bebeu muito pouco. Acho que está doente. Fui ao quarto e ele está se revirando na cama. Não acordou nem quando o chamei.

— O senhor Humberto me parece um homem muito sadio. Se está assim, realmente é porque adoeceu. Por que não chamam um médico? — sugeriu Fernando timidamente.

— Não acho que necessite. Papai anda muito cansado. Essas viagens de Brasília até aqui não o deixam bem. Deve ser isso. Daqui a pouco vai estar melhor.

Isabela encerrou a conversa:

— Se você acha assim, então vamos esperar.

Humberto não descia e Isabela estava ficando inquieta. Eudásia e Morgana entraram com Daniel, e Patrícia e Fernando também estavam na sala.

— Vou ver como ele está. Estou ficando preocupada — disse Patrícia, levantando-se e indo em direção ao quarto do pai.

Em poucos segundos, Isabela e Fernando trocaram significativo olhar, que foi percebido por Morgana. Em seu pensamento uma desconfiança começou a aparecer. O que havia entre aqueles dois? Ela resolveu averiguar. Pretextando ir ao banheiro, Fernando saiu. Logo depois, Isabela resolveu ir à copa beber água e Morgana achou aquilo muito estranho. Na copa, Isabela conversava nervosamente com Fernando.

— Essa situação está ficando horrível para mim. Não agüento vê-lo. O único homem a quem realmente amo nos braços de uma outra mulher! É terrível para mim. Não sei se suportarei vê-lo casado.

Ele colocou suas mãos em seu corpo e ela estremeceu.

— Tem de aceitar, pelo bem de nós dois. Sabe que a amo e que estou com Patrícia porque me é conveniente. Preciso ficar bem de vida e com você não conseguiria. Precisa entender; mais tarde, quando for oportuno, traçaremos um plano e eliminaremos Humberto e Patrícia de nossa vida. Seremos felizes.

— Como eu gostaria de acreditar em você. Sinto que posso perder tudo que conquistei por causa dessa paixão que me consome. Beije-me agora. Prove que me ama e me beije aqui.

— Mas é muito perigoso. Podem estranhar nossa demora e nos pegar em flagrante.

— Vamos, tenha coragem.

Fernando não resistiu e a beijou longamente. De repente um grito abafado:

— Isabela?! Fernando? Não posso acreditar!

Eles se separaram rapidamente e sem fôlego olharam para Morgana. Isabela apressou-se em se defender:

— Não é isso que está pensando. Por favor, Morgana, tente entender...

— Calma, amiga. Sabe que somos unidas e não direi o que vi. Mas, assim como fui eu, poderia ter sido outra pessoa, e você estaria perdida. Tenham mais cuidado.

Fernando saiu e voltou para a sala, onde já estavam o senador e Patrícia. Morgana conseguiu convencer Isabela de que nada falaria e que lhe seria fiel. Ela acreditou. Mal sabia que tinha sob seu teto uma grande inimiga que, a qualquer momento, a apunhalaria pelas costas. Todos se reuniram na sala e ouviam Humberto contar seu pesadelo.

Patrícia sentiu que alguma coisa estava errada com o pai e o aconselhou:

— Por que não vai conosco ao centro? O senhor precisa de uma consulta. Os sonhos, em sua maioria, são as lembranças do que vimos e vivemos no mundo astral. Se o senhor viu a minha mãe e alguns espíritos com semblantes negativos, é sinal de que ela não tem boas companhias.

— Você sabe que não acredito nessas coisas de espiritismo. O que tive só foi um pesadelo mesmo. Não nego que me impressionou, mas sonhos são ilusões da mente, e não têm nenhum significado.

Patrícia encerrou a conversa e foram jantar. Isabela mal conseguia se conter e olhava muito para Fernando, porém só Morgana percebia. Juvêncio, seu acompanhante espiritual, havia cedido ao grupo poderoso de Romário, e agora fazia parte do plano. Naquele momento, ele lhe inspirava idéias sensuais:

— Você precisa fazer amor ainda hoje com Fernando, mas, se não conseguir, faça com seu marido mesmo. Pense no Fernando e use o Humberto.

Isabela sentia seu desejo aumentar; estava quase incontrolável. Mal conseguiu comer. Quando todos se despediram e ela foi para o quarto, agiu impetuosamente e levou Humberto para a cama. Beijaram-se com paixão e, quando tudo estava para acontecer, Humberto parou. Ela, percebendo o que ocorria, perguntou:

— Por que, Humberto? Nunca isso nos aconteceu. Por que logo hoje, que estou tão carente?

Ele estava com muita vergonha. Sentou-se do outro lado da cama e colocou as mãos no rosto. Orgulhava-se de ser conquistador e viril. Nunca, em todas as suas conquistas aquilo havia acontecido. Estaria ficando velho? O certo era que ele estava com receio de olhar o rosto de Isabela. Limitou-se a dizer:

— Não sei, hoje não foi um bom dia pra mim. À tarde aquele pesadelo, e agora esse fato horrível. Não sei o que lhe dizer. Devo estar cansado ou, como diz a Patrícia, devo ter um encosto.

Ela se irritou:

— Não vê que isso não existe? Você está com problemas e deve procurar um médico.

— Não! Isso jamais! Vamos tentar outra vez.

Mais uma vez se deitaram e Isabela se esmerou, utilizando todos os truques que aprendera com madame Aurélia, mas nada deu resultado. Humberto fez um grande esforço para não chorar. Sentia-se humilhado. Levantou-se, vestiu o roupão e foi fumar um charuto na sacada. Isabela também se vestiu e foi para o bar. Ingeriu dois copos de uísque e seus pensamentos estavam em Fernando. Como ele era viril! Se não fosse pobre, deixaria Humberto e iria viver com ele. Mas ela jamais abdicaria de sua vida atual para novamente viver na pobreza. E se aquele problema com Humberto continuasse? Ela não poderia prescindir de sexo e teria de se encontrar mais vezes com Fernando. Sentindo o desejo aumentar, tomou mais uma dose da bebida e voltou ao quarto. Já na cama, percebeu que Humberto fingia dormir. Ela também fez o mesmo e fechou os olhos, mas era em Fernando que pensava.

O domingo amanheceu bonito e Humberto agiu como se nada tivesse acontecido com ele. Tomou café e foi sentar-se à beira da piscina, lendo o jornal. Isabela aproximou-se e falou em tom áspero:

— Não pense em fingir que nada aconteceu. Amanhã não volte a Brasília e vá consultar nosso médico de confiança. Quero você como antes.

— E eu? Pensa que está sendo fácil para mim? Estou me sentindo o pior dos homens, tenho vergonha até de procurar um profissional.

— Mas é isso que terá de fazer.

A conversa encerrou com a chegada de Daniel, que vinha nos braços de Eudásia.

— Onde está a Morgana?

— Precisou sair. Falou que precisava repor algumas coisas na despensa e que ia ao supermercado.

— Mas justo num domingo?

— É... Também achei estranho, mas não quis discordar.

Daniel começou a balbuciar algumas palavrinhas e logo Isabela esqueceu aquele acontecimento.

Todos os domingos Patrícia ia visitar sua avó, mas naquele dia a visita era especial. Ela iria levar uma amiga muito querida que havia conhecido no centro para conversar e tentar reanimar Augusta, que agora praticamente não saía da cama em profunda depressão. Sílvia era médium e trabalhava dando consultas e orientando as pessoas para que levassem uma vida melhor. Tinha quarenta anos e estava separada. Não tinha filhos e seu trabalho como voluntária no centro a deixava muito feliz. Quando elas chegaram, a mansão estava às escuras. Patrícia perguntou a uma empregada o porquê daquela escuridão, ao que ela respondeu:

— A dona Augusta não quer que abram as cortinas; diz que o sol tem lhe feito mal.

— Pobre vovó, não sei mais o que faço para ajudá-la. Tenho medo que morra por causa desse estado.

Sílvia tentou animá-la:

— Vamos confiar em Deus. Tudo Ele pode resolver, basta que para isso tenhamos fé. Mas estou preocupada. Pelo que me conta sua avó é muito católica. Como permitiu que eu, uma espiritualista, viesse até aqui?

— Apenas mencionei que é terapeuta e que deseja ajudar. Realmente minha avó é muito preconceituosa e, se soubesse que freqüenta um centro espírita, não iria permitir sua visita. Ela perdeu muita coisa com essa depressão, menos os preconceitos.

Elas entraram no quarto. Dona Augusta nem de longe parecia aquela senhora bonita, elegante, que gostava de passeios, viagens, que era ativa e falante. Agora se assemelhava a um farrapo humano. Jogada na cama, parecia ter envelhecido uns dez anos. Branca feito cera e com profundas olheiras, ela saudou as visitas:

— Sempre você, Patrícia, que nunca me deixa só. Só não morri ainda porque tenho o seu amor.

— Não diga isso, vovó. A senhora ainda vai viver muito. Agora vou lhe pedir para abrir essas cortinas. Está escuro e a Sílvia gostaria de conversar com a senhora.

Ela fez sinal afirmativo com a cabeça e o quarto se iluminou. Augusta fechou um pouco os olhos mostrando que estava incomodada com a claridade.

Sílvia fez intimamente uma prece e pediu auxílio de Deus e dos amigos espirituais. Ela viu a freira que estava colada a Augusta e observou que ela percebeu que tinha ido lá para ajudar. Logo um círculo de luz azulada cobriu o corpo de Sílvia e irmã Celeste não conseguiu envolvê-la.

— Como se sente, dona Augusta?

— Bem. Só quero que me deixem em paz e sozinha.

— Ninguém pode estar bem deitada em uma cama o dia inteiro, sem querer sair, ver a luz do sol e participar desta vida que é tão bonita. A senhora está desistindo de viver e isso é muito ruim. Tem de reagir.

Ela começou a chorar.

— Não consigo. Sinto que minha vida acabou. Não tenho mais o que fazer, minha filha morreu, tudo está sem sentido. Só me resta ficar na cama até que a morte me chegue como alívio.

— É um direito que a senhora tem, mas essa escolha está deixando-a muito infeliz, e a infelicidade é um estado antinatural. Fomos criados para a felicidade. Deus nos colocou em um mundo bonito, rodeado de plantas, flores, com um lindo sol que nos aquece e ilumina. Deu a cada um o direito de ser feliz, evoluir, e a senhora está desperdiçando isso. Não acha que está sendo ingrata com a vida?

— Não diga isso, tenho muita fé. Mas já estou velha e os velhos não servem para nada. Como é horrível o entardecer de uma existência!

Sílvia não se deu por vencida.

— A senhora está sendo dramática e preconceituosa. A velhice é a fase de maturidade espiritual de todos nós. Longe de ser ruim, ela é um bem. É a fase na qual podemos ser o que somos, sem preocupações ou medos; é o tempo de colher os frutos de nosso aprendizado sobre a Terra. Ademais, quem envelhece é o corpo, porque o espírito fica sempre jovem e todos nós somos jovens, seja em que idade for. A senhora se engana quando diz que os velhos não servem para nada, o que conta mesmo é a idade mental que cada um tem. Há jovens que já envelheceram e há idosos com a mente muito jovem, são ativos, vivem rodeados de amigos, trabalham e têm o respeito de todos. Tudo vai da crença de cada um. Acreditar na velhice atrai falta de oportunidades, desrespeito, rejeição, mas tudo depende de nós. Sua vida não acabou porque a senhora tem sessenta ou setenta anos; há coisas agradáveis e boas para se fazer em qualquer idade, basta que deixemos o preconceito de lado, não acha?

Dona Augusta parecia pensar.

— Você diz coisas bonitas, mas a velhice é um fato, e com ela chegam as doenças, os remédios, o desprezo dos mais jovens...

— Isso tudo depende do pensamento de cada um. Há pessoas idosas que têm excelente saúde, até mais do que certos jovens. São respeitadas e ouvidas pelos mais novos. Aonde vão têm amigos das mais diferentes idades. Já se perguntou por que isso acontece? Por causa das crenças que elas carregam. Quem acredita na velhice como um mal, como um fardo doloroso e difícil, realmente vai atrair as doenças, o desprezo e o abandono. A senhora quer viver assim?

— Na verdade não, é que não tenho forças. Ando tão desanimada...

— Para sair dessa situação é necessário força de vontade e colocar Deus em seu coração. Procure se ligar a ele por meio da prece; esse será o primeiro passo.

— Mas eu rezo todos os dias.

— Não falo da oração mecânica e decorada, digo da oração que vem de dentro, aquela feita com o coração; essa funciona de verdade. O segundo passo é levantar dessa cama e retomar sua vida de antes. Volte a ser a pessoa que era: elegante, arrumada, ativa, bem-disposta, e logo vai se livrar dessa depressão que a invade.

— Não tenho forças...

— Tem sim. Todos temos a força do mundo quando realmente queremos alguma coisa. Sua força reside em seu coração, e seu coração quer a felicidade.

Ela esboçou um sorriso.

— Muito obrigada. Sinto-me melhor.

Sílvia se despediu e saiu do quarto, mas dona Augusta fez questão de lhe pedir que voltasse outras vezes. Já na sala lanchando com Patrícia, ela disse:

— Não se anime muito. Hoje ela ficará um pouco bem, mas amanhã voltará aos mesmos problemas. O que ela está passando é difícil e demorado para curar.

— Ela está obsediada?

— Está com depressão profunda, acima de tudo. Claro que nesses quadros há sempre a interferência de obsessores, mas sua avó está clinicamente depressiva. Já lidei com muitos casos assim e sei que só um bom psiquiatra pode resolver.

— E a ajuda espiritual?

— É também essencial, mas não dispensa a ajuda médica, de forma alguma. A depressão é uma doença séria e tratada no meio espírita com preconceito. Acha-se que qualquer manifestação dela é obsessão e, às vezes, impede-se que o paciente recorra à medicina terrena, que é indispensável em muitos casos.

— Mas não há casos em que o problema é só espiritual?

— Há sim, e os médiuns experientes sabem diferenciar uma situação da outra. Nos casos em que há apenas obsessão, o tratamento médico pode até piorar os sintomas, mas não é esse o caso de sua avó.

— No caso dela, que adoeceu apenas no físico, o que causa a depressão?

— Alguns estudiosos teimam em dizer que a depressão é o produto da disfunção das substâncias químicas responsáveis pelo humor e dos neurotransmissores. Mas, pelo conhecimento espiritual que temos adquirido, podemos afirmar que eles estão trocando o efeito pela causa. A depressão é uma doença da alma e acontece quando as pessoas se sufocam e não atendem aos anseios mais íntimos de seu espírito. A alma se agita e quer se libertar; a depressão é o grito da alma sufocada.

— Toda depressão começa na alma?

— Sim. Quando estamos distantes de nossa essência, magoados, fazendo coisas por obrigação, vivendo uma vida diferente daquela que nossa alma pede, aparece o vazio, a solidão e depois a depressão. Mesmo quem diz não ter motivos para estar deprimido, se for olhar para dentro de si com realismo, vai saber a causa.

Patrícia estava surpresa:

— E o que pode ter levado a minha avó a esse estado? Ela vivia tão bem!

— Não sei, mas, pelo que pude perceber, ela está assim por mágoa. Alguém a magoou profundamente e ela tem se sentido pequena, inferior. Com isso sufocou a alegria e entrou em depressão.

— Então vamos tentar extrair isso dela.

— Não é bom. Para quem está em depressão profunda, revolver as mágoas só vai piorar o estado. O melhor que temos a fazer é esperar essa fase passar e, quando ela estiver melhor, voltaremos a esse assunto. Quando o paciente melhora, ele tem condições de perceber como atraiu a doença e modificar a causa. Mas isso só pode acontecer quando essa fase severa passar.

As duas continuaram conversando até a hora do almoço. Sílvia voltou para casa e Patrícia almoçou na casa da avó, que não saiu do quarto.

Morgana não foi ao supermercado, como havia dito, e sim à Mansão de Higienópolis. Nos fins de semana as mulheres se arrumavam mais que o habitual e madame Aurélia tinha trabalho dobrado. Mesmo assim, quando Morgana chegou, foram para o quarto. Luana também não perdia a ocasião e estava junto. Nunca simpatizara com Isabela e vê-la feliz e rica causava-lhe grande inveja. Auxiliar naquela vingança seria um prazer ao qual ela não se poderia furtar.

— Madame, tenho algo importante a lhe contar — começou Morgana com expressões de mistério para valorizar ainda mais o que iria dizer. — O que tenho a dizer pode mudar completamente o curso dos nossos planos.

Madame Aurélia estava curiosa.

— O que pode ser?

— Descobri ontem que Isabela trai o senador com Fernando, um rapazinho que está noivo da Patrícia, filha dele. Com essa informação nas mãos, podemos desistir de envolver a criança inocente e acabar com ela de outra forma.

Aurélia pareceu refletir, depois disse:

— É uma informação e tanto, mas acho que não devemos desistir de nossa estratégia. Queremos ver Isabela sofrer, e, se contássemos a Humberto dessa traição, o máximo que poderia acontecer seria ela ser expulsa de casa. Não! Eu quero mais, quero vê-la amargar a dor de perder um filho e, mesmo rica, não poder ser feliz.

Luana concordou.

— Também acho, não podemos desistir. — Olhando para Morgana fixamente, Luana completou: — Estou vendo que está toda medrosa em matar uma criança e está querendo voltar atrás. Saiba que se isso acontecer nós a consideraremos uma traidora, e aqui não colocará mais os pés.

Madame Aurélia vociferou:

— E, se nos trair, não viverá para saborear sua traição. Sabe muito bem do que sou capaz. Se tenho coragem suficiente para tramar a morte de um menino inocente, imagine o que não farei com você.

Ela sentiu um arrepio percorrer seu corpo. Por que fora se meter naquilo?

— Mesmo assim, sua informação não foi inútil — comentou Aurélia. — Assim que Daniel morrer, acharemos uma maneira de fazer Humberto saber que sua mulher o trai. Daí, sem o filho e sem riqueza, ela acabará com a própria vida.

Morgana estava estupefata com tamanha crueldade.

— Para que tanto? Afinal, o que Isabela lhe fez não foi tão grave. Humberto agiu muito pior. Foi ele quem tirou ela daqui com toda a arrogância — ponderou.

— Não sei... Sinto um ódio muito grande por ela. Sua arrogância e falta de escrúpulos merecem punição. Já Humberto eu não consigo odiar. Compreendo os homens, sei como são quando se envolvem com mulheres da espécie de Isabela.

Morgana não protestou; sentia medo de ficar contra uma mulher tão perigosa. Quando deixou a Mansão, sentia-se mal. Sua cabeça rodava e seu estômago estava enjoado. Como fora entrar numa vingança tão sórdida como aquela? Mas agora tinha de ir até o fim. Se recuasse, coisas horríveis poderiam acontecer com ela. Foi ao supermercado, pois não podia chegar em casa sem algumas compras. No caminho, ia pensando no ódio de Aurélia e não conseguia entender como atitudes aparentemente pequenas de Isabela tinham despertado uma sede de vingança tão grande naquela mulher. Ela não sabia que o ódio de Aurélia vinha do inconsciente, estava enraizado em acontecimentos de vidas passadas, quando vivera na França e tivera seu filho morto por culpa de Nathalie, que era Isabela reencarnada. Inconscientemente, queria se vingar por ter perdido o filho matando Daniel, o ser que sua inimiga mais amava no mundo. Também ela não conseguia odiar Humberto porque naquele passado longínquo ele fora seu filho, Henry.

Chegando em casa, Morgana deu algumas explicações que logo foram aceitas por sua amiga. Foram almoçar e Morgana insistiu em dar a comida a Daniel, tarefa que era de Eudásia. O menino, muito alegre e com olhos vivos, começou a comer. Sem que ninguém percebesse, Morgana destampou um pequeno frasco de vidro que continha um pó e o derramou sobre a comida. Ninguém viu nada. Uma hora depois da refeição, Daniel começou a vomitar. Fizeram chás, mas nada resolveu. Levaram-no ao médico, que diagnosticou perturbações estomacais. Prescreveu alguns medicamentos e a criança melhorou. Isabela abalou-se muito e, preocupada, nem procurou o marido durante a noite, o que para ele foi um alívio devido a sua impotência.

A semana transcorreu calma, exceto por Daniel, que se mostrava apático, não brincava como antes e quase não comia. Na quinta-feira, ele piorou. Isabela ficou desesperada. Ver seu filho sofrer era o que mais a deixava abalada. Outra vez foi ao médico, que a aconselhou a ter calma e falou que esses fatos sempre acontecem uma vez ou outra na infância. Todavia, no pouco que Daniel comia, o veneno terrível e que matava lentamente era inserido. Ele voltava a vomitar e passar mal, mas ninguém podia supor que Morgana estivesse por trás daquilo. Isabela entrou em depressão e Humberto voltou de Brasília para ficar com ela. O menino foi internado, mas depois de três dias veio a falecer. Ninguém suspeitou de envenenamento e os médicos disseram que o menino tinha o aparelho digestivo fraco e por isso sucumbira. Isabela parecia viver um sonho. Nada a fazia parar de gritar e chorar; ela entrou em terrível desespero. Abraçada com ele no pequeno caixão, ela dizia:

— Meu filhinho, por que isso aconteceu? Você era a minha razão de viver, tudo que fiz na vida foi por você. Por que me deixou?

O corpinho inerte estava banhado de lágrimas daquela mulher que, pela primeira vez na vida, despertava ante a dor e o sofrimento. Ela continuava:

— Não me deixe, filho. O que vou fazer sem você? Sem seu sorriso, sua alegria, suas brincadeiras?

Naquele instante, os espíritos de Juvêncio e seus amigos riam muito do sofrimento de Isabela. Todavia, Flaviana estava profundamente abalada e desistiu de sua vingança. Ela sabia muito bem o que era perder um filho e Isabela já havia sido punida devidamente. Vendo-a sofrer daquele forma, ela percebeu que nada mais poderia fazer ali e resolveu ir embora, não sem antes acompanhar o sepultamento de Daniel. Diana e Gabriel estavam lá e traziam Daniel adormecido no colo. Eles sabiam que muito teriam de fazer até que ele recuperasse a forma adulta e pudesse ajudar sua mãe.

15

Encontrando a espiritualidade

Isabela entrou em profunda depressão após a morte do filho. Materialista, ela acreditava que tudo acabava com a morte e não conseguia entender por que seu filho tão pequeno havia morrido daquela maneira. Passava os dias na cama e nem a companhia de Morgana lhe dava um pouco de ânimo. Ao seu lado, assediando-a, estavam Juvêncio, Romário e outros espíritos que faziam aumentar sua sensação de desespero. Flaviana havia ficado muito condoída com o que Isabela passara e resolvera abandonar a casa. Naquela tarde, andando com Nicodemos por uma rua movimentada, ela não sabia o que fazer.

— Não sei para onde vou agora que me sinto vingada. Descobri que não estou mais feliz por isso, muito pelo contrário, sinto uma insatisfação, um vazio no peito, ainda mais quando lembro o que é perder um filho.

Nicodemos retorquiu:

— Vocês mulheres não sabem o que querem, sempre estão insatisfeitas. Mas agora tenho de lhe dizer que seu tempo terminou. Terá de nos servir em nossa cidade. Eu lhe acompanhei durante meses nessa situação e agora terá de retribuir. Teodoro está mandando buscá-la.

Ela ficou assustada. Não queria morar naquele lugar horrível e sem higiene.

— Não posso, não vou.

— É o que veremos. Sou seu amigo, mas, se não fizer o que é certo, quem vai se dar mal sou eu.

Nicodemos parou perto de um banco, sentou e colocou as duas mãos na cabeça, fechando os olhos. Parecia estar em concentração. Flaviana não entendeu o que ele fazia. De repente, um vulto escuro apareceu e ela reconheceu o rapaz a que fora apresentada quando chegara à cidade do umbral. Era o chefe.

Ele a olhou com olhos de ódio e vociferou:

— Você ocupou um dos nossos servidores a longo prazo. Não pense que agora vai escapar e fazer o que quer. Virá comigo e trabalhará até pagar todas as horas que Nicodemos ficou com você. Se não vier por bem, virá por mal. Tenho como levá-la mesmo contra a sua vontade.

Ela estava aterrorizada. Nunca havia lidado com pessoas como aquelas. Tentou correr, mas Teodoro lançou-lhe uma energia que a fez se sentir imóvel. Quanto mais tentava se mexer e fugir, mais percebia que era inútil. De repente lembrou-se de Deus e percebeu que só ele poderia salvá-la naquele momento. Num gesto desesperado começou a rezar: "Deus, meu pai, vem em meu socorro nesse momento de aflição. Estou arrependida. Sei que a vingança não me trouxe felicidade e quero mudar, desejo encontrar a paz. Não permita que o mal invada minha vida, me protege, livra-me desses inimigos".

Aquela oração simples teve o poder de deter Nicodemos e Teodoro, que já se aproximavam para capturá-la. Uma luz azulada a envolveu e eles não puderam se aproximar. Do meio de uma luz branca muito forte surgiu Diana.

— Finalmente, Flaviana, encontrou o caminho certo. Seu arrependimento sincero muito a ajudou nesse momento. Agradeça a Deus; pode vir conosco.

Flaviana chorava muito. Diana retirou as correntes que a prendiam e as fez desaparecer; junto com elas, Teodoro e Nicodemos também sumiram.

Abraçadas, Flaviana soluçava:

— Não sei como agradecê-la, amiga. Sei que não mereço tanta ajuda. Fui vingativa e desejei o mal a Isabela. Hoje sei que estava errada. Vendo-a sofrer tão amargamente, não fiquei feliz. Como estava enganada!

Diana sorriu.

— Você buscou a vingança porque acreditava que tinha sido vítima. Mas vítima ninguém é. Quem busca pagar o mal com o próprio mal tem muito que sofrer. Felizmente se arrependeu na hora certa, se não fizesse assim não a poderíamos defender e iria sofrer na escravidão com aqueles irmãos menos esclarecidos. Toda vingança prejudica primeiro a quem a pratica; hoje você sabe disso.

— Agora desejo ir para aquela colônia onde estão meus filhos. Vamos?

— Ainda não será possível. Primeiro você vai permanecer num Posto de Socorro muito próximo da Terra e, quando for possível, viremos buscá-la.

Flaviana ficou triste.

— Esperava ver logo meus filhos.

— Deverá ter paciência. Você acaba de sair de uma situação muito precária. Estava se alimentando por intermédio dos encarnados, sugando as energias dos alimentos; emagreceu e está em um estado que não lhe permite ainda viver em nossa colônia. No Posto de Socorro Aliança você receberá os primeiros socorros, aprenderá a ajudar e, quando estiver melhor, viverá conosco.

Ela recomeçou a chorar. Diana a abraçou e juntas desapareceram em meio aos transeuntes.

Isabela estava sozinha e em pranto copioso quando ouviu batidas leves na porta de seu quarto. Ela gritou, áspera:

— Deixem-me em paz!

A porta se abriu e Fernando entrou. Aproximou-se da cama e sentou. Quando ela percebeu que era ele, seu rosto se alegrou. Ele a abraçou e trocaram longos beijos. Olhando-o firme nos olhos, ela disse:

— Veja como estou. A mulher que você conhecia morreu junto com aquela criança. Peço que me esqueça, que este seja nosso último beijo.

Ele, muito nervoso, retrucou:

— Não diga isso. Você vai levantar dessa cama e reviver para mim e para o nosso amor. Nada pode ser maior do que o que sentimos um pelo outro.

Aquelas palavras tiveram o dom de acalmar a alma sofrida de Isabela.

— Sinto que não tenho mais forças para nada. Descobri que a riqueza e o luxo de nada valem sem meu filhinho tão inocente. Não quero mais viver.

— Não diga isso. Você é cheia de vida e me ensinou o que é o verdadeiro amor. Tenho de confessar que estou amando você.

Ela não podia acreditar.

— Você nunca disse isso para mim. Não brinque com meus sentimentos, não quero que diga que me ama só porque estou numa cama em depressão.

— Eu a amo de verdade. O que era apenas uma atração e uma aventura transformaram-se num sentimento verdadeiro dentro de mim. Você acha que estaria me arriscando a estar agora em seu quarto sozinho com você se não fosse por amor?

— Você me fez sentir bem, mas não posso ser mais quem eu era. Meu filho foi a maior razão dos meus atos. Tudo o que fiz foi por amor a ele. Queria que crescesse e se tornasse um homem, para ensiná-lo a ser duro, inflexível, pisar em todos que fossem obstáculos para seus planos. Mas não pude vê-lo crescer. Esse Deus mau e cruel o tirou de mim. — Dizendo isso, ela voltou a chorar compulsivamente.

Fernando, apressado, pois estava aproveitando que Patrícia estava no banho, finalizou:

— Tenhas forças. Seu filho se foi, mas eu estou aqui. Nós nos amamos e esse amor é mais que motivo para você continuar vivendo. Amanhã vamos nos encontrar no lugar de sempre. Estarei esperando-a às três.

Ele saiu e Isabela levantou-se. Entrou na banheira e começou a meditar. Seus pensamentos estavam confusos. Ter visto Daniel morrer sem que pudesse fazer nada a deixara em um estado muito grande de tristeza. Ela nunca havia sentido uma dor tão grande. Mas também tinha o amor de Fernando; se ele havia se declarado era porque realmente a amava. De repente, pensou que poderia ainda ser feliz, mesmo com o vazio que seu filho ia fazer em seu peito. Mesmo com todo o dinheiro e com todos os recursos da medicina, ninguém o salvara. Naquele instante, ela sentiu um grande ódio de Deus e da vida. Se ela já era dura e má, de agora por diante seria pior. Quando saiu da banheira estava decidida a destruir Patrícia para ter Fernando só para ela; sabia que conseguiria. Só outro filho poderia suprir a falta de Daniel, mas ela nem pensava em tê-lo com Humberto. Decidiu naquele momento que teria um filho com Fernando. Horas mais tarde, quando desceu, todos se surpreenderam. Ela estava bonita e bem produzida. Morgana e Patrícia, que não esperavam vê-la assim em tão pouco tempo, tiveram de se conter e nada perguntar. Se ela estava melhor não queriam magoá-la com recordações do filho.

No dia seguinte, quando estava pronta para ir ao encontro de Fernando, a empregada veio lhe dizer que havia uma mulher querendo falar com ela e que a aguardava na sala. Isabela não podia imaginar quem seria e desceu apressada, não poderia perder a hora. No alto da escada seu coração disparou e ela parou estarrecida. Madame Aurélia estava à sua frente. Sorrindo ironicamente, ela comentou:

— Muito bonita esta mansão. É uma pena que não lhe pertença. Qualquer dia desses Humberto vai voltar a freqüentar minha casa e colocará outra em seu lugar; é apenas uma questão de tempo.

Isabela trincou os dentes de ódio.

— O que deseja aqui? Saiba que não é bem-vinda. Retire-se imediatamente ou mandarei os seguranças a arrancarem à força. O que prefere?

— Não fique nervosa. Só vim para lhe dizer que está sendo castigada por Deus, por isso perdeu seu filho. Não sabe como fiquei alegre quando soube que ele morreu, e não podia deixar de vir aqui lhe dar meus pêsames.

Isabela, com muito ódio, ia avançando para agredi-la quando se lembrou do seu encontro. Mesmo assim, proferiu com a voz rouca de ódio:

— Um dia lhe disse que não viveria muito para me humilhar ou rir de mim. Pois hoje assinou sua sentença de morte. Saia agora de minha casa e me espere; vai saber do que sou capaz.

— Não tenho medo de suas ameaças. Sairei porque estar com você me causa náuseas. Passe bem.

Ela saiu e Isabela chegou a chorar de ódio. Aquela mulher tivera coragem de ir até sua casa tripudiar sobre a morte de uma criança inocente. Mas, a partir daquele dia, ela viveria para levá-la à morte. Já havia matado duas pessoas e não haveria problema em matar mais uma. Também queria se livrar de Patrícia, mas não pensava em matá-la. Tinha outros planos para ela. Levantou-se e foi refazer a maquiagem; queria estar impecável para Fernando. Já na saída, quando ia entrando no carro, viu uma mulher de aspecto miserável que passava sobre sua calçada, certamente esmolando. Seus olhares se encontraram e ela reconheceu sua mãe, Lourdes. A velha e doente senhora deixou uma lágrima cair dos seus olhos e, virando-se para ela, falou emocionada:

— Há quanto tempo não a vejo, Clotilde. Onde você está? Por que está com essas roupas, filha?

Ela ficou nervosa. O que menos queria era um encontro com alguém de sua família. Fingiu não conhecê-la.

— A senhora é uma louca que está me confundindo com outra pessoa. Saia da minha calçada, aqui não é lugar para mendigos.

— Por que está agindo assim comigo? Sou sua mãe, fui eu quem a colocou no mundo. Abrace-me; sinto muito sua falta. Desde o dia que desapareceu, vivo na esperança de encontrá-la. — Ao falar isso, Lourdes se aproximou e abraçou Isabela, mas ela foi mais ágil e a empurrou tão forte que a velha senhora caiu no chão. Virando-se para o motorista, ordenou:

— Vamos, já estamos atrasados. Não tenho tempo a perder com esses pedintes.

O carro partiu e Lourdes ficou jogada no chão, chorando e se sentindo humilhada. Patrícia estava acabando de chegar e, ao vê-la, correu para auxiliá-la.

— O que faz aí nesse chão?

Ela ficou sem jeito, quem seria aquela moça?

— Eu caí. Mas não se preocupe, estou bem.

— Não quer entrar e tomar um pouco de água? A senhora deve estar com fome.

Lourdes sorriu. Uma estranha tratava-a bem, enquanto sua filha a humilhava profundamente. Quem seria essa moça com rosto angelical?

— Não desejo entrar. Estava andando, tentando encontrar alguma coisa para comer. Não quero incomodar.

— Não será incômodo algum. A senhora entra comigo e vou lhe arrumar uma cesta com alimentos, assim não precisará andar mais. A senhora tem idade! Por que não manda seus filhos pedir em seu lugar?

Lourdes olhou para um ponto distante e comentou:

— Já não tenho ninguém. Meus filhos foram embora, alguns morreram. Tinha uma filha que desapareceu. Moro só num barraco, mas não quero que se preocupe comigo. Você é moça, rica, e não tenho o direito de envolvê-la em meus problemas.

Patrícia teve compaixão daquela alma pobre e solitária, e se calou, pois percebeu que falar daqueles problemas estava sendo penoso para ela. Quando entraram na mansão, o segurança olhou para Patrícia e alertou:

— Seu pai não vai gostar nada de saber que colocou uma mendiga dentro de casa. Essas pessoas são perigosas, não é prudente o que a senhora vai fazer.

— Não se preocupe, Albano. Assumo a responsabilidade. Olhe bem para ela, acha mesmo que é perigosa e capaz de fazer algum mal?

Albano concordou a contragosto. Patrícia levou Lourdes para a mansão e ela ficou encantada. Nunca, nem em seus maiores sonhos, havia imaginado um lugar como aquele. O que Clotilde fazia ali? Tentaria descobrir. Na cozinha, Patrícia lhe serviu um lanche, enquanto mandou que fizessem uma cesta com mantimentos. Enquanto comia, Lourdes, de uma forma que procurou parecer casual, perguntou:

— Vi quando a dona da casa saiu muito arrumada e bonita. Ela não tem idade para ser sua mãe. Será sua irmã?

— Não, ela é minha madrasta. Minha mãe morreu há algum tempo e meu pai se casou novamente.

— Muito bonita sua madrasta. Como se chama?

— Isabela, e é realmente muito bonita.

Lourdes se calou. Por que sua filha usava outro nome? Resolveu não insistir com as perguntas. Terminou o lanche e agradeceu o que Patrícia lhe tinha feito. Quando saiu da mansão, estava se sentindo muito humilhada e infeliz. A vida lhe havia tirado tudo, até o amor de sua filha, que agora era casada e não queria mais saber dela. De volta ao barraco, Lourdes chorou. Sentiu dores fortes no peito e teve um infarto fulminante. Desencarnou e foi levada a um Posto de Socorro ainda próximo da crosta terrestre.

No carro, Isabela ia enraivecida. Aquele não tinha sido um bom dia. Primeiro a visita incômoda de Aurélia, logo depois sua mãe. O que iria fazer se ela insistisse em procurá-la novamente? Se isso acontecesse, a procuraria e lhe daria uma boa quantia em dinheiro, mas, se a mãe insistisse, teria de usar meios mais drásticos para afastá-la. Tentou não pensar mais naquele assunto, todavia, de hora em hora, as imagens de Aurélia e Lourdes voltavam a sua mente. Pediu ao motorista que a deixasse em uma loja, como de costume, e logo depois tomou um táxi, indo em direção ao apartamento que havia alugado para os encontros com o amante. Quando chegou, encontrou Fernando bebendo uísque. Ela o abraçou e o beijou repetidas vezes nos lábios, depois falou emocionada:

— Só você foi capaz de me tirar da depressão. Sem você não seria feliz.

Novamente se abraçaram e, esquecidos do mundo lá fora, foram para a cama. Quando terminaram, Isabela, deitada a seu lado, confessou:

— Não quero perdê-lo. Quero que jure que, mesmo casado com Patrícia, vai continuar com o nosso amor.

— Já lhe disse que a amo e que estou me casando com ela porque preciso ter uma vida estável. Continuaremos como sempre, até que, de posse de tudo que desejo, possa me separar dela.

Isabela demonstrou tristeza.

— Minha vida está uma infelicidade! Pelo menos não vou ter de me sujeitar a ter relações com o Humberto. Você sabia que ele não tem conseguido?

Fernando sorriu maliciosamente.

— Quer dizer que meu sogro ficou impotente?

— Isso mesmo, para minha felicidade. Só nos seus braços me sinto completa.

— Eu também, meu amor. Pelo menos agora, com o Humberto "pra baixo", não vou ter de dividi-la com outro homem. Não sabe como me sinto mal em saber que todas as noites ele a tem. Mas mudemos de assunto. Fale-me como anda sua cabecinha. Sei que melhorou daquela depressão que estava querendo envolvê-la.

Enquanto ela comentava a infelicidade de ter perdido o filho, ele pensava na maneira como se livraria dela no futuro. Ele havia começado a gostar sinceramente de Patrícia e pensava em usar Isabela até quando lhe fosse conveniente. Queria trabalhar em Brasília, casar em comunhão de bens e contava com Isabela para ajudá-lo. Enquanto a estivesse satisfazendo, ele sabia que poderia contar com ela. Mas jamais se separaria de Patrícia. Ela era tudo o que ele realmente tinha sonhado para a vida dele: uma mulher rica, culta, bonita e inteligente. O que ele poderia querer mais?

Os dias foram passando e Humberto, sempre que tentava ter relações com a mulher, não conseguia. Isabela se esmerava para tentar tirá-lo daquela apatia, mas nada que ela fizesse estava tendo efeito. Humberto se sentia desesperado. Estava triste e resolveu se ausentar de Brasília para tratar da saúde. Não podia deixar um receio ser mais forte do que seu bem-estar. Procurou o doutor Caldas, que o atendeu prontamente.

— Você está com inapetência sexual. Melhor dizendo, está impotente. Isso é normal e acontece com todos os homens em algum momento da vida. Na maioria dos casos, a causa da impotência masculina está ligada a problemas psicológicos, contudo há também problemas físicos que podem ocasioná-la.

Humberto retrucou:

— Não estou com nenhum problema grave. Sempre fui viril, me orgulhava disso. Não sei por que isso foi acontecer comigo.

O doutor Caldas era um senhor de meia-idade muito simpático. Sorridente, explicou:

— Não se preocupe. Até rapazes podem ter esse problema. Vou lhe prescrever um medicamento que tem resolvido praticamente todos os casos de impotência masculina. Mas você vai fazer todos esses exames. Precisamos ver se há algo em seu físico.

Naquele dia Humberto saiu animado do consultório. Comprou o medicamento com uma certa vergonha e, ao chegar em casa, esperou ansiosamente a noite. Mas qual não foi sua surpresa quando nada de diferente aconteceu. Mesmo tendo tomado o remédio, como o médico lhe indicara, o problema continuava. Humberto estava cada vez mais envergonhado perante Isabela. Naquela noite, enquanto estava sentado de costas fumando seu costumeiro charuto, ele disse:

— Não sei o que está acontecendo. Fui ao médico, tomei os remédios e nada mudou.

— Não se desespere, meu bem. O mais importante você já fez, que foi a consulta com o doutor Caldas. O remédio não fez efeito hoje, mas certamente fará amanhã.

Isabela fazia carinho nele sentindo-se aliviada. Depois que conhecera a intimidade de Fernando, estava lhe sendo penoso manter relações com o marido. Ainda assim, tentava se mostrar compreensiva e tolerante, como toda boa esposa deve fazer.

Foi com desespero que Humberto viu o problema continuar todas as noites, mesmo fazendo tudo que o médico recomendara. Assim seguiram-se semanas. Os exames deram resultados satisfatórios e ele não entendia por que continuava doente. Já ia tentar a alternativa extrema de implantar uma prótese quando o médico, mais sério que o habitual, lhe disse:

— Humberto, sei que somos amigos e, como amigos, tenho a liberdade de lhe dizer que seu problema pode ter uma outra causa. Algo em que talvez você não acredite, mas peço que pense nessa causa com seriedade. Seu problema pode ser espiritual. Como sabe, sou espírita há muitos anos e tenho estudado certos fenômenos de interferência de seres desencarnados. Sei que eles podem causar problemas físicos os mais variados, até mesmo a impotência. Você não tem nada no corpo físico, também não tem passado por problemas graves que o possam estar deprimindo. Tudo leva a crer que seu problema seja obsessivo.

Humberto ouviu com atenção. Caldas era um homem sério, dedicado, responsável; se estava dizendo aquilo, com certeza tinha um fundamento. Mas ao seu lado estavam os espíritos de Juvêncio e Romário, insuflando-lhe idéias:

— Não acredite nesse velho louco. O que ele diz não é verdade. Logo você, um homem da política, vai acreditar em tamanha bobagem? — soprava um ao seu ouvido.

— Seja racional, Humberto! Essa idéia de espíritos é falsa. Esses seres não existem, são crenças de pessoas desocupadas — sugeriu o outro.

Imaginando estar pensando sozinho, Humberto protestou:

— Sei que o senhor é um homem de ciência, um homem sensato, mas não posso acreditar no que me diz. Aliás, nem sei como um doutor pode se deixar levar por uma seita de pessoas desocupadas. Isso é bobagem que só serve para mocinhas como minha filha, Patrícia. Ela também acredita nisso.

O médico insistiu:

— Sei que está tentando ser racional, mas se estou lhe dizendo é porque quero seu bem. Somos amigos de longa data e não desejo vê-lo ir de médico em médico sem obter uma solução. Se for realmente o que imagino, a medicina nada poderá fazer. Só um tratamento espiritual adequado pode sanar o problema. Sei que sua filha também tem esses pensamentos. Quase sempre a vejo no centro que, por coincidência, é o mesmo que freqüento. É uma jovem muito inteligente e sensível. Não se deixe levar por preconceitos, Humberto. Faça uma consulta. Caso não se convença, então faça como achar melhor.

— Consulta?

— Sim. Lá no centro que freqüento temos médiuns capacitados que dão consultas gratuitamente, mas jamais atendem problemas mesquinhos ou sem importância. Eles atuam na área da desobsessão e, através de seus amigos espirituais, aconselham o tratamento mais oportuno. Às vezes um tratamento de limpeza com passes magnéticos pode ajudar de forma definitiva; em outros casos é necessária uma intervenção mais direta com os espíritos que estão assediando a pessoa. Se for até lá, garanto que não vai se arrepender. Tenho visto casos de meus pacientes que só se resolveram com ajuda espiritual. Pense nisso.

Ele coçou o bigode e respondeu:

— Prometo pensar. Todas as noites tenho esperanças de que tudo se regularize, mas nada acontece. Vou dar mais alguns dias; caso não melhore, volto a procurá-lo. Mas não desejo que minha filha saiba de nada; sinto receio.

— Não se preocupe. A discrição é natural quando trabalhamos com a espiritualidade. Pense bem, sua saúde está em suas mãos.

Quando Humberto saiu, o doutor Caldas rezou e pediu a Deus proteção para seu amigo, que sentiu estar envolvido por entidades sombrias. Sua oração surtiu efeito e envolveu Humberto em uma camada de energia que os espíritos não conseguiram penetrar.

Juvêncio chamou o seu chefe em pensamento e logo ele apareceu. Muito nervoso, ele falou:

— Nosso plano pode estar perdido. Aquele médico idiota está tentando levar Humberto para um centro onde poderá se libertar de nossa influência. O que faremos?

O homem sorriu de maneira macabra.

— Eles não conseguirão tão facilmente e até lá nosso plano de matar Isabela já estará realizado. Temos de impedir que Humberto freqüente esse centro. Contudo, ainda que vá, os seres da luz não conseguirão libertá-lo rapidamente. Pensa que é fácil afastar os ovóides?

Juvêncio pareceu pensar.

— Estou mais calmo. O que devemos fazer agora?

— Continuem seguindo Humberto. Não permitam que ele vá a esse lugar horroroso e encontre a espiritualidade. Quero-o do nosso lado, quando desencarnar.

Dizendo isso desapareceu deixando Juvêncio e Romário, que se preparavam para voltar à casa de Isabela.

16

De volta ao mundo maior

Foi com dedicação e amor que Diana e seus amigos recolheram o espírito de Daniel ainda em forma infantil e o conduziram à colônia onde viviam. Ele ficou em uma câmara de vidro adormecido, recebendo no perispírito pulsos magnéticos que o faziam pouco a pouco recuperar a forma adulta. Foi no hospital da Terra que esses espíritos amigos desfizeram os laços que prendiam Daniel ao corpo físico antes mesmo que ele exalasse o último suspiro. Diana levara em seus braços aquele espírito que vivera pouco mais de três anos terrenos até o hospital que se encontrava no astral.

A porta se abriu e Gabriel entrou.

— Como ele está hoje, Diana?

— Está muito bem. Continua adormecido, mas, como pode ver, já está recuperando a forma adulta e voltando a ser fisicamente quem foi na última encarnação.

Gabriel observou Daniel e notou que ele estava praticamente com as feições de Thierry, exatamente igual a quando vivera reencarnado na França.

— Por que ele está voltando a ser como era antes?

— É que ele não teve tempo de se tornar adulto na presente encarnação, então seu inconsciente está plasmando a última aparência adulta que teve. Ademais, aquela reencarnação trouxe-lhe experiências muito fortes; é natural que isso acontecesse.

Gabriel perguntou a Diana o que tinha curiosidade desde quando ajudara Daniel a se livrar do corpo físico.

— Por que ele não teve tempo de crescer para viver os desafios necessários à sua evolução?

Diana explicou com sua paciência característica:

— Já falamos outras vezes sobre as causas das mortes prematuras, e Daniel não foge à regra. Antes de nascer, ele pediu que desencarnasse cedo caso tivesse uma má educação que o fosse influenciar negativamente. Mais uma vez, foi o medo de falir que ditou essa escolha. Isabela prometeu levar vida digna e o instruir para o bem, de modo que, quando os desafios aparecessem, ele, munido de uma boa educação, pudesse vencê-los. Todavia, Daniel se lembrava da personalidade de Isabela e, com medo de cometer mais erros devido a uma orientação equivocada, solicitou voltar rapidamente.

— Mas não seria melhor ele continuar vivendo, vencer os valores errados e reajustar-se consigo mesmo?

— Era o melhor que poderia acontecer, mas infelizmente as pessoas no mundo agem pelo medo. Esse sentimento tem impedido nosso crescimento como espíritos, nossa realização como pessoa, e atrasado nossa evolução espiritual. O medo paralisa, e quem pára atrai o sofrimento. No dia em que todos vencerem seus medos, aprenderem que o mundo não é mau, que é um lugar seguro, de paz e felicidade, certamente darão um passo definitivo rumo à evolução. Infelizmente, as crenças negativas das pessoas têm causado todo o sofrimento que há em nosso planeta. Quando entenderem que não nasceram para a infelicidade, tudo mudará; é apenas uma questão de tempo.

— Até quando Daniel vai ficar fugindo sem querer enfrentar os desafios que a vida vai lhe trazer?

— O livre-arbítrio é respeitado, mas até certo ponto. Não podemos esquecer que quem comanda tudo no universo é Deus, por leis perfeitas e imutáveis. Um dia vai chegar a hora de ele enfrentar o que é preciso e acabará evoluindo; se não for pelo amor, será pela dor.

Gabriel não estava satisfeito.

— Como o Departamento de Reencarnação permite que esses espíritos escolham vidas que em nada vão contribuir para seu progresso?

Diana elucidou:

— Aqui temos condições de escolher melhor do que quando estamos na Terra, envolvidos pelos problemas materiais. Todavia, ainda sim podemos fazer escolhas erradas, movidas por valores falsos. Se muitos escolhem corretamente os desafios que irão enfrentar no mundo, outros escolhem baseados em crenças negativas e acabam vivendo várias reencarnações que outros julgam perdidas, mas que na realidade não são. Na vida nada se perde e, em cada uma delas, mesmo quando escolhemos supostamente errado, estamos nos tornando mais fortes, estamos nos imunizando. Toda reencarnação é aprovada por Deus. Se Ele permite que nos equivoquemos com as escolhas é porque sabe que delas vamos retirar lições preciosas. O preguiçoso, que escolheu uma vida na ociosidade descobrirá, no além-túmulo, o quanto estava enganado e aprenderá a valorizar o trabalho. O egoísta que escolheu a dor para apagar suas culpas descobrirá decepcionado que o amor cobre a multidão dos pecados e que é unicamente por ele que se apaga o mal que se fez. O medroso que escolheu a pobreza com receio de enfrentar as tentações da riqueza acabará percebendo que enterrou seu talento e terá de voltar atrás, aprender a produzir, ajudar a sociedade, conduzir ao progresso. O ávido pelo poder que escolheu a riqueza unicamente para satisfação de seus desejos aprenderá que dinheiro é progresso espiritual, e não fonte de paixões e egoísmos, que nada produzem.

— Quer dizer que não era para existir o sofrimento?

— Não. O sofrimento e a dor são criados pelo próprio homem e pela sua condição inferior. O mal só existe para aqueles que acreditam nele. A humanidade um dia entenderá isso e a Terra se transformará num paraíso.

— E onde fica a lei de ação e reação? Não devemos sofrer para pagar o mal que fizemos aos outros?

Diana sorriu.

— Essa é uma inversão de valores perigosa e que não nos leva ao bem verdadeiro. A lei do retorno não visa punir, mas educar. Quando agimos mal é porque não temos condições de fazer diferente. Quem faria o mal se soubesse os seus resultados? Para Deus, os maldosos, os assassinos, os mentirosos, os cruéis, os corruptos são crianças espirituais que estão agindo de acordo com o nível de evolução que lhes é próprio. Como pai bom e justo que é, criou para essas pessoas a reparação pelo bem e pelo amor ao próximo. É dessa forma, na boa ação e na mudança de atitudes, que temos a única chance de nos redimir completamente e aprender o valor da bondade. A dor só aparece para quem insiste no mal, para quem se culpa, para os que cultivam pensamentos negativos, para quem acha que tem de sofrer para pagar por enganos cometidos durante sua infância evolutiva. Eis a grande causa do sofrimento humano.

Gabriel havia entendido. Nesse momento, Daniel estava abrindo os olhos. Finalmente havia despertado. Diana se aproximou, abriu a câmara e perguntou:

— Como se sente?

— Um tanto atordoado. Quem são vocês?

— Amigos que estão aqui para ajudar. Você está dormindo há dias. Não quer sair conosco? Nosso parque é muito bonito.

— Sim, aceito. Sinto que preciso andar um pouco.

Os três saíram e ele, como quase todos que desencarnam, fazia perguntas, sem entender o que se passava. Diana e Gabriel respondiam com evasivas. Eles sabiam por experiência que não podiam contar a todos que haviam morrido; em muitos casos tinham de esperar que a própria pessoa descobrisse sua real situação. Depois do passeio, pararam diante de uma casa pequena e Diana explicou:

— Aqui será seu novo lar a partir de agora. Entre e descanse; depois conversaremos.

Daniel ainda estava um tanto confuso:

— Não vou voltar àquele quarto?

— Você não precisa, não está doente. Mas aqui há um quarto onde poderá deitar e dormir. É bom que descanse.

Ele não insistiu. Após entrar e examinar seu novo lar, foi para a cama e deitou. Mais uma vez um torpor o invadiu e ele dormiu e sonhou. Sonhou que estava em uma cabana tendo um encontro amoroso. As cenas se sucediam e ele se lembrou de Nathalie, percebendo que era com ela que se encontrava. Sonhou que estava invadindo um castelo e que tirava a vida de um homem, depois surgiu a imagem dele assassinando uma senhora. Outras cenas seguiram-se e ele se viu pequenino nos braços de Isabela e reviu a agonia de sua morte. Nesse instante acordou com um susto e, com os olhos abertos, falou em voz alta para si mesmo:

— Lembrei, lembrei de tudo! Minha mãe, Isabela, é a mesma Nathalie de antes. Fui assassino, traidor e cruel. — Em seguida, caiu em pranto sentido. Chorou por horas.

No outro dia pela manhã, Diana e Gabriel foram visitá-lo. Acomodados em uma espécie de sofá próximo à cama, eles iniciaram a conversa:

— Pelo visto, lembrou-se de tudo. Como se sente? — perguntou Diana amavelmente.

— Não me sinto bem. Muito pelo contrário, estou me sentindo culpado por tantos crimes que cometi no passado. Minha morte foi uma fuga dos problemas que ia enfrentar no mundo. Sinto-me perdido — confessou desalentado.

— Procure não cultivar a culpa. Tente elevar-se com suas experiências para poder auxiliar quem realmente precisa de você: Isabela.

— Sinto que preciso auxiliá-la, mas não sei como.

— Viemos aqui lhe dizer que você pode fazer isso e que vai contar com uma pessoa muito especial para ajudá-lo: sua avó, Lourdes. Ela acaba de desencarnar e, assim que passar pelo sono reparador, vamos nos reunir e encontrar a melhor maneira de auxiliar aquela que foi sua mãe. Sou muito amiga dela de outros tempos e sei que não conseguiu ainda vencer suas fraquezas, porém não podemos desanimar. Um dia ela vai despertar. Contudo, até lá, temos muito o que fazer.

Daniel se emocionou e naquele instante jurou para si mesmo que tudo faria para ver Isabela se regenerar.

Sentada em luxuoso sofá, Isabela chorava lembrando-se do filho que havia morrido. A mansão estava silenciosa e naquele instante ela se sentiu muito só. Nada tinha para reclamar da vida. Era rica, estava casada, tinha um amante, mas nada daquilo servia para fazê-la feliz naquele momento. Lembrou-se da mãe e de quando sentavam num tronco seco de árvore em sua favela para conversar. Sentiu saudades dela naquele momento e chorou ainda mais. "A vida me transformou num monstro, mas não tive culpa. Tudo que fiz foi pensando no meu filho", refletia, tentando consolar-se. A luz do abajur foi acesa e ela percebeu que Morgana havia chegado com uma badeja que continha chá e biscoitos.

— Coma, vai lhe fazer bem — aconselhou Morgana tentando levantar o ânimo da outra por se sentir culpada.

— Não sei o que se passa dentro de mim. Sinto um vazio, um buraco que nada pode preencher. Sinto que sem meu filho jamais terei a mesma alegria.

— Não vai lhe fazer bem ficar assim. Pense que é rica, que possui bens e que pode usufruir de tudo isso. Além do mais, há Fernando. Quer motivo maior para a felicidade?

— Confesso que só ele me dá ânimo para prosseguir nessa jornada.

A outra procurou conversar sobre o amante, pois sabia que lhe fazia bem.

— Pense que um dia você vai se ver livre do Humberto para sempre e poderá viver com ele onde quiser.

Isabela fez um ar de descrença.

— Essa vida me ensinou muitas coisas, e sei perceber o que vai no coração dos homens. Apesar de tudo, sinto que Fernando não me ama e desconfio que está começando a gostar da lambisgóia da Patrícia. Sinto que está comigo apenas por interesse, mas não consigo deixá-lo, mesmo sabendo disso. Infelizmente, estou apaixonada.

Morgana fingiu compreender.

— Sei como são essas coisas. Também já me apaixonei uma vez, pouco antes de você chegar à mansão. Ele era casado, mas me contentava apenas em ser sua amante. Nós, prostitutas, não temos o direito ao sonho de amor e sempre soube que ele não iria ficar comigo. Felizmente você teve sorte, encontrou Humberto, que a assumiu integralmente.

— Mas não o amo. Confesso que sentia uma atração sexual por ele a princípio, mas, depois de conhecer a intimidade de Fernando, não posso suportar que me tome. Tenho de dizer que estou adorando o fato de Humberto estar impotente.

— Ele não está conseguindo ter relações com você?

— Não, e estou dando graças a Deus. Amanhã é o dia de ele chegar; espero que não tenha melhorado.

Patrícia chegou sorrindo com Fernando, aparentando muita felicidade. Cumprimentaram as duas e subiram as escadas. Isabela, com muito ódio, atirou longe a xícara que segurava. Morgana assustou-se.

— Você tem de se controlar; eles quase perceberam. Quer colocar tudo a perder? Se a Patrícia desconfiar, você estará perdida. Fernando não vai admitir que tem um caso com você e ela vai acreditar nele, e vocês vão se afastar. É isso que quer?

Ela chorava, agora de inveja e ódio. Professou entre dentes:

— Vou tirar essa menina do meu caminho ou não me chamo Isabela; ou melhor, Clotilde. — Virando-se para Morgana, asseverou: — Você vai me ajudar. Traçarei um plano e na hora exata vamos colocá-lo em prática. Já perdi meu filho e não vou suportar perder o homem que amo.

— Conte comigo. Mas, se quiser que as coisas dêem certo, deverá ser fria; não pode demonstrar o que sente por Fernando, principalmente quando Humberto estiver por aqui.

— Esse é um bom conselho. Sinto que você é um anjo que a vida colocou em meu caminho.

As duas terminaram o chá e Isabela subiu sem sequer imaginar que iria ser traída por aquela que mais julgava ser sua amiga.

No outro dia, Humberto chegou e ela tentou ser paciente e estar bem-humorada. Fernando estava cada vez mais íntimo da casa e da família, e durante o almoço parecia mais falante do que o habitual. Isabela ficou desconfiada. Quando foram para a sala, ele se virou para Humberto e, em tom solene, começou:

— Senhor Humberto, como já é do seu conhecimento, eu e Patrícia nos amamos. Estamos há certo tempo juntos e gostaríamos de oficializar nossa relação. Estou pedindo a mão de sua filha em casamento. Gostaria de ouvir um sim de sua parte.

Humberto não estava surpreso. Percebia que a filha estava apaixonada e sabia que mais cedo ou mais tarde isso ia acabar acontecendo, mas não deixou de dar seu discurso de pai.

— Antes de dar a resposta, gostaria de dizer que eu e Flaviana criamos Patrícia para a felicidade. Se ela escolheu você, acredito que tem condições de fazê-la feliz, pois minha filha tem bom senso e não iria gostar de um rapaz que pudesse fazer sua infelicidade. Como pai, torço para que ela seja feliz. Se ela quer sê-lo a seu lado, que assim seja, e que tenham muita felicidade. Têm a minha bênção. Mas saiba que, se um dia fizer Patrícia sofrer, terá um inimigo.

Mesmo com o tom áspero das últimas palavras de Humberto, todos ficaram muito felizes. Patrícia levantou-se, beijou o pai repetidas vezes, depois voltou a se sentar perto de Fernando.

Humberto indagou:

— O que você faz da vida? Suponho que tenha uma boa profissão, uma vez que deseja se casar.

Fernando esperava por aquela pergunta e estava bem preparado.

— Trabalho numa grande empresa e fui promovido. Tenho o suficiente para dar um lar a sua filha e uma vida digna. Mas não posso oferecer o conforto e o luxo aos quais ela está acostumada. Nós conversamos e ela insiste para que moremos aqui depois do casamento. Não quero, tenho minha dignidade.

Humberto coçou o bigode e retorquiu preocupado:

— Só posso conceder a mão de minha filha se você passar a morar aqui. Esta mansão é muito grande, e era o sonho de Flaviana que Patrícia, quando casada, viesse a morar na casa que ela mesma ajudou a construir com seu bom gosto. Aliás, essa mansão é de Patrícia. Antes de Flaviana morrer, nós a colocamos em seu nome, como única filha viva de nosso casamento. Se não vier morar aqui, não posso concordar que se casem.

Patrícia, passando a mão pelos cabelos castanhos dele, falou com voz que a paixão tornava doce:

— Concorde, meu amor. Só falta você deixar sua teimosia de lado e aceitar.

Era tudo que Fernando queria, ser adulado ao máximo. Fingiu demorar a pensar, depois reconsiderou:

— Tudo bem. Se for essa a condição, aceito.

Patrícia, muito carinhosa, o beijou várias vezes, até que todos na sala pararam quando escutaram o barulho de vidro quebrando. Isabela, com feições que o ódio modificava, havia quebrado a taça que segurava entre os dedos, dos quais jorrava sangue. Humberto se aproximou preocupado:

— O que há com você? Por que fez isso?

Ela percebeu que havia se excedido e rapidamente encontrou a saída:

— Estava alheia a tudo que acontecia aqui. Pensava na morte de meu filho e sentia muito ódio da vida, por isso, sem querer, esmaguei essa taça em minhas mãos. Não se preocupem; pedirei a Morgana que faça um curativo.

Patrícia, que havia se levantado, olhou para as mãos dela e assustou-se.

— Mas ainda estão muito cortadas. Terá de ir ao médico. Precisa de pontos.

Um ódio surdo brotou em Isabela que, com feições coléricas, bradou:

— Sei do que preciso, não é necessário se meter. — Ao dizer isso, fulminou-a com o olhar e saiu da sala.

Patrícia e os outros não entenderam a súbita agressão de Isabela, a qual Humberto tentou atenuar:

— Perdoem a minha mulher. Ela está assim desde que o filho morreu; daquele dia em diante, nunca mais foi a mesma.

Naquele dia eles estavam por demais alegres para imaginar o que na realidade se passava com aquela mulher cheia de inveja. Voltaram a conversar normalmente, apenas Fernando parava às vezes para pensar com certo receio. Algo lhe dizia que Isabela ainda iria lhe dar trabalho.

Morgana acompanhou a amiga até a cozinha, onde recebeu os primeiros socorros. Quando se viram a sós, Morgana comentou:

— Desta vez você passou dos limites, mas confesso que esperei coisa pior. Precisa se cuidar para não fazer coisa parecida outra vez ou colocará seu relacionamento com Fernando a perder. De preferência, nem vá ao casamento. Dê uma desculpa, invente alguma coisa, sei lá.

Ela vociferou:

— Esse casamento não vai acontecer; antes, eu acabo com essa alegria. Não posso perder o homem de minha vida para uma pirralha qualquer. Tenho de imaginar algo, preciso agir.

Isabela rodava pela cozinha muito nervosa. Morgana tentou acalmá-la:

— Não acho prudente você tentar acabar com esse casamento. O melhor é que ele venha morar aqui e que vocês continuem como sempre. Se acabar com o casamento, não vai poder ficar com ele, pois há o Humberto e, além do mais, se Fernando descobrir que foi você, poderá vir a odiá-la.

— Você tem razão. Estou me deixando levar pelas emoções. Permitirei que esse casamento aconteça, mas depois vou agir para que ele seja um inferno. Agora mande o motorista tirar o carro, pois esses cortes voltaram a sangrar. Vamos ao médico.

Minutos depois ambas saíram. Fernando também havia deixado a mansão e Patrícia ficou só com o pai. De súbito, ela comentou:

— Senti que Isabela não ficou feliz com o meu casamento. Não foi normal aquela reação de ódio quando falou comigo. Só não consigo entender o porquê.

Humberto, já com outro copo de uísque nas mãos, concordou:

— Também não achei normal, aliás, venho notando que Isabela não fica bem quando está na presença de Fernando. Às vezes fala demais, em outros momentos fica retraída... Hoje mesmo, enquanto vocês comunicavam a decisão do casamento, percebi que ela os olhava com rancor.

Patrícia não conseguia entender. Apesar de ser muito intuitiva, ela havia se deixado levar pela paixão. Nesse estado geralmente perdemos contato com nossa essência e tudo quanto se refere à pessoa amada de modo negativo costumamos ignorar. Algumas vezes Patrícia havia sentido que Fernando não estava sendo sincero com ela, todavia, por não querer acreditar, não dava ouvidos à intuição e acabara perdendo o contato com ela. Tanto que nunca poderia supor que ele a estivesse traindo.

A conversa mudou de rumo e Patrícia ficou feliz quando o pai comunicou-a de que finalmente iria ao centro naquela noite para fazer uma consulta.

— Fico feliz que tenha tomado essa decisão. Não poderei acompanhar o senhor hoje, mas garanto que iremos juntos outras vezes. Quem vai lá uma vez sempre deseja voltar.

Ele, meio envergonhado, confessou:

— Estou indo empurrado pela vida. Tenho passado por muitos problemas ultimamente e há muito não me ligo a essas coisas de religião. Nem sei há quanto tempo fiz uma oração.

— Sempre é tempo para nos dedicarmos à espiritualidade. O senhor falou em religião, mas posso garantir que espiritismo e espiritualidade nada têm a ver com religião. Ao freqüentar o centro, o senhor vai descobrir que é muito mais que isso; trata-se do estudo das leis de Deus e da vida.

Humberto queria mesmo descobrir como tudo isso funcionava e foi com ansiedade que esperou a noite chegar. Isabela passara o resto do dia deitada pretextando uma dor de cabeça e ele saiu sem avisar. O centro iniciava suas tarefas às oito da noite em ponto e ele não queria se atrasar. Com o endereço em mãos, partiu. Ao chegar na frente do prédio, se surpreendeu. Era muito grande e a fachada moderna indicava que as pessoas tinham bom gosto. Quando entrou, logo sentiu uma sensação agradável de paz. Mesmo assim, procurou sentar em uma das últimas filas; não queria encontrar nenhum conhecido. A despeito disso, viu o doutor Caldas, que acenou com a mão. As luzes se apagaram, ficando acesas apenas pequenas lâmpadas verdes. O dirigente fez uma prece a Deus evocando a presença dos amigos espirituais e falou sobre a importância da fé. Uma moça distribuiu um papel com o número que indicava a ordem das consultas, e Humberto percebeu que teria de esperar um pouco. Mas a espera foi agradável. O ambiente em penumbra, com música relaxante, provocou em Humberto uma sensação de bem-estar como há muito ele não sentia. Todos nós nos sentimos felizes e serenos quando entramos em contato com a espiritualidade. No turbilhão do mundo, envolvidos pelos problemas materiais e com as regras da sociedade, muitas vezes nos esquecemos desse contato e de como ele nos beneficia. É por isso que todo ser, ao meditar, orar ou freqüentar lugares onde mora a espiritualidade superior, sente sensações de paz e alegria que não estão acostumados a ter na rotina do dia-a-dia.

Humberto ignorava que para estar ali naquele momento muito esforço fora empreendido pelos seus amigos espirituais e por Flaviana, que agora procurava auxiliá-lo a encontrar o caminho do bem. Juvêncio, Romário e Nicodemos tudo tentaram para impedir que ele chegasse ali. Primeiro planejaram mexer no mecanismo do carro para que ele não conseguisse dirigir, depois pensaram em induzi-lo a um sono profundo, também cogitaram visitas de amigos da política e, por fim, uma terrível dor de cabeça. Nada conseguiram porque os espíritos do bem estavam em alerta e havia em Humberto o desejo sincero de melhorar. Mas nem sempre isso acontece. As pessoas, quando chamadas a um lugar de oração e espiritualidade, costumam ter toda espécie de problemas corriqueiros: dores de cabeça e mal-estar, visitas inesperadas, falta de vontade de ir, acidentes domésticos, desânimo, entre outros. É preciso o desejo sincero do bem para obter proteção.

Finalmente chegou sua hora e ele, um pouco envergonhado, entrou em pequena sala iluminada apenas por uma lâmpada azul. A atendente perguntou:

— Qual o motivo de sua consulta? Aqui estamos dispostos a ajudar em nome de Deus e não deve temer confessar seus problemas. Somos todos seres humanos e necessitamos em algum momento da ajuda espiritual.

Ele estava tímido, mas a voz doce daquela mulher lhe inspirou confiança. Além do mais, o ambiente em penumbra facilitava à timidez inicial se transformar em coragem, afinal, ele já não agüentava mais lidar com a impotência.

— Eu... estou com problemas de saúde. Procurei um médico, fiz exames, tomei remédios, mas nada adiantou. Minha filha acha que pode ser problema espiritual, até meu próprio médico, que é trabalhador desta casa, afirmou que posso estar sendo assediado por espíritos perturbadores. Por não agüentar mais a situação, venho pedir ajuda.

— Em primeiro lugar, gostaria que soubesse que todas as nossas doenças vêm de atitudes negativas que estamos tendo para conosco. A depender do tipo de doença que atraímos, acabamos por descobrir sua causa. O que se passa com você?

Ele hesitou um pouco, depois, tomando coragem, revelou:

— Estou impotente há várias semanas. Você deve saber como é difícil para um homem falar sobre esse problema, mas a situação tem piorado. Como os espíritos podem ajudar?

A atendente demorou um pouco e respondeu:

— Você já procurou a medicina terrena e não conseguiu se curar. Os amigos espirituais estão dizendo que o problema está na parte energética. Você atraiu esse problema porque precisava desenvolver sua consciência.

— Há espíritos envolvidos no assunto?

— Sim, mas não precisa se assustar com isso. A interferência dos espíritos em nossa vida é mais constante do que se pode imaginar, e todas as pessoas são envolvidas por eles, mesmo que não percebam. A impotência sexual aparece quando o homem começa a se sentir fracassado na vida ou quando se sente inferior a sua parceira. Também pode acontecer quando ele gosta de manipular e dominar as pessoas à sua volta, então a vida manda esse problema para que ele acorde e se torne melhor. Mas seu caso não é esse; sua impotência tem origem espiritual. Tudo indica que espíritos ainda presos aos interesses que deixaram na Terra estão tentando baixar seu padrão energético, levando-o à depressão e ao complexo de inferioridade, por objetivos que estamos longe de saber.

Humberto estava um pouco assustado; aquilo era muito novo para ele. Ainda assim, arriscou uma pergunta:

— Por que eles conseguiram me atingir?

— Uma obsessão pode acontecer por diversos motivos, mas em todos os casos foi o obsediado quem abriu suas energias para essa invasão. No seu caso, foi para que despertasse para a vida espiritual. Você precisa deixar o materialismo que o vem infelicitando há muitas vidas. — Ela falava com voz levemente modificada. — Pelas ilusões da matéria você sofreu e fez sofrer, mas chegou o momento da mudança e do amadurecimento. De agora por diante, se quer ficar bem e curar-se do mal que o aflige, deverá cultivar a espiritualidade, estudar as leis das energias e aprender a se defender. Todas as pessoas terão de passar por esse momento.

Ele estava confuso.

— Mas eu não acredito muito nessas coisas. Depois, não quero ser médium nem servir aos espíritos. O que mais desejo é ter minha vida de volta.

— Não estou dizendo que você precise trabalhar com os espíritos, mas só conseguirá curar-se se inverter os valores em sua vida, colocar os espirituais acima dos materiais, fazer uma reformulação no mundo interior. Sua hora chegou, Humberto. Pense nisso com carinho.

A consulta parecia ter terminado, e Humberto estava insatisfeito.

— Quer dizer que só vim aqui para conversar? Não vou fazer nenhum tratamento?

— Vai sim. Vou colocar seu nome no caderno para os trabalhos de desobsessão e agora você vai para a câmara de passes, mas deverá voltar nesses dias para o tratamento. — Ela lhe deu um papel, que ele guardou no bolso. Depois sorriu e falou: — Fique com Deus, Humberto!

Ele ficou encantado com aquele sorriso e com a delicadeza daquela mulher; algo nela mexera profundamente com ele desde que entrara na sala.

— Posso saber seu nome?

— Chamo-me Sílvia. Foi um prazer conhecê-lo.

Humberto se despediu, foi para a sala de passes e depois saiu. Mesmo não sendo como ele esperava, uma esperança nova brotou em seu coração. Contudo o que mais o intrigava eram a voz e o sorriso de Sílvia, que não lhe saíam do pensamento.

17

Intriga

Alguns meses se passaram e Humberto continuou seu tratamento. Todavia os resultados não apareciam e ele começou a ficar triste e depressivo. Vendo a alegria de sua filha preparando o enxoval para o casamento e a harmonia que aparentemente reinava em seu lar, ele nada dizia a ninguém e sofria calado. Isabela fingia compreender e não se importar com a falta de relações entre eles, dizendo amá-lo mesmo que nada acontecesse entre os dois. Ele se enternecia pelos sentimentos dela e prosseguia esperançoso, mas nada o fazia melhorar. Por outro lado, Isabela continuava com os encontros com Fernando, agora com mais intensidade. Fingia aceitar o casamento, mas o fizera prometer continuar sendo seu amante mesmo depois de casado.

Era um final de tarde e Marília estava ansiosa para que o filho chegasse do trabalho. Precisava ter uma conversa séria com ele. Desde que pedira a mão de Patrícia em casamento e as famílias tinham estreitado suas relações, Marília conhecera Humberto e Isabela num jantar e sentira que aquela mulher era perigosa e poderia colocar seus planos a perder. Impaciente, ela esperou. Quando finalmente Fernando chegou, ela mal o deixou afrouxar a gravata e foi logo dizendo:

— Precisamos conversar seriamente. Sou sua mãe e sinto que sua vida pode desmoronar a qualquer momento, caso não termine seu relacionamento com aquela mulher vulgar.

Ele não esperava ouvir isso da mãe e sentou-se ao seu lado. Costumava ouvir e seguir tudo que Marília lhe dizia. Se ela o estava alertando, certamente sabia algo importante.

— Por que a senhora diz isso? Afinal, foi a primeira que me incentivou a manter esse relacionamento. Sabe de algo que não sei?

— Eu não a conhecia, mas depois que a vi percebi que essa mulher vai lhe causar muitos aborrecimentos. Ela tem gênio e é voluntariosa, pode até separá-lo da Patrícia.

— Também sinto isso, mas não tenho coragem de romper a relação que temos. Apesar de tudo, gosto do prazer que ela me proporciona, além das facilidades financeiras.

Marília o olhou seriamente.

— Se quer ter um belo futuro, *status* e estabilidade ao lado de sua mulher, deverá romper com Isabela o quanto antes. Tenho pressentimentos de que algo de ruim vai acontecer. Prometa a mim neste momento que ainda hoje porá fim a essa relação.

Marília falava severamente, e Fernando se impressionou.

— Prometo fazer o que me pede, mas sei que não será fácil. Isabela fará de tudo para me prender a ela.

— Resista, negue, mas se afaste dessa mulher.

— Temo que ela possa revelar nossa relação. Não posso mais viver sem Patrícia.

— Ela não vai ter essa coragem. Poderá ser vista como adúltera e perder seus direitos no rico casamento que fez. É melhor fazer o que estou dizendo, e rápido.

Fernando estava realmente impressionado. Deitou no sofá e colocou a cabeça no colo da mãe, que acariciava seus cabelos lisos. Estava decidido: entre ele e Isabela nada mais poderia acontecer.

Após tomar um banho e jantar, ligou para ela e marcou um encontro para a próxima tarde. Era sábado e ele estaria de folga. Isabela estranhou; geralmente quem marcava os encontros era ela. Conversou com Morgana, que a fez acreditar que ele estava cada vez mais apaixonado, por isso estava marcando para se encontrarem. Isabela esperou o outro dia chegar com ansiedade. Na hora marcada, estava lá. Quando Fernando entrou, ela, como sempre, correu para abraçá-lo e beijá-lo nos lábios, mas desta vez ele não correspondeu.

— O que está havendo com você, meu amor?

— Isabela, precisamos conversar. Tenho repensado minha vida, estou noivo, vou casar daqui a um mês... — Ele parou, hesitando. Não sentia coragem para dizer o que queria.

Isabela, percebendo o que ele iria dizer, o encorajou:

— Vamos, diga, quero que vá até o fim.

— Não sei como lhe dizer isso. Você é uma pessoa muito especial para mim, me auxiliou muito, nossa relação é boa, mas não devemos continuar com ela. A partir de agora, não teremos mais nada. Acabou.

Isabela ouvia sem querer acreditar. Seu coração batia descompassado; o ar parecia faltar-lhe aos pulmões. Mesmo assim, reuniu forças para continuar.

— Quando tomou essa decisão? Há menos de três dias estávamos juntos e tudo parecia bem. Você jurou que ficaria comigo mesmo depois de casado. Chegamos a fazer planos. Como pode dizer isso agora? — Ela estava desesperada. Realmente amava Fernando, e não queria a separação. Porém ele, instruído pela mãe, deu o golpe final:

— Descobri que amo Patrícia e é com ela que quero ficar. Desejo ser fiel, amá-la como ela merece. Não amo você; desde o princípio nossa relação não passou de uma aventura.

Cada palavra dita por ele parecia atingir o coração de Isabela como um punhal. Ela começou a sentir um ódio surdo e deu uma bofetada no rosto dele. Fernando, envolvido pela raiva, começou a esbofeteá-la. Ela foi revidando e ele, dominado por uma força estranha, começou a chutá-la e acabou jogando-a no chão. Ele tinha força duplicada e logo ela estava toda sangrando. Ainda com muito ódio, ele disse:

— Espero que isso sirva para aprender a me respeitar. Não gosto de mulheres vadias como você.

Fechou a porta e saiu. Isabela estava louca de raiva, decepção e angústia. Seu sonho de amor havia chegado ao fim. Mas isso não ficaria assim. Ela encontraria uma maneira de se vingar e acabar com aquele casamento. Seu corpo doía e os cortes estavam sangrando. O que iria dizer quando chegasse em casa? Havia saído sem Amaral, o que não costumava fazer. Tentou se levantar e foi com dificuldade que conseguiu. Ao descer, tomou um táxi e foi para casa.

Todos se espantaram com o estado de Isabela. Ela, muito hábil, contou que tinha sido assaltada e tentara reagir, por isso fora violentada. Morgana, muito desconfiada, conseguiu a verdade da amiga, que chorava muito e, com feições animalescas, planejava vingança. Humberto estava em Brasília e só estaria em casa no outro fim de semana, o que em muito aliviou Isabela. Não queria que o marido a visse com aqueles ferimentos e aquelas manchas roxas. Já bastavam as perguntas de Patrícia, de Eudásia e dos empregados.

Morgana aproveitou que estava de folga e foi visitar madame Aurélia. Ao entrar naquela casa, sentiu saudades do tempo em que morava lá. Aurélia e Luana chamaram-na para o quarto onde trocavam confidências.

Morgana começou a relatar os último fatos.

— Foi isso mesmo que aconteceu. Fernando terminou tudo com ela e ainda a espancou. Nosso plano de denunciá-la a Humberto não vai dar certo e, além de tudo, ela quer meu auxílio para separar o casal.

A cafetina pensou um pouco, então respondeu:

— Esse plano não está perdido e podemos ainda fazer com que Humberto saiba a verdade. Você será a encarregada.

— Como poderei fazer algo, se eles não estão mais unidos?

— Você colocará na mente de Isabela a idéia de que ainda pode se reconciliar com Fernando. Eles precisam se encontrar, mesmo que seja apenas uma vez, para conversar, e daí você contará a Humberto toda a verdade e indicará o local onde se encontram. Fará mais: descobrirá o dia que vão se encontrar, fará uma cópia da chave do apartamento e dará a Humberto. Ele ouvirá tudo e a expulsará de casa. Seja amiga dele, insista em que ele precisa fazer um flagrante de adultério; só assim ela perderá o que adquiriu com o casamento e terminará mais pobre do que nunca.

Luana anuiu:

— Isso mesmo. Ela jamais desconfiará de você. As pessoas confiam muito mais nos falsos amigos do que nos amigos verdadeiros, sempre foi assim. Faça isso e aposto que Humberto ainda a recompensará financeiramente.

Morgana era falsa, mas no íntimo não gostava do que estava fazendo. Ela não via motivo para tanto ódio por parte de Aurélia e não podia compreender como uma pessoa como Luana praticava o mal somente por inveja. No fundo, não via a hora de tudo isso acabar para que pudesse voltar ao interior e viver ao lado dos pais.

Morgana ficou pensativa. Aurélia percebeu.

— Não adianta tentar fugir de nossos planos. Você quis ser tão vingativa quanto nós duas e agora não poderá voltar atrás.

Já cometeu um crime, matou uma criança e, se não cumprir o que prometeu, quem terminará morta é você.

Sentindo-se ameaçada, ela tentou contemporizar:

— Não estou querendo fugir, madame. Apenas pensava no motivo tão pequeno que transformou a mim e a senhora em assassinas cruéis.

— É que você é muito ingênua e não sabe do que o ser humano é capaz. Todos nós carregamos no íntimo sentimentos que desconhecemos. Isabela me transformou no que sou hoje.

Morgana não insistiu. Após ouvir mais uma vez o meticuloso plano, voltou para a mansão. Ao chegar, foi logo procurar a amiga, que escondia o rosto entre almofadas.

— Como você está?

— Não consigo pensar em outra coisa, a não ser em vingança — falou Isabela demonstrando ódio. — Amo Fernando demais para ter de perdê-lo. Se ele não for meu, não será de mais ninguém.

— Compreendo que queira se vingar, mas o amor de vocês foi muito grande. Fernando pode ter feito o que fez movido por alguma pressão. Nunca lhe ocorreu que ele pode estar arrependido?

Isabela pareceu pensar, depois comentou:

— Não acredito. Senti muita decisão nas palavras dele. E ele foi violento, coisa que não costuma ser. Sei que a situação está perdida, mas não posso deixar esse casamento acontecer, e, se acontecer, tenho de encontrar uma forma de afastá-lo de Patrícia, custe o que custar. Agora só me resta a vingança. Mas tenho de tomar cuidado para que Humberto jamais saiba que estou por trás.

Morgana começou a sentir que Isabela estava decidida. Ela precisaria ser muito persuasiva para tentar fazê-la mudar de idéia. Resolveu continuar apelando para sua paixão. Ela conhecia muito bem esse sentimento; sabia que, quando uma mulher se apaixona, se ilude com muita facilidade e qualquer esperança, mesmo falsa, reacende a chama. Com voz meiga, ela tornou:

— Ainda não acho que você esteja certa. Movidos pelo ódio podemos cometer atos dos quais vamos nos arrepender futuramente. Sei que você o ama e também senti que ele ama você; percebi pelos olhares que ele lhe lançava. Uma paixão assim não termina de uma hora para outra. Insista; se quer ser feliz, deverá lutar por ele.

O rosto de Isabela se iluminou. Ela gostou muito de ouvir tudo aquilo.

— O que acha que devo fazer? Tenho medo até de voltar a me aproximar dele depois de tudo o que me fez. E se você estiver errada? E se estiver mesmo disposto a me abandonar?

— Você sabe que não me engano com as pessoas. A vida num bordel pode nos ensinar muitas coisas, inclusive a perceber quando um homem está apaixonado de verdade. Acredite, ele está se casando por conveniência, mas ama realmente você. Vai deixar essa chance escapar? Procure o Fernando, marque com ele um encontro, fale que será a última vez. Quando estiverem frente a frente, diga que o ama, que o perdoa, que deseja um retorno. Faça alguma coisa, mas lute por esse amor! Tenho certeza de que ele vai ceder e voltará para você.

Morgana falou com tamanha empolgação que Isabela se convenceu de que era verdade. Sua vaidade falou mais alto e naquele momento ela realmente acreditou que Fernando a amava e que ambos tornariam a viver a paixão de antes. Aquela conversa teve o dom de animar Isabela, e ela passou a planejar tudo. Morgana estava muito feliz; sua parte no plano estava sendo perfeitamente desempenhada.

À noite Fernando apareceu, mas Isabela continuou reclusa em seu quarto. Só queria aparecer quando os hematomas estivessem desaparecidos. Mesmo assim, foi à sacada e de lá viu Patrícia e ele fazendo planos para o futuro e se beijando apaixonados. De repente pensou que Morgana estava enganada e que realmente ele havia deixado de amá-la, mas, envolvida pelos seus companheiros espirituais, logo estava pensando nas mesmas ilusões de antes. Teve de buscar forças ao ver Patrícia e Fernando dirigirem-se ao quarto, mas pensava que logo as coisas estariam como antes.

Os dias foram passando e as marcas no corpo de Isabela já haviam desaparecido, então ela começou a sair. Ao rever Fernando lembrou que fora gravemente violentada, mas também imaginou que ele agira por impulso e imediatamente o perdoou. Tratou-o como se nada tivesse acontecido e o fez tão bem que o próprio Fernando imaginou que a surra havia servido para que ela o esquecesse de vez. Mas qual não foi sua surpresa quando, ao se vir a sós com Morgana, ela comentou:

— Fernando, não quero que ache que estou sendo abusada, mas sei tudo que aconteceu entre você e Isabela. A princípio ela ficou desesperada, porém agora reconhece que foi imprudente envolvendo-se numa relação como essa. Ela me pediu que conversasse com você e quer que lhe diga que, apesar de tudo, ainda o ama e deseja um último instante com você antes que se case.

Fernando pareceu perceber que se tratava de um jogo e respondeu em voz baixa, com receio de que alguém mais escutasse:

— Não sei o que vocês pretendem, mas diga a sua amiga que nada mais existe entre nós. Essa relação foi um erro; amo Patrícia e pretendo ser fiel a ela. Se você realmente sabe o que aconteceu, nem deveria estar aqui falando comigo.

Ele ia se levantando do sofá, mas Morgana segurou em seu braço e pediu, súplice:

— Acredite, Isabela está modificada. Ela não deseja um retorno, apenas quer ter um instante em que possa falar o que sente e dizer pessoalmente que quer sua felicidade e que não está contra seu casamento. Aceite vê-la uma última vez, só vocês. É muito importante para ela e é o mínimo que você pode fazer depois do que aconteceu.

— Prometo pensar. Agora deixe-me ir, não quero que minha futura mulher me veja de cochichos com você.

— Prometa me dar a resposta o mais rápido possível. Faça isso em nome de tudo que a Isabela fez por você.

— Está bem — disse secamente, e saiu.

Morgana puxou Isabela para o quarto e mentiu:

— Ele aceitou rapidamente. Falou que está arrependido pelo que lhe fez e confessou que a ama. Só lhe pede um tempo, pois ainda está envergonhado pelo que ocorreu.

Isabela parecia flutuar. Então era verdade: o homem que ela amava também lhe correspondia. Fizera aquela desfeita porque se encontrava em um mau momento, e ambos podiam voltar a se amar. A felicidade era tanta que ela sorria e abraçava Morgana.

— Obrigado pelo que me fez. Sem seus conselhos talvez agora estivesse perdida numa vingança que só ia me afastar da pessoa que mais amo neste mundo.

Morgana fez um ar de superior e respondeu:

— Sou experiente. Sei reconhecer quando um homem está amando. Agora vamos aguardar ele marcar a data.

Muito feliz, sem imaginar a teia que estava sendo tecida, Isabela saiu às compras e só muito tarde retornou ao lar.

Morgana estava preocupada e temerosa; não queria que Fernando marcasse o encontro para um dia que Humberto estivesse em Brasília, contudo tinha algo em mente para usar caso isso acontecesse. Humberto só chegaria na sexta pela manhã e o esperado aconteceu: Fernando disse que queria ver Isabela na quinta à tarde. Morgana fingiu aceitar, no entanto falou à amiga que o encontro seria no sábado. Quinta-feira, Fernando estava no apartamento esperando quando Morgana apareceu.

— Vim para dizer que Isabela está passando mal em casa, com uma terrível enxaqueca. Pede que a perdoe e quer remarcar o encontro para o sábado neste horário. Amanhã Humberto chega e ela não quer sair no primeiro dia em que ele está em casa.

Fernando, nervoso, passou a mão pelos cabelos lisos.

— Não sei o que ela ainda tem para me dizer. Fui muito claro da última vez que estive com ela. Diga que não volto mais.

Morgana sentiu-se irritada. Se o plano saísse errado, madame Aurélia não a perdoaria; tinha de ser rápida.

— Também não concordo com esse encontro, mas ela quer ter a chance de lhe dizer que está arrependida e disposta a levar uma vida de paz com você e Patrícia, afinal todos vão morar na mesma casa.

— Se é só isso que ela quer me dizer, então diga que não precisa. Já sei do que se trata e estou informado.

Morgana lançou a última cartada:

— É que ela quer lhe dar um presente como lembrança do que viveram.

Ele sorriu.

— E essa agora! Diga que não quero mais nada.

— Trata-se de algo valioso, um presente muito caro para selar a paz!

Fernando pensou: “Será o relógio de ouro com o qual tanto sonho?” A esse pensamento, resolveu aceitar.

— Diga-lhe que aceito, mas, se não aparecer no sábado, não voltarei atrás.

Morgana, muito satisfeita, esperou Fernando sair e depois foi fazer uma cópia da chave. Precisava dela para dar continuidade ao seu plano. Quando chegou em casa, o jantar estava sendo servido. Mesmo assim, conseguiu subir e recolocar a chave do apartamento onde Isabela a guardava; só ela sabia o local.

A sexta-feira transcorreu calma. Apenas Isabela demonstrava uma ansiedade fora do normal. Humberto chegou e foi recebido com alegria por todos, inclusive por Fernando, que se encontrava na mansão. Morgana estudava uma maneira de falar com Humberto a sós, mas não via como. Na medida em que as horas foram avançando e eles foram se recolhendo, ela decidiu ficar acordada. Sabia que Humberto tinha o costume de acordar à noite para um lanche, e ela o esperaria de vigília.

No quarto de Isabela, mais uma vez Humberto não havia conseguido fazer amor e os dois estavam tensos e nervosos. Ele resolveu comentar:

— Acho que esse tratamento espiritual não está fazendo efeito. Estou nele há mais de dois meses, e nenhuma melhora aconteceu.

Isabela fingiu ser compreensiva e se interessar pelo assunto.

— Você sabe que não acredito em nada disso, mas acho que deve ter paciência. Patrícia fala que esses tratamentos são demorados e não se resolvem de uma hora para outra.

— A Sílvia também diz a mesma coisa. Mas é que dá uma vergonha... Sinto-me o pior dos homens!

Ela começou a fazer carinhos forçados nele, enquanto dizia com voz dengosa:

— Não fique assim. Sou sua mulher e não me importo, portanto não tem com que se preocupar. A não ser que queira mostrar seu desempenho com outra...

— Nada disso. Só penso em você. Acho que traía a Flaviana porque não a amava, mas com você é diferente. Não penso em ter mais ninguém. Também não gostaria de ser traído. A Sílvia sempre diz que recebemos os resultados das nossas atitudes, porém confesso que me é muito penoso pensar em receber a traição de volta.

Isabela não estava gostando do rumo que a aquela conversa tinha tomando e resolveu inverter a situação:

— Jamais trairia você, mas vejo que está muito empolgado com essa Sílvia. Já falou nela duas vezes. Vou avisando que não tolero traições; não sou como a mosca morta da sua ex-mulher.

— A Sílvia é uma mulher que muito admiro, é uma das terapeutas do centro que freqüento, nada de mais. Está com ciúmes?

— Sim. Nem todas as mulheres têm a chance de estar com um homem como você.

Humberto se sentiu valorizado. Mesmo estando impotente, sua mulher o amava e o respeitava; até ciúmes estava sentindo. Os dois resolveram dormir, mas Humberto não conseguiu. Sentiu a fome costumeira e a vontade de "assaltar a geladeira" o fez levantar e ir até a cozinha. Isabela dormia profundamente e nem percebeu que ele se levantara. A casa estava às escuras e ele, mesmo conhecendo o caminho, sentiu certa dificuldade para chegar à cozinha e acender a luz. Quando conseguiu, levou um verdadeiro susto. Sentada em uma cadeira que circundava uma mesa pequena estava Morgana, com olhos muito abertos a fitá-lo. Quando o viu, falou em voz baixa, mas com firmeza:

— Humberto, esperei todo esse tempo porque sei que durante a noite costuma se levantar e vir até a cozinha. Contive meu sono porque preciso lhe falar com urgência. Não dá mais para segurar esse segredo, está me fazendo mal.

Humberto coçou o bigode com curiosidade. Ela estava realmente nervosa, e se o tinha esperado àquela hora era porque deveria ser algo sério. Perguntou:

— Mas o que pode ser tão grave que não pôde me dizer durante o dia?

— Sente-se que a história é um pouco longa e o senhor tem de saber tudo.

Ele puxou a cadeira para ouvi-la, sentindo-se cada vez mais curioso.

— Para iniciar devo lhe dizer que não sou prima da Isabela coisa nenhuma. Ela não tem parentes no Nordeste, pois, como o senhor mesmo sabe, saiu de uma favela aqui mesmo de São Paulo, direto para a casa de madame Aurélia. Sou uma das meninas que trabalha na Mansão de Higienópolis, o senhor não me reconheceu porque não freqüentava o lugar com assiduidade e as poucas vezes que esteve lá só tinha olhos para Isabela. Pois bem, madame Aurélia, preocupada com sua vida, pois muito o estima, pediu que eu mentisse para Isabela dizendo que fui expulsa de lá e que não tinha para onde ir. O plano deu certo e ela me chamou para morar com vocês. Na verdade, estou aqui como espiã. A madame achava que Isabela poderia a qualquer momento prejudicá-lo e eu, como melhor amiga dela, saberia de tudo com antecedência e poderia informá-lo. Mas nunca pensei em descobrir algo tão terrível...

Humberto se impacientou. Não estava gostando nada daquilo. Uma espiã em sua casa? Com que intenção?

— Aonde está querendo chegar?

— Não sei como lhe dizer isso, mas há alguns dias descobri que Isabela o trai.

Humberto corou.

— Como?

— Isso mesmo. Sem querer, acabei sabendo de tudo. Flagrei Isabela e Fernando se beijando aqui mesmo nesta cozinha. Pressionei e ela me contou tudo: são amantes há muito tempo. Tentei guardar esse segredo, mas vendo o senhor tão justo e bom não consegui me conter. Fernando, seu futuro genro, tem um relacionamento com sua esposa e, pelo que sei, pretendem continuá-lo mesmo depois que ele se casar com Patrícia.

Humberto sentia a cabeça rodar. Pensamentos contraditórios passavam por sua mente. Só podia ser mentira. Aquela mulher estava ali para fazer intriga, para se vingar por Isabela ter conseguido um bom casamento e ter deixado o bordel.

— Você está mentindo; Isabela é fiel. Aurélia a mandou aqui apenas para fazer intriga e se vingar de mim e de minha mulher. Conheço-a bem para saber que jamais se preocuparia comigo a ponto de enviar uma das suas meninas somente para me proteger. Agora saia daqui e amanhã a quero fora de minha casa. Além de mentirosa, é falsa; está a todo instante com minha mulher e a trai covardemente inventando uma farsa como esta. Fernando é um bom rapaz e também não merece o que você está fazendo.

— Ouça-me pela última vez. Sei que a madame tem o desejo de ver Isabela mal, mas eu jamais inventaria uma trama como essa. Esta chave abre a porta do apartamento onde eles se encontram. Tomei a liberdade de tirar uma cópia para que o senhor possa entrar primeiro e se esconder para ouvir o que vão dizer. Acredite em mim: eles vão se encontrar amanhã às três da tarde, e aqui está o endereço. — Ela pegou um papel e o entregou junto com a chave.

Humberto estava confuso, parecia ser mesmo verdade. Morgana falava com seriedade e estava tentando mostrar-lhe a prova. Um grande ódio brotou dentro dele. Se Isabela o estivesse traindo com Fernando, não saberia qual seria sua reação. Pegou a chave da mão dela e a guardou.

— Não vou mandá-la embora enquanto não verificar se o que diz é mesmo verdade. Agora vá dormir. Já me disse tudo que tinha para dizer.

— Antes, quero lhe fazer uma sugestão: por que não faz um flagrante de adultério? Isabela perderia todos os direitos do casamento e voltaria pobre para o olho da rua.

Humberto estava irritado demais para pensar naquilo.

— Vá dormir, é o melhor que tem a fazer.

Ela saiu radiante, deixando Humberto pensativo. Se Isabela o traísse seria para ele o fim. Tinha uma arma em casa, e decidiu levá-la. Como ela poderia ter coragem de traí-lo e, além de tudo, com Fernando? Era demais para a honra de um homem, e ele resolveu que a lavaria com sangue. De volta à cama, vendo Isabela ressonar, pensou em matá-la ali mesmo, mas resolveu esperar o outro dia para confirmar a história. Sabia que as prostitutas eram muito invejosas e gostavam de prejudicar umas às outras. Poderia ser uma armação para destruir seu casamento. O resto da noite virou na cama, só conseguindo adormecer quando o dia clareou por completo.

18

A nova realidade

O sábado amanheceu bonito e na mansão tudo corria como sempre. Humberto não saiu pela manhã e, à tarde, pretextando uma visita a amigos, se ausentou de casa. Isabela ficou feliz, pois, com o marido fora de casa, não tinha de dar satisfações quando saísse. Em seu quarto, ela se arrumava com esmero. Precisava estar o mais bonita possível para Fernando. Só em pensar que novamente poderiam se encontrar, um arrepio percorria todo o seu corpo. Ao descer as escadas, Morgana elogiou sua beleza, o que a deixou ainda mais animada. Assim ela saiu. Pediu que o motorista a deixasse no lugar de sempre e dali tomou um táxi, indo em direção ao apartamento.

Enquanto isso, Humberto, de posse da cópia da chave, entrou no apartamento e o que viu foi lhe tirando o fôlego. Havia fotos de Fernando e Isabela espalhadas pelos aposentos, algumas com cenas de intimidade, mostrando claramente que mantinham um romance. Ele não conseguia acreditar e pensava: "Como pude me deixar enganar por uma mulher desse tipo? Depois de tudo que fiz para ela, de ter lhe dado um nome, posição, ela me retribui com uma traição, e com o pulha do meu genro?! Canalhas! Pagarão caro o que estão fazendo comigo e com minha filha. Por que não pensei em fazer um flagrante? No fundo, eu não acreditava que isso fosse verdade, mas agora é tarde. Os dois pagarão com a vida o que estão fazendo".

Ao pensar nisso, sombras escuras se aproximaram e o abraçaram com prazer. Humberto examinou cada detalhe do apartamento e, ao lembrar que ele era mantido com seu dinheiro, sentiu a raiva aumentar. De repente, ouviu barulho de fechadura e se escondeu atrás de um móvel. Do local onde estava percebeu que Fernando havia entrado, ido até o bar e se servido de uma bebida. Depois o viu se acomodar no sofá e teve gana de matá-lo naquele momento. Mas tinha de ser os dois. Humberto sentia tanto ódio que não pensava na sua posição como político, como pai, como homem da sociedade; só a vingança prevalecia. Ele havia amado Isabela de verdade, mas seu amor era possessivo e não admitia uma traição como aquela.

De repente, a porta se abriu e Isabela entrou. Vendo-se tão próxima de Fernando, ela não resistiu e correu a abraçá-lo e beijá-lo repetidas vezes.

— Meu amor, eu sabia que você ia me perdoar, que tudo voltaria a ser como antes. Vem, quero amar você.

Ele não retribuiu e afastou-a bruscamente.

— O que significa isto? Não vim aqui para fazer as pazes com você. Já disse que em breve vou me casar e que nosso caso ficou no passado. O que está armando para mim agora?

Isabela estava sem entender.

— Como? Você não me perdoou e não deseja voltar? Por favor, não brinque comigo. Sei que me ama e deseja voltar para mim a fim de vivermos como antes. Por que está fazendo esse jogo agora?

— Não estou fazendo jogo nenhum. Sua amiga Morgana me procurou e disse que você estava arrependida, que nosso caso havia sido uma loucura e que queria conversar comigo como uma despedida. Também falou que me traria um presente, como recordação dos momentos que vivemos juntos. É você que está fazendo jogo comigo. Agora entendi tudo. O que você quer é uma reconciliação e usou essa artimanha para me reconquistar. Sabe o que você merece? Outra surra como aquela que lhe dei outro dia.

Isabela estava nervosa. Algo estava muito errado.

— Fernando, preste atenção, há um complô contra nós. Morgana disse que você havia me perdoado, que me amava e desejava estar novamente comigo. Foi ela quem marcou nosso encontro para hoje. Também achei estranho, depois daquela sua atitude, essa mudança tão repentina. Estava perdendo as esperanças, quando a vida pareceu se iluminar novamente.

— Essa sua amiga vagabunda quer aprontar alguma para nós dois, mas não entendo o quê.

— Eu vou explicar — era a grossa voz de Humberto, que acabava de aparecer, com o revólver em punho e dedo no gatilho. — Chegou o fim de vocês, mas antes quero lhe dizer, Isabela, que você é a pior pessoa que conheci nesta vida, uma ingrata. Depois de tudo que fiz, é assim que me retribui? Aurélia me avisou que você não prestava, mas envolvido por seus feitiços não ouvi a voz da razão e agora paguei o preço. Contudo, terá o fim que merece.

Fernando, estupefato, tentou falar:

— Não tive culpa. Ela me seduziu, me prometeu muito dinheiro e acabei cedendo por inexperiência. Mas acordei para o erro que estava cometendo e terminei tudo com ela, como o senhor pôde ouvir. Poupe minha vida, estou arrependido. Desejo casar com sua filha e fazê-la feliz.

Humberto gritou com os lábios crispados de raiva:

— Você só serve mesmo para prostitutas como essa mulher aí. Jamais para uma moça honrada como minha filha. Agora cale-se; prepare-se para conhecer o inferno.

Humberto mirou a arma na cabeça de Fernando, que não tinha com o que se defender e esperava a hora do tiro. Isabela chorava, ajoelhada no chão. De súbito, o espírito de Diana envolveu Humberto com muito amor e lhe sugeriu:

— Lembre-se do que aprendeu com a Sílvia; matar só vai lhe trazer infelicidade.

Humberto atirou uma, duas, três vezes, todas para o teto. Fernando e Isabela não entenderam, mas o rapaz aproveitou, abriu a porta e correu em disparada. Ela continuou chorando e, nesse instante, Humberto bradou:

— Saia da minha frente! A partir de hoje não colocará mais os pés na minha casa. Não consegui matar vocês como mereciam, porém nunca mais conte comigo para nada. Vou pedir o divórcio, e de agora em diante terá de contar apenas com o pouco que conseguiu ao meu lado. Quando o dinheiro acabar, voltará às ruas para pedir esmola ou para o bordel, de onde jamais deveria ter saído. Agora saia. — Humberto lhe dava chutes violentamente, até que, vencida pelos pontapés, Isabela saiu porta afora.

Humberto permaneceu ainda no apartamento e atirou em tudo que encontrava pela frente. Quando deixou o lugar, ele estava destruído.

No carro, guiava sem saber o que fazer. Rodou por várias ruas até que anoiteceu. Ele não imaginava como contar a verdade à sua filha. No íntimo queria que aquilo fosse uma mentira. Patrícia já havia feito todo o enxoval do casamento, redecorado o quarto onde iam dormir e tecia sonhos de felicidade. Mesmo assim, tinha de arranjar coragem para falar. Ao chegar em casa, percebeu que a filha estava com um brilho diferente nos olhos, demonstrando estar muito feliz. Tanto que nem percebeu a aparência transtornada do pai. Como sempre fazia, beijou-lhe o rosto e o chamou para conversar.

— Tenho uma notícia para dar que em muito vai agradar-lhe. Primeiramente quem tinha de saber era o Fernando, mas ele não apareceu aqui esta tarde e estou ansiosa, não posso guardar tanta felicidade só para mim. Há alguns dias estava me sentindo enjoada, tinha náuseas, tonturas e minhas regras haviam atrasado. Imaginei que pudesse estar grávida, mas mesmo assim não contei a ninguém; queria a comprovação. Fiz um exame de laboratório e hoje recebi o resultado: estou realmente grávida! Não é uma felicidade muito grande, papai?

Humberto ouvia as palavras da filha sem querer acreditar. Como iria lhe falar sobre o que tinha acabado de vivenciar? Sentiu a cabeça rodar e o estômago embrulhar, depois tonteou e caiu desmaiado. Patrícia tentou fazê-lo reagir ao mesmo tempo que gritava. Logo todos estavam ao redor de Humberto. Eudásia afastou Patrícia enquanto dizia:

— Precisamos chamar uma ambulância. Ele não está bem. Alguém tem o telefone?

— Naquela agenda tem o número do hospital onde o doutor Caldas trabalha. Liguem e peçam que ele venha com a ambulância — explicou Patrícia, que estava nervosa e chorava. — Será que ele vai morrer? Não posso agüentar ficar sem meu pai. O que farei sem ele? E Fernando, que não aparece?

Eudásia tentava consolá-la:

— Fique calma, menina. Seu pai ficará bem e as coisas voltarão a ser como antes, tenha fé.

— Não consigo acreditar. Ele estava bem e sadio. De repente foi ficando pálido e caiu dessa forma. O que será que ocorreu?

Morgana e outros empregados da casa também estavam ali ansiosos para saber o que tinha acontecido com Humberto. Ela tinha a intuição de que a revelação de que Isabela o traía tinha feito Humberto adoecer. Estava curiosa, será que ele a tinha assassinado? O tempo passou e logo a ambulância chegou. O doutor Caldas fez os primeiros socorros e o conduziu ao interior do veículo. Patrícia e Eudásia seguiram em outro carro em direção ao hospital.

Quando chegaram, tiveram de aguardar mais de uma hora na sala de espera. Finalmente o doutor Caldas apareceu. Patrícia se levantou rapidamente e foi ao seu encontro.

— Como está meu pai? O que aconteceu com ele?

— Fiquem calmos. Humberto teve um AVC, ou seja, um acidente vascular cerebral, mas foi socorrido a tempo. Estamos fazendo exames para saber a extensão da área cerebral atingida e se ele ficará com seqüelas. A notícia não muito boa é que ele está em coma profundo e, em casos como este, não podemos prever quando irá acordar, nem como.

Patrícia assustou-se.

— Mas meu pai estava muito bem. Como isso foi ocorrer de uma hora para outra?

— As causas do AVC são várias e na maioria das vezes ele não apresenta sintomas preliminares. Seu pai teve alguma contrariedade ultimamente?

— Não, ele estava muito bem. Ainda hoje passou a manhã inteira em casa conversando como sempre, se bem que notei algo estranho em seu olhar. Por que essa pergunta?

— É que, como médico, tenho percebido que esse problema tem como causa principal algum desgosto muito profundo. Contudo, ainda não investiguei melhor o assunto. No entanto, se Humberto resistir bem às próximas quarenta e oito horas, estará completamente fora de perigo.

O doutor Caldas ainda conversou mais um pouco e depois autorizou uma breve visita de poucos minutos à UTI. Patrícia estava se sentindo completamente só naquele momento. Fernando não apareceu e ela só podia contar com o ombro amigo de Eudásia. Quando aconselhada pelo médico, resolveu voltar para casa. Era madrugada.

Foi ao quarto de Isabela e não a encontrou, o que achou muito estranho. Chamou Morgana, que fingiu nada saber:

— Ela saiu dizendo que iria às compras e, como faz isso sozinha, não a acompanhei. Também estou preocupada. Ela não costuma demorar tanto. Será que foi novamente assaltada?

— Meu Deus! Isso não pode ter acontecido justo hoje.

— Mas devemos levantar essa hipótese. Isabela nunca ficou uma noite fora, já passa das duas, e nem sinal dela.

Patrícia se sentia fraca, não conseguia raciocinar direito. Resolveu se deitar.

— Não vamos conseguir resolver nada agora. Só podemos dar queixa à polícia se uma pessoa estiver sumida por mais de quarenta e oito horas. Se formos lá agora, de nada vai adiantar.

— Temo pela vida de minha amiga. O motorista a levou para a mesma loja de sempre e a esperou no horário combinado, e ela não apareceu. Entrou na loja e perguntou se dona Isabela Aguiar tinha estado por lá e todos disseram que ela nem chegou a entrar. Não acha isso estranho?

— Acho sim, e estou preocupada. Meu pai a ama e ela é fundamental para sua recuperação. Mas vou descansar; por hoje estou exausta.

Morgana resolveu fazer o mesmo e minutos depois a mansão estava às escuras.

Desde que fora expulsa a chutes do apartamento, Isabela vagou sem rumo pelas ruas de São Paulo, chorando muito. Seu sonho de amor estava desfeito; seu casamento, arruinado. O que ela poderia fazer de sua vida? Tinha uma conta em seu nome na qual pôde economizar algum dinheiro, mas achando que sua situação era boa não se preocupou muito em poupar.

Foi ao banco e retirou uma quantia que dava para hospedá-la num hotel até pensar no que iria resolver. Depois de instalada, tomou um banho e olhou-se no espelho; achou-se feia e velha. Deitou-se na cama e pensou em como se vingar de Morgana e de Fernando. Certamente madame Aurélia estaria por trás daquela situação, elas não perderiam por esperar. Com o pouco dinheiro que tinha, iria arquitetar uma vingança da qual nenhum dos três escaparia vivo. Teria de raciocinar muito friamente para que fossem crimes perfeitos. Jamais ela iria permitir que Fernando vivesse feliz ao lado de alguém. Rolou na cama e pensou também que poderia ainda reconquistar Humberto, só não sabia como. Durante toda a noite não conseguiu dormir e os pensamentos fervilhavam em sua mente, parecendo enlouquecê-la.

Pela manhã ligou a TV e, ao ouvir o noticiário, levou grande susto. O jornalista dizia:

— O senador Humberto Costa Aguiar sofreu um acidente vascular cerebral e se encontra em estado de coma no hospital. Sua filha informa que tudo aconteceu muito rápido, mas que ele pôde ser atendido a tempo. Segundo os médicos, seu estado é estável.

A reportagem continuou e mostrou uma entrevista com Patrícia. Logo após, com seus colegas de partido que mostravam solidariedade.

Isabela deixou o café que estava tomando e pensou em como fazer para voltar para casa. Não sabia se Humberto havia revelado a verdade à filha, mas precisava tentar. De repente pensou: fingiria que tinha sido assaltada novamente e levada para longe, e só então conseguira voltar. Também ia fingir nada saber sobre a doença do marido. Sorriu abertamente pensando em como a sorte havia lhe favorecido. Humberto provavelmente morreria e ela poderia tomar conta de toda aquela mansão como sempre sonhara. Intimamente agradecia a Deus pelo fato de o marido estar em coma numa UTI; tudo lhe seria facilitado.

Pagou a conta do hotel e saiu. Na rua, ela caprichou no visual: desfiou suas roupas e sujou-se de terra, sem se importar com os olhares das pessoas que a observavam achando a cena descabida. Fazendo-se de arfante, ela chegou à mansão. O hotel não era tão longe e ela conseguiu ir a pé. Os seguranças quase não a reconheceram e em poucos instantes ela estava na sala da mansão. Chamou a todos, mas só Eudásia apareceu. Olhando assustada para sua aparência, perguntou:

— O que aconteceu com você? Esta casa está cheia de problemas, estávamos preocupados com seu sumiço, principalmente agora, que o senhor Humberto adoeceu tão seriamente.

— O que Humberto teve? Como foi ficar doente?

— Ele estava na sala conversando com Patrícia quando se sentiu mal e desmaiou. Levamos ele para o hospital e está em estado de coma. Como você foi desaparecer num momento como este? Fernando também sumiu e Patrícia está se sentindo muito só. Não sai do hospital um instante sequer. Temo pela saúde dela.

— Desapareci porque ontem, quando fazia compras, dois homens me pegaram, colocaram um revólver em minha cabeça e me colocaram dentro de um carro. Achei que estava sendo seqüestrada e chorava muito. Eles me levaram para um lugar distante e ermo. Lá chegando tiraram o que eu tinha, minha bolsa, minhas jóias, relógio, fiquei sem nada. Tentaram abusar de mim e nem sei se conseguiram, pois, de tanto medo, acabei desmaiando. Quando acordei não sabia onde estava. Vaguei pelas ruas parecendo uma mendiga; nenhum táxi atendia a meu chamado. Andei bastante até que acabei achando o caminho.

Eudásia estava impressionada com a narrativa.

— Quanta coisa ruim acontecendo nesta casa de uma só vez. Até a Morgana resolveu ir embora.

— Ir embora? Ela não está mais aqui?

— Está no quarto dela fazendo as malas. Num momento como esse em que ela deveria estar do seu lado, resolveu partir.

Isabela nem terminou de ouvir o que Eudásia dizia e subiu as escadarias, indo em direção ao quarto de Morgana. Invadiu-o com rapidez e Morgana, assustada, começou a tremer. Isabela a olhou com ódio e esbravejou:

— Como ousou me trair? Como teve tamanha coragem? Diga-me!

Morgana tremia muito e com voz que o medo abafava balbuciou:

— Não tive culpa. Ela me obrigou, me perdoe!

— Eu sabia. Tinha certeza de que madame Aurélia estava por trás disso. Mas nunca esperava uma traição dessas vinda de sua parte. A partir de agora ganhou uma inimiga para o resto de sua vida. O plano de vocês deu errado e eu continuo nesta casa, sendo senhora absoluta. Humberto morrerá e ficarei com o que é meu, e serei muito rica. Quanto a você, nunca mais terá paz. Vou cuidar para que sua vida se transforme num inferno, a sua e a daquela mulher infernal. Avise-a de que ouvirá falar muito de mim. Agora você vai sair sem nada. Esqueça suas malas. Daqui você não levará nada, pois nada lhe pertence.

— Espero um dia conseguir seu perdão — falou Morgana com a voz fraca.

— Nunca, e você saberá agora do que sou capaz! Acompanhe-me.

Morgana acompanhou Isabela até o jardim sem saber o que ela faria. Lá chegando, Isabela falou algo com Amaral que ela não entendeu, porém rapidamente percebeu do que se tratava. Amaral se aproximou e começou a violentá-la com chutes e socos. Morgana estava sangrando e com manchas arroxeadas no corpo quando

Isabela ordenou que parasse. Amaral pegou o corpo quase inerte de Morgana e jogou na calçada. Mais tarde, quando Isabela saiu arrumada para o hospital, ela ainda estava lá, desmaiada. Amaral retornou e, condoído com a situação, levou-a para um pronto-socorro, onde foi atendida e medicada. Ele não gostava de espancar as pessoas, mas sabia que, se não cumprisse as ordens da patroa, perderia o emprego que era o sustento de sua família.

Isabela chegou ao hospital e encontrou Patrícia na recepção. As duas se abraçaram e Isabela perguntou:

— Como ele está?

— O quadro é estável, mas ele continua em estado de coma profundo. Temo muito pela vida dele. Tenho me sentido muito só. — Patrícia começou a chorar e Isabela a abraçou mais fortemente. Depois que se acalmou, ela perguntou:

— Onde você estava? Já íamos dar queixa à polícia sobre seu desaparecimento.

— É uma longa história. Ontem, seu pai e eu corremos risco de vida. — Na seqüência, começou a repetir a mesma história que tinha contado a Eudásia. Patrícia estava tão preocupada com o pai que nem prestou muita atenção, pois, se assim o fizesse, perceberia que se tratava de outra mentira mal contada. Depois de terminar a história, Isabela quis saber:

— Onde está o Fernando? A Eudásia me disse que ele não tem estado com você.

— Tenho ligado para a casa da dona Marília e ela me disse que o filho precisou viajar a trabalho, mas que logo estará aqui.

— Estranho, Fernando nunca viajou a trabalho... — completou Isabela com maldade.

— Sei disso. Também achei estranho, mas algo deve ter acontecido para ele precisar viajar. Quando chegar, me explicará tudo, tenho certeza.

Isabela teve de esperar muito até que o médico aparecesse e autorizasse sua entrada na UTI. Lá chegando, fingiu tristeza e chorou copiosamente. Patrícia, que a acompanhava, aconselhou:

— Não é bom que tenhamos emoções muito fortes próximos de alguém nesse estado. Os médicos afirmam que, apesar do coma, a pessoa pode ficar num estado semiconsciente em que pode sentir nossas emoções e até registrar nossas palavras. Não chore, ele ficará bem.

— Como eu queria acreditar nisso! Depois que perdi meu filho, achava que Deus não ia me tirar mais ninguém, mas vejo que Ele não é tão bom quanto dizem. Que vou fazer se Humberto morrer?

Patrícia estava surpresa com tamanho sentimento.

— Não pense assim, vamos acreditar no melhor. Deus não é ruim e, se meu pai está passando por isso, deve ter um motivo justo. É um homem bom; depois que minha mãe ficou doente ele tem se esforçado para melhorar. Creio que terá outra chance, mesmo que fique com seqüelas.

— Seqüelas? Como assim?

— Segundo o doutor Caldas afirmou, todo acidente vascular cerebral pode deixar alguma seqüela no sistema nervoso do paciente, de forma que ele pode ficar sem movimentar alguns membros do corpo, um lado inteiro, ou ficar sem falar. Mas isso são apenas hipóteses, só quando ele acordar é que saberemos.

As duas saíram da sala porque o tempo havia se esgotado e foram para casa. Quando chegaram, cada uma foi para o seu quarto. Isabela estava muito feliz por a vida ter lhe dado uma segunda chance, e pensava: "Nasci para viver no luxo e na riqueza. Estou torcendo para que Humberto jamais volte desse coma ou, se voltar, fique paralisado para sempre. Aí poderei ter minha vida de volta. Não sei se Fernando vai retornar a esta casa, mas, se voltar, lutarei para reconquistá-lo e sei que conseguirei. Depois disso saberei como fazer para me livrar da Patrícia".

Com esses pensamentos, entrou na banheira e permaneceu lá por horas.

Em seu quarto, Patrícia pensava e não conseguia entender por que Fernando havia viajado sem lhe dar explicações e mesmo com o pai doente não aparecia para vê-la. Novamente ligou para a casa dele e Marília atendeu.

— Ah, sim, querida. Fernando já chegou, um momento.

Alguns segundos de espera e logo a voz grave de Fernando se fez ouvir:

— Meu amor, como está? Não consigo ficar mais um instante sem vê-la. Assim que fiquei sabendo do que houve com seu pai, voltei imediatamente.

— Oh, Fernando, como pôde ter feito isso comigo? Estou me sentindo completamente sozinha. Meu pai está mal e você desaparece assim?

— Não tive culpa, precisei resolver um problema de uma das filiais de nossa empresa. Mas voltei quando soube o que aconteceu. Já estava indo até aí quando o telefone tocou.

— Venha logo. Tenho algo a lhe dizer que é muito importante e não pode ser adiado.

— Uma surpresa?

— Não posso falar pelo telefone. Ao chegar, ficará sabendo.

Fernando colocou o fone no gancho e percebeu os olhos de sua mãe a mirá-lo ansiosamente.

— O que ela lhe disse?

— Parece não saber de nada. Isso me dá um alívio muito grande. Por outro lado, temo que o pai possa melhorar e contar o que descobriu.

Marília olhou-o profundamente e disse:

— Para nossa sorte, Humberto adoeceu antes de ter revelado o que sabia. Se melhorar, pode não ficar como antes. Essas pessoas que têm esse problema nunca voltam a ser as mesmas. Mas, ainda que fique bom, ao ver a filha feliz saberá se conter e nada falará.

Ele passou a mão pelos cabelos, num gesto nervoso.

— A senhora me tranqüiliza, mas ela disse que tem algo sério a me dizer. Será que o pai não deixou escapar nada que a deixou desconfiada?

— Não acredito. Se desconfiasse de algo, deixaria transparecer pelo telefone. Vá confiante. Esta nós não perdemos.

Fernando sorriu, beijou a mãe e saiu. Marília estava entediada e foi para o quarto. Deitada em sua cama, ela pensava: "Meu filho encontrou a mulher ideal e eu farei de tudo para que ele permaneça com ela até o fim. Desejo ter uma vida melhor e também não criei meu príncipe para se casar com uma mulher qualquer e comum. Ele merece a melhor". Continuou a pensar sem perceber que sombras escuras se aproximavam comungando com seus pensamentos e lhe passando energias doentias.

Diana, Gabriel, Flaviana e os filhos estavam ansiosos no quarto esperando que Humberto despertasse. Dali a poucos instantes ele acordaria. Permaneceram esperando até que ele se mexeu e lentamente começou a despertar. A princípio não reconheceu o lugar, mas, ao abrir melhor os olhos, disse assustado:

— Flaviana? Meus filhos? Como pode ser? Todos estão mortos!

Flaviana, com voz doce, o acalmou:

— Engana-se, querido. Todos estamos mais vivos do que antes. Não se sente bem em estar conosco?

Ele parecia confuso, mas falou:

— Não entendo. Quer dizer então que eu morri também?

Alfredo respondeu:

— Ainda não, pai. Sua hora não chegou. Seu corpo de carne está doente num hospital da Terra. Enquanto os médicos de lá cuidam dele, nós o trouxemos aqui para que seu espírito seja curado também.

Humberto, completamente acordado, começou a entender:

— Como isso é possível?

— Quando nosso corpo de carne dorme ou entra em um estado de coma, como é o seu caso, o espírito fica parcialmente livre e pode visitar o astral, rever amigos, ou entes queridos que ficaram aqui — disse Flaviana sorrindo. — Você talvez nem vá se lembrar disso quando acordar na Terra, mas vamos aproveitar essa oportunidade que Deus nos deu. Dê-me um abraço.

Humberto, emocionado, levantou e a abraçou fortemente. Unidos ao abraço, Marcos e Alfredo choravam de emoção. Diana e Gabriel observavam tudo e em prece agradeciam a Deus aquele momento.

De repente, Humberto começou a chorar. O choro foi crescendo e aumentou tanto que ele se sentou no chão. Todos ficaram penalizados. Flaviana passou a mão sobre sua cabeça.

— Entendo o que sente. A dor do remorso é muito grande, mas para ela existe o remédio: o autoperdão.

Diana completou:

— É isso mesmo, Humberto. O remorso e a culpa são sentimentos que nos colocam em profunda depressão, mas só quando aprendemos a nos perdoar é que nos libertaremos dele.

Ele murmurou entre soluços:

— É que não consigo controlar o sentimento de culpa quando vejo Flaviana e meus filhos. Lembrar que fui um mau marido e um pai materialista me atormenta muito. Sinto que falhei gravemente.

Diana foi firme ao dizer:

— Quem de nós nunca errou nessa vida? Os erros fazem parte da aprendizagem e são naturais. Você fez o que achou certo no momento, quando não tinha maturidade para agir diferente. Na vida é preciso aprender que cada pessoa age de acordo com o nível de evolução que lhe é próprio e que só o tempo vai modificar. O retorno das nossas ações vai fazer com que aprendamos pouco a pouco, e assim chegaremos a Deus. Mas esse caminho é longo e, como seres humanos, ainda vamos errar outras vezes. Portanto, não se condene dessa forma para não atrair mais dores em sua vida.

Humberto pareceu se acalmar. Voltou para a cama e todos se sentaram ao redor em espécies de sofás que havia espalhados pelo quarto. Flaviana iniciou:

— Trouxemos você aqui para que seu espírito seja curado e para que seu corpo possa despertar na Terra com poucas limitações. Já se perguntou como atraiu todos esses problemas para sua vida?

— Eu não atraí nada. Os outros foram os culpados. Casei-me novamente achando que era amado. No auge de minha felicidade, fiquei impotente e descobri que era traído. Minha filha nem desconfia que o noivo dela é um patife que a trai com a própria madrasta. Como posso ter atraído esses problemas para mim?

Flaviana aproximou-se e explicou com voz doce:

— Quando cheguei aqui também pensava como você. Achava que eram os outros os culpados pelos meus sofrimentos. Entrei em confusão, me envolvi com pessoas que queriam meu mal. Só queria me vingar. Sofri muito e hoje descobri que nunca fui vítima e que ninguém na Terra o é. Diana e outros amigos queridos me ensinaram que somos criadores do nosso próprio destino e tudo que nos acontece é responsabilidade nossa. É duro aceitarmos essa verdade, mas, quando passamos a enxergá-la, as coisas ficam mais fáceis. Eu mesma há muito o perdoei pelo que me fez. Hoje sei que, se não precisasse passar por tudo aquilo, Deus teria me poupado.

Humberto estava ouvindo sem querer acreditar: então Flaviana o havia perdoado?

Ela, lendo seus pensamentos, respondeu:

— Perdoei, mas o perdão dos outros não é tão importante quanto o nosso próprio. O que lhe aconteceu foi porque você não se perdoou pelos erros do passado.

Humberto estava confuso.

— Como assim?

Diana começou a explicar:

— A culpa é um sentimento aprendido. Ela não nasce com o nosso espírito. Já o arrependimento, sim, é parte integrante de nossa alma. Sempre que agimos contra a nossa natureza, sempre que cometemos os chamados "erros", nossa consciência nos mostra, por meio de sensações desagradáveis, que não estamos no caminho certo. Uma vez observada, a sensação desaparece. Aprendemos a lição e passamos a agir diferente. É o que chamamos de reparação. Todavia, muitas pessoas aprenderam a filosofia do crime e castigo; acham que têm de pagar pelos erros cometidos durante sua ignorância espiritual e programam o subconsciente para atrair sofrimento quando errarem. Essas pessoas não acreditam que podem apagar seus erros pelo amor e pelo bem; crêem que só sofrendo é que voltarão ao equilíbrio. É por isso que há tanta dor na Terra.

Humberto parecia entender, mas ainda assim questionou:

— E o que isso tem a ver comigo?

Diana sorriu.

— Você é assim, é um cobrador inveterado de si mesmo. Aprendeu que as pessoas devem ser castigadas quando errarem. Agora está provando do próprio veneno. É preciso rever suas crenças uma a uma para que mude. É chegada a hora de você deixar o homem velho morrer para que o homem novo nasça, principalmente para que possa perdoar Isabela e ajudá-la a voltar para o caminho do bem.

— Nunca farei isso! Ela me traiu covardemente, não merece perdão.

— Você atraiu uma mulher como ela porque acreditava que merecia passar pelas mesmas traições que cometeu com sua mulher. Atraiu a doença porque se culpava pela morte de Flaviana, achando que ela adoecera por sua culpa. É preciso deixar a vaidade de lado e perceber que você não é tão poderoso assim para fazer os outros sofrer. Ninguém tem o poder de ferir uma pessoa; os outros é que se ferem com o que nós fazemos.

— Pelo que você diz, foi até certo o que fiz.

Diana o olhou com seriedade.

— Não foi certo nem errado. Você agiu como sabia. Se hoje reconhece que poderia ter feito melhor, não pode se culpar. Deve se preparar para agir melhor de agora por diante. Não somos responsáveis pelo sofrimento de ninguém; somos, sim, responsáveis pelas nossas crenças e pelos próprios sofrimentos. Se sofremos, não foi porque fizemos mal aos outros, mas porque fizemos mal a nós mesmos com nossas crenças inadequadas. Nunca ouviu dizer que quem faz o mal aos outros prejudica primeiro a si mesmo?

Marcos e Alfredo permanecerem calados o tempo inteiro. Quando Diana terminou, Marcos disse:

— Vamos levá-lo para participar de um curso no qual é ensinado o poder do bem como fonte de reparação e depois a uma palestra cujo orador explica como nos livrarmos da culpa e reprogramarmos o subconsciente positivamente, para que o senhor aprenda a nunca mais se castigar pelos seus erros.

Humberto estava feliz. Poder recomeçar, ser um novo homem... Aquilo estava sendo muito bom. Indagou:

— Quanto tempo ficarei em estado de coma na Terra?

— Ficará por uma semana; é o tempo que vai estagiar aqui — respondeu Diana amavelmente. — Agora vamos, há muito o que estudar.

Humberto abraçou os filhos e a ex-mulher. Quando ia saindo, comentou:

— Lembrei que há algum tempo vários homens me amarraram enquanto eu dormia e colaram em meu corpo físico algumas formas arredondadas. Lembro-me de que eles disseram que elas seriam a causa de minha impotência. Isso é real?

— Com certeza! Essas formas que chamamos de ovóides são responsáveis por inúmeras doenças na Terra. Mas não precisa se preocupar. Quando se libertar da culpa e se render ao amor, conseguirá se libertar delas.

— Vai demorar muito?

— O tempo suficiente para que você mude interiormente.

Humberto entendeu e seguiu com eles, rumando para um dos pavilhões de cursos daquela colônia. Em sua mente, a esperança começava a brotar.

19

Conhecendo a verdade

Isabela havia chegado em casa com Patrícia. Ficaram no hospital muito tempo, mas por recomendação médica resolveram descansar. Era noite e, ao entrarem em casa, depararam com Fernando, que as esperava com ansiedade. Patrícia o abraçou e ambos se beijaram com paixão. Com muito ódio, Isabela observava a cena. Ao terminarem de se beijar, Patrícia comentou:

— Não sei como agüentei todo esse tormento sem você. Nunca mais desapareça assim, sem dizer onde está.

Fernando fuzilou Isabela com o olhar, enquanto respondeu:

— Quando viajei, não imaginava o que vocês todos iriam passar. Não costumo viajar para as filiais da empresa. Tive de ir de última hora, mas, assim que soube pelos noticiários o que tinha acontecido, voltei imediatamente. Sabe como a amo e o que mais quero é vê-la bem e feliz.

Isabela estava se sentindo muito mal com aquela cena. Ia se retirar, mas Patrícia a chamou:

— Por favor, Isabela, não suba agora. Tenho uma notícia maravilhosa para dar a vocês, principalmente a Fernando.

Ela ficou ainda mais irritada.

— Não vejo o que pode ser maravilhoso com Humberto entubado numa UTI de hospital.

Patrícia, com semblante alegre, colocando as mãos sobre o ventre e olhando emocionada para Fernando, comunicou:

— Descobri que estou grávida. Vou ter um filho do homem que amo! Quer motivo maior para minha felicidade?

Fernando, com os olhos marejados, a abraçou com força e ambos se beijaram novamente. Muito feliz, ele dizia, beijando a barriga de Patrícia:

— Um filho! Tudo que mais queria ter na vida. Meu Deus, quanta felicidade. Sei que não mereço, mas estou muito feliz. Além de tudo, a mãe de meu filho é a mulher que mais amo no mundo. Como posso fazer para agradecer tamanha felicidade?

Isabela sentiu-se tontear e quase foi chão, não fosse o mezanino no qual se amparou. Patrícia percebeu e correu para socorrê-la.

— O que aconteceu com você? Parece que vai desmaiar. Venha, sente-se no sofá.

— Senti-me mal de repente. Não sei o que me deu. Não se preocupe, vai passar.

Fernando, com ar de ironia, indagou:

— Por acaso seu desmaio ocorreu por causa da notícia da gravidez de Patrícia?

Ela, mesmo com ódio, fingiu.

— Talvez. Desde que Daniel morreu, fico mal com qualquer assunto ligado a crianças. Por favor, me perdoem, vou me retirar. Peçam a Eudásia que me leve um copo com água, preciso tomar um calmante.

— Quer ajuda para subir? — Era a voz irônica de Fernando mais uma vez.

— Oh, sim, ainda estou muito tonta. Acredito que minha pressão tenha caído.

Ele foi subindo com Isabela lentamente pela longa escada. Quando se viram a sós, ela falou entre dentes:

— Não pense que isso vai ficar assim. Nunca será feliz com a Patrícia enquanto eu viver. Antes, ela ou você terá de morrer.

Fernando sentiu vontade de esbofeteá-la até a morte, porém teve de se conter. Ainda assim, completou com voz que o ódio enrouquecia:

— Não tente atravessar meu caminho ou quem vai sair morta dessa história será você. Sabe muito bem do que sou capaz. Esqueceu as bofetadas que lhe dei? Usei você até quando foi conveniente, agora acabou. Amo Patrícia de verdade e é com ela que vou ficar, custe o que custar. Esqueça que eu existo ou terá sérios problemas. Se acontecer qualquer coisa com Patrícia, você pagará caro.

— Sabe que posso revelar a ela tudo que tivemos juntos. Se eu o fizer, você estará perdido. Patrícia nunca vai perdoá-lo. Ou volta para mim ou acabo com sua vida — exclamou Isabela transtornada.

— Vai ser sua palavra contra a minha. Posso dizer que me assediava e que, por não ter sido correspondida, inventou essa história. Além do mais, você está perdida de qualquer jeito. Quando Humberto melhorar e voltar para casa, você será expulsa daqui a pontapés. Eu vou me dar bem, pois quando Humberto vir a filha feliz e grávida jamais terá coragem para revelar o que soube. Como vê, você é a única perdedora.

O ódio tomava conta de Isabela, e ela rangia os dentes dizendo com voz entrecortada:

— Isso se ele acordar. Daqui para lá muita coisa pode acontecer. Tenho como matá-lo no próprio quarto sem que ninguém desconfie.

— Faça isso e eu serei o primeiro a denunciá-la.

Patrícia chamou Fernando e eles deram por encerrada a conversa. Já no quarto, Isabela teve um acesso de ódio e perdeu a cabeça. Desarrumou a cama, quebrou arranjos e bibelôs, atirou uma porcelana no espelho. Quando Eudásia entrou com a água, encontrou-a em um estado deplorável.

— O que aconteceu aqui? Por que fez tudo isso?

— Estou com ódio, muito ódio. Eles me pagam, e vão pagar com a vida — dizia ela fora de si.

— Eles quem?

— Os malditos que me roubaram a felicidade. Mas eu juro que eles nunca serão felizes.

Eudásia não sabia do envolvimento de Isabela com Fernando, por isso não conseguia entender de quem se tratava. Tentou acalmá-la.

— Venha para a cama, deite-se e tome um comprimido. Vai lhe fazer bem. Aqui todos estão nervosos com a doença do senhor Humberto. Quando se acalmar, verá que não há motivo para tanto ódio. Seu marido vai ficar bem, você está rica e terá condições de ser feliz.

Isabela tentou se acalmar, mas as palavras de Eudásia a irritavam ainda mais.

— Saia daqui e me deixe só! — exclamou num grito.

Eudásia obedeceu e foi rezar na cozinha. Havia alguns dias tinha começado a freqüentar o centro onde Patrícia ia e havia aprendido que, quando tudo se agita, quando as dores aparecem, é hora de oração. Aprendeu que a prece, quando sincera, nos deixa ligados aos espíritos do bem e a Deus. Naquele momento ela fez uma sentida oração pedindo saúde para Humberto, paz para Isabela e felicidade para Fernando e Patrícia. Ela não viu, mas seres radiosos estavam ali cobrindo-a de luzes coloridas. Um deles se aproximou e disse-lhe ao ouvido:

— Confie em Deus, Ele não desampara ninguém. Tudo será dado assim como pediu!

Uma brisa leve passou ao seu redor e Eudásia se sentiu muito bem.

Na sala, Fernando e Patrícia comemoravam. Ele estava muito empolgado em ser pai e ela, muito feliz em poder estar ao lado do homem amado.

— Vamos oficializar nossa união assim que seu pai sair do hospital — comentou Fernando cheio de planos.

— Sim, é o que mais quero. Mas nossa união será apenas civil. Sou espiritualista e não gosto dessas cerimônias em igrejas. Respeito a religião católica, mas não acredito que seja preciso um intermediário para que Deus nos abençoe.

Fernando tornou, um pouco preocupado:

— Minha mãe é conservadora e, apesar de não ir muito à igreja, é católica e sempre sonhou comigo casando com a bênção de um padre em uma cerimônia bonita. Ela sonha com isso para a minha vida. Por favor, quero que entenda...

Patrícia não queria discutir aquilo naquele momento, mas sabia que acabaria cedendo.

— Tudo bem, vamos pensar nisso depois. Agora vamos subir que estou morrendo de saudades.

Felizes, os dois foram para o quarto, onde se amaram com muita paixão.

No outro dia pela manhã, antes de ir ao hospital, Patrícia foi visitar a avó. Sempre passava por lá para ver como ela estava. As visitas de Sílvia haviam feito um bem enorme a dona Augusta, que já se levantava da cama e quase tinha voltado à vida normal.

Ao entrar na enorme sala encontrou a avó ainda no desjejum.

— Que boa visita a essa hora da manhã. Venha tomar café comigo.

— Muito obrigado, vovó. Termine sua refeição, pois hoje quero compartilhar uma alegria muito grande com a senhora.

Augusta ficou curiosa.

— Alegria? Bem que estou precisando...

— Não fale assim, vovó. A senhora já melhorou tanto que está irreconhecível. Achei que nunca mais iria se levantar daquela cama. Não sabe o quanto fiquei desesperada, mas hoje as cores já voltaram ao seu rosto. Vejo que voltou a arrumar o cabelo e já soube que foi visitar algumas amigas.

— Graças a sua amiga Sílvia foi que pude sair do buraco em que eu mesma me coloquei. Com ela tenho aprendido muitas coisas, inclusive como atraí aqueles fatos que me colocaram em depressão.

Patrícia retorquiu:

— Sei que houve um motivo muito sério para a sua depressão. Por que não me conta? Sei que a Sílvia já sabe.

Augusta sentiu que ainda não podia revelar a verdade. Estava aprendendo que o perdão consistia em calar os defeitos alheios, e ela não queria falar mal de Isabela naquele momento. Resolveu dar uma desculpa.

— Não estou preparada para lhe contar, mas fique certa de que um dia o farei. Um dia você ficará sabendo o que me levou a querer desistir da vida. — Ela parou de comer e continuou falando. — Descobri como estava errada em querer fugir do mundo e hoje sei que estava me tornando uma suicida.

Patrícia se admirou. Será que Sílvia havia revelado sua forma de pensar à sua avó?

— Nossa, a senhora está falando como uma espírita! — respondeu a neta, surpresa.

— Muita coisa mudou em minha vida. Sílvia me fez ver lados de minha personalidade que estavam esquecidos e acabou revelando ser espiritualista. Sei que ela acredita em reencarnação e que trabalha num centro. Fiquei chocada a princípio, mas não podia mais ficar sem sua amizade. Nunca conheci uma pessoa tão sensata quanto ela. Aos poucos fui me interessando pela vida espiritual. Ela me emprestou alguns livros e fiquei deslumbrada. Nunca poderia imaginar que o espiritismo fosse tão bonito e lógico em seus ensinamentos. Ainda estou presa a algumas convenções de minha religião, mas confesso que não suporto mais aquelas reuniões de que participava, nas quais não havia profundidade de ensinamentos nem resposta às questões básicas de nossa vida. Hoje quero ser feliz, descobrir de onde vim e para onde vou, melhorar meu padrão mental. Fiz muitas coisas erradas em minha vida, mas recebi a resposta e estou amadurecendo.

Patrícia abraçou a avó e beijou seu rosto várias vezes. Quando terminou o café, já na sala de estar, Patrícia iniciou:

— Sei que esse não é um momento de muita felicidade. Meu pai está doente e em estado grave, mas mesmo assim me sinto imensamente feliz. Estou grávida!

Dona Augusta abriu a boca e fechou-a novamente, espantada.

— Que felicidade! — falou com alegria. — Parabéns, você merece essa dádiva da vida. — As duas se abraçaram mais uma vez e Augusta tornou: — Confesso que não estou acostumada a esses tempos modernos. Na minha época o sexo começava depois do casamento. Hoje sei que começa junto com o namoro. Ainda acho tudo muito moderno para a minha mente, mas Sílvia está tentando me atualizar. Sei que você se casará e será muito feliz!

— Serei sim, vovó. O Fernando me ama e estava disposto ao casamento muito antes de saber de minha gravidez. Ele é o homem de minha vida, perfeito, íntegro, bom caráter, é tudo que sempre sonhei, além de lindo.

— Como estou feliz. Lembro-me de quando Flaviana engravidou pela primeira vez. Enjoava muito e tinha desejos difíceis de realizar. Gostaria de acompanhar sua gravidez como acompanhei a de sua mãe, mas não será possível.

— É... Sei que a senhora não gosta de Isabela e julga que ela tomou o lugar de minha mãe, mas posso garantir que ela é uma mulher boa, está muito mal com a doença de papai. A senhora está equivocada. Faça as pazes com ela e volte a freqüentar nossa casa. Sentimos muito a sua falta.

Augusta não podia falar a verdade à neta e preferiu se calar.

— Deixe o tempo correr. De qualquer forma, sei que é minha neta querida e nunca deixará de vir me ver; isso me dá um alívio muito grande.

Patrícia emocionou-se.

— É claro que amo a senhora mais que tudo. Da próxima vez que vier aqui trarei Fernando para a senhora conhecer.

— Que tal um jantar especial?

— Não precisa tanto. Fernando é um homem muito simples.

— Faço questão. Assim que Humberto sair do hospital, farei um jantar aqui e convidarei todos. Assim mostrarei a você que posso não apreciar Isabela, mas posso conviver com ela normalmente.

Patrícia estava muito feliz. Depois de conversar mais um tempo, tomou um táxi e foi para o hospital.

Já havia passado uma semana e Humberto não melhorava. Todos estavam apreensivos e Patrícia, muito chorosa. Naquela tarde Isabela, que havia planejado matar Humberto no quarto da UTI, estava se preparando para o plano. Conseguira à custa de muito dinheiro subornar uma enfermeira que trocaria de lugar com ela sem que ninguém desconfiasse. Ela, vestida com roupa de enfermeira, desligaria os tubos de oxigênio e Humberto teria uma parada cardíaca fulminante. Depois ligaria os tubos novamente e ninguém imaginaria que ela estava por trás. Pensara friamente e resolvera não arriscar o plano sem um disfarce, afinal Humberto poderia despertar a qualquer momento e, se isso acontecesse, ela não teria salvação. Alguém bateu na porta do quarto e ela foi atender. Era Eudásia.

— Há uma pessoa ao telefone. Diz que é de um hospital da periferia e quer lhe falar com urgência.

— Quem pode ser?

— É uma recepcionista. Pelo tom de voz está muito ansiosa.

— Tudo bem, eu pego a ligação aqui do quarto mesmo.

Isabela atendeu e uma voz de mulher se fez ouvir:

— É a senhora Isabela Costa Aguiar?

— Sim, o que gostaria?

— Há uma paciente em nosso hospital em estado terminal que deseja urgentemente falar com você. Chama-se Morgana.

Isabela não conseguia entender. O que fizera Morgana adoecer tão gravemente?

— Diga-lhe para me esquecer, quero mesmo é que ela morra. Certamente quer me pedir dinheiro para pagar a conta do hospital. Se for apenas isso, não me incomode mais.

A mulher insistiu:

— Morgana disse que a senhora agiria assim, por isso pediu que lhe dissesse dizer que tem uma revelação a lhe fazer sobre a morte de seu filho. Disse que jamais poderá morrer sem lhe contar a verdade.

Isabela sentiu o coração acelerar. O que Morgana sabia sobre a morte de Daniel? O argumento foi forte e ela anotou o endereço do hospital e partiu para lá imediatamente. Só iria colocar seu plano em prática à tardinha, quando Edwiges fosse dar seu plantão. Até lá teria muito tempo.

O hospital era longe e ela demorou a chegar. Na recepção, procurou se informar:

— O que aconteceu de tão grave para Morgana estar morrendo?

A enfermeira explicou:

— Chegou aqui com uma grave hemorragia interna. Alguém a violentou com muita força e seu útero foi danificado. Fizemos uma cirurgia, mas ela não se recupera; a hemorragia volta com intensidade. O doutor Marcelo teme que ela não resista a uma nova cirurgia.

Isabela sabia muito bem do que se tratava, mas fingiu espanto:

— Meu Deus! Mas ela contou quem fez isso?

— Nos momentos de lucidez ela apenas chama por seu nome. Quando conseguimos seu telefone, resolvemos ligar. Mas, se ela melhorar, terá de prestar queixa em uma delegacia para que o culpado seja punido. Entretanto, infelizmente acreditamos que só um milagre poderá salvá-la.

Isabela foi conduzida a um quarto onde havia várias camas. Ela foi procurando uma por uma, até que na última estava Morgana com um aspecto de quem a poucos instantes deixaria a vida. Em quase nada lembrava a moça bonita e alegre de antes.

Isabela a sacudiu, pois percebeu que dormia. Ao abrir os olhos, Morgana respirou fundo, ficou mais pálida do que já estava e começou a falar num fio de voz:

— Você veio... Eu sabia que Deus não me deixaria morrer sem começar a reparar o mal que eu fiz.

Isabela sentia vontade de matá-la ali mesmo, tamanho o ódio que sentia, mas queria ouvir o que ela tinha a dizer sobre a morte do filho. Por isso foi direta:

— Não quero saber dos seus remorsos; isso pouco me importa. Quero que me diga o que sabe sobre a morte de meu filho que eu não sei. Aliás, ficou tudo muito claro. Daniel nasceu com problema no intestino e não resistiu. Essa foi a versão do médico. O que mais pode saber?

Morgana fazia um esforço enorme para falar e sua voz quase não era ouvida. Ainda assim, ela falou:

— Os médicos não souberam a verdade, a terrível verdade. Seu filho foi morto por envenenamento.

Isabela sentiu que ia desmaiar. Procurou uma cadeira e sentou-se. Quando se refez do susto, continuou a ouvir.

— Foi isso mesmo. Ele, aquela criança inocente, sorridente e cheia de vida, morreu por minhas mãos. A mando de madame Aurélia, todos os dias eu ministrava um veneno, que desconheço o nome, na comida que eu mesma dava para ele. O veneno causava perturbações gástricas e nenhum médico iria desconfiar do que se tratava, pois geralmente nesses casos não existem suspeitas e eles não fazem exame. O certo é que o intestino era corroído pouco a pouco e a morte era certa. Fiz isso movida por uma vingança, mas minha consciência nunca mais me deixou em paz. Agora sei que pagarei pelo meu crime. Vejo vultos escuros, pessoas babando e sangrando à minha volta, esperando que eu morra para me levarem com elas. Espero que esse gesto me ajude e que eu não sofra tanto nessa vida que me espera.

Isabela, num acesso de raiva, sacudiu violentamente Morgana, que agonizava. A enfermeira que chegava correu a socorrer:

— O que é isso? Ela está quase morrendo, saia! — Retirou Isabela, que estava em estado de loucura.

Do canto do quarto, Isabela bradava com muito ódio:

— Quero que morra e só tenha o inferno como morada. Sairei daqui e vou à polícia denunciá-la. Você e o monstro que armou toda essa trama infernal. Não morra enquanto não servir de testemunha para que Aurélia apodreça na cadeia.

Isabela saiu correndo e a enfermeira aplicou um sedativo em Morgana, que estava muito fraca. Na rua, Isabela rumou para a delegacia mais próxima. O delegado a ouviu e, devido à urgência do caso, logo tomou as providências que terminariam por prender e condenar madame Aurélia.

20

O bem é mais forte

Isabela chegou em casa esbaforida e com muito ódio. As emoções que tinha vivido inesperadamente naquela tarde a fizeram entrar em um processo de autodestruição. Nunca iria se perdoar por haver colocado uma assassina dentro de sua casa, que acabaria por matar seu próprio filho. O depoimento que dera na delegacia havia tomado muito seu tempo, mas ainda teria de ir ao hospital pôr fim à vida de Humberto. Tomou um banho rápido e saiu.

Já no hospital e no horário combinado, ela entrou pela saída de emergência e logo trocou de roupa com Edwiges. No almoxarifado, enquanto se trocavam, Isabela perguntou um tanto apreensiva:

— Tem certeza de que ninguém da família está aí?

— Tenho sim. Marquei essa hora justamente por não haver visitas na UTI. A filha dele esteve aqui rapidamente com um rapaz e saiu. O caminho está livre.

— Explique-me direito. Tenho medo de mexer no aparelho errado e o plano ir por água abaixo.

Edwiges procurou detalhar o aparelho no qual Isabela deveria mexer e ela ouviu com muita atenção. Assim Isabela seguiu para o quarto.

* * *

Doutor Eduardo estava em sua sala lendo uma revista. O dia havia sido cheio e ele aproveitava para relaxar. De repente, um pensamento começou a tomar conta de sua mente. Ele sentia que precisava ver o paciente Humberto. Havia acabado de passar na UTI e sabia que ele estava na mesma condição. O quadro havia se tornado estável e já não havia tanto o que temer; era só esperar ele acordar e fazer os exames para a comprovação de seqüelas. Procurou desviar o pensamento, mas ele não o deixou. "Você precisa ver o senador Humberto." A frase se repetia insistentemente. Então ele resolveu obedecer e levantou-se.

No quarto, Isabela sorria maquiavelicamente. Olhou para Humberto e começou a dialogar como se ele pudesse ouvi-la:

— Não adiantou tanta soberba, você está em minhas mãos. Um dia jurei que seria rica e humilharia a todos que encontrasse. Você foi minha escada; consegui o que queria e jamais saberia viver na pobreza novamente. Ou eu, ou você. Chegou o seu fim, Humberto.

No instante que Isabela iria mexer no oxigênio, doutor Eduardo entrou na sala.

Ela ficou nervosa enquanto ele perguntava:

— Quem é você?

— Edwiges... — falou ela fracamente.

Ele não deu tanta importância ao fato de ela estar de costas e começou a examinar mais uma vez o paciente. Isabela, com receio de ser surpreendida, saiu sem que o médico percebesse. Rapidamente e de cabeça baixa, ela voltou ao local onde Edwiges a esperava.

— E então? Conseguiu?

— Não. Um médico entrou no momento em que eu ia mexer no aparelho. Não foi desta vez, mas temos de tentar novamente.

Edwiges não estava gostando daquilo. Poderia perder o emprego e ser presa como cúmplice. Aceitara ajudar Isabela pelo dinheiro que ia receber, mas já estava arrependida. Resolveu aconselhar:

— Por que não desiste de cometer esse crime? O Humberto vai acordar e você vai poder conversar com ele e pedir perdão. Estou achando isso muito arriscado. Hoje é o doutor Eduardo; amanhã poderá ser outro.

Isabela irritou-se:

— Não foi paga para me dar conselhos, e sim para cumprir ordens. Não gaste o dinheiro que lhe dei. Caso algo dê errado e eu não consiga fazer o que pretendo, vou querer tudo de volta.

Edwiges resolveu se calar. Percebeu que estava muito envolvida na trama e não poderia mais voltar atrás. Isabela se trocou e saiu sorrateira pela mesma porta de emergência pela qual entrara.

Doutor Eduardo examinava Humberto quando, de repente, viu sua mão se mexer. Continuou observando e notou que o paciente abria vagarosamente os olhos e os fechava de novo, até que acordou de vez. Humberto, com voz fraca e desorientado, perguntou:

— Onde estou?

O médico, feliz por ver seu paciente retornar do coma apenas uma semana depois de haver adoecido, tentou acalmá-lo:

— Não se preocupe com isso agora, Humberto. O que importa é que você acordou e está bem. Procure descansar.

Ele continuava confuso:

— Onde está minha filha? Preciso vê-la.

— Ela não está no momento, mas vamos comunicá-la de que o senhor acordou e em breve ela poderá vê-lo.

Uma lágrima teimosa começou a cair no rosto de Humberto. Ele sentia que havia feito uma grande viagem e que tinha renascido. Muito cansado pelo estado que vinha mantendo, voltou a adormecer.

Doutor Eduardo comunicou a nova situação à equipe médica e todas as providências foram tomadas para que o paciente se restabelecesse e ficasse bem.

Isabela chegou em casa muito nervosa. Passou rapidamente pela sala e foi para o seu quarto. Aquele dia tinha sido muito intenso para ela. Numa mesma tarde fora a dois hospitais e a uma delegacia. Ficou feliz em saber que havia denunciado Aurélia e que em breve ela seria presa. Precisava saber se havia dado tempo de a polícia tomar o depoimento de Morgana antes que ela morresse. Sem esse depoimento, ela não teria provas e as coisas ficariam na mesma. A esse pensamento, um acesso de ódio a acometeu. Se Aurélia ficasse livre, ela mesma daria um jeito de matá-la com as próprias mãos. Nunca iria perdoar esse crime contra seu filho.

Estava assim, largada na cama com esses pensamentos, quando a porta do quarto se abriu e Patrícia entrou sorrindo e contando:

— Isabela, um milagre aconteceu. Acabo de falar com doutor Eduardo e ele me disse que papai saiu do coma. Diz que está confuso e que perguntou por mim. Que felicidade!

Isabela ficou branca feito cera. Tentou não demonstrar o nervosismo que ia em seu peito.

— Quando foi isso?

— Agora há pouco. Foi muito rápido, mas ele está bem. A equipe médica vai fazer alguns exames. Irei agora mesmo ao hospital. Não deseja vir comigo?

Isabela se sentiu perdida. Sua vida iria por água abaixo; certamente Humberto se lembraria de tudo e ela não poderia levar a vida de luxo que tanto sonhara. Precisava pensar no que fazer; para isso deu uma desculpa:

— Não irei agora. Apesar de estar muito feliz com o restabelecimento da saúde de seu pai, acho que esse primeiro momento deve ser entre você e ele. Não se preocupe, logo depois eu vou.

— Papai vai ficar ressentido sem sua presença...

— Vá primeiro. Diga que irei em seguida. Não estou me sentindo bem e quero estar ótima para o reencontro com Humberto.

— Está bem. De qualquer forma, ele ainda permanece na UTI e não podemos nos demorar muito tempo.

Patrícia se retirou, deixando Isabela a sós com seus pensamentos. O quarto começou a rodar sem parar. Estava perdida. O casamento havia lhe dado alguns direitos sobre os bens de Humberto, talvez o suficiente para levar uma vida boa por largo tempo, mas ela estava habituada a sonhar alto; desejava possuir tudo que era do marido e poder usufruir ao lado de Fernando. Agora, com Humberto estabelecido, ela certamente seria expulsa da mansão, perderia sua posição e longe da casa ficaria praticamente impossível reconquistar Fernando. Como amava aquele homem! Daria qualquer coisa para tê-lo somente para si. Isabela continuou refletindo até que chegou a uma solução:

— Vou me ajoelhar aos pés de Humberto pedindo perdão — dizia alto para si mesma. — Vou apelar para o lado sentimental que ele tem e tenho certeza de que serei perdoada. Na frente da filha, ele não terá coragem de fazer nenhuma cena. Quando estiver a sós, farei de tudo para que me perdoe. Afinal, que mulher vai querer suportar um homem seqüelado e impotente?

Com esse pensamento ficou mais calma. Deitou e logo adormeceu profundamente.

Na UTI do hospital a emoção tomou conta de Patrícia, que abraçava e beijava o pai com muito carinho. Lágrimas escorriam pelo rosto de Humberto. Ele apenas conseguiu balbuciar:

— Eu a amo, minha filha. Nunca se esqueça disso.

— Eu também o amo, papai.

Doutor Eduardo pediu que fosse encerrada a visita, pois o paciente não podia passar por emoções fortes.

Patrícia saiu do hospital feliz e nem percebeu que no quarto também estavam Flaviana, Diana, Alfredo e Marcos. Quando Humberto adormeceu logo seu espírito se desprendeu e foi ter com os amigos.

— Quase morri de verdade; a Isabela por pouco não conseguiu.

— O bem sempre é mais forte. Quando Deus não permite algo, não há nada que o faça acontecer. Você não necessitava passar por essa experiência, então Deus, com suas leis perfeitas, o protegeu — respondeu Diana sorrindo.

— Tenho medo do que me pode acontecer de agora por diante. Sinto que não posso perdoar Isabela pelo que me fez. Não vou conseguir.

Flaviana interveio:

— Lembre-se de que você a atraiu pela sua forma de ser e a perdoe. O mal só aparece em nossa vida quando damos abertura. Agora que você aprendeu a lição pode perdoá-la.

Humberto disse com rancor:

— Jamais poderei conviver com ela novamente.

— Deus não obriga ninguém a conviver com quem não quer. — Era a voz de Diana. — Você pode perdoá-la, mas não viverá a seu lado, ainda mais sabendo do mal que ela pode lhe causar. Entretanto, não deve ser vingativo. Dê a ela o que lhe é de direito e permita que siga sua vida. Mostre que aprendeu a ser generoso e que realmente mereceu a nova chance que a vida lhe deu.

Alfredo abraçou o pai.

— Isso mesmo, pai. É hora de recomeçar. Ninguém pode viver em paz sem perdoar seus desafetos. Além do mais, você sabe que a felicidade lhe está reservada ao lado de Sílvia e na hora exata vocês se entenderão. Liberte Isabela para que possa ser feliz.

— Tentarei, mas o Fernando... esse me paga! Juro que não deixarei que ele destrua a vida de minha filha.

Diana olhou-o firmemente.

— Fernando não é uma pessoa completamente má, apenas está usando o que aprendeu com a educação equivocada que recebeu de Marília. Mas ele é forte e vai melhorar. Nossos irmãos maiores garantem que Fernando vai se voltar ao bem e que ama realmente a sua filha. Não podemos esquecer que o amor faz milagres. Quando se casar vai se tornar um marido fiel e compromissado com o lar que Deus lhe confiou. Se tentar separá-los vai cortar uma programação do destino. Patrícia tinha de se unir a Fernando na presente encarnação, não se esqueça disso.

Humberto cedeu um pouco a esse argumento e logo voltou a sentir sono.

Os amigos aplicaram passes em todo o seu corpo perispiritual e em pouco tempo Humberto estava novamente adormecido. Com cuidado, eles o recolocaram no corpo físico. Terminado o trabalho, Flaviana comentou:

— Fico feliz em vê-lo bem, apesar de saber que ainda terá de enfrentar muitos desafios para encontrar a felicidade.

Diana aquiesceu:

— Infelizmente o ódio que ele alimenta por Isabela ainda poderá lhe trazer muitos fatos desagradáveis. Mas Deus está atento, e nada acontece sem sua permissão. Vamos orar e confiar.

Marcos estava preocupado.

— As formas ovóides ainda estão instaladas em seu corpo físico. Quando meu pai se livrará delas?

— Humberto se comprometeu muito quando usou o sexo de forma desregrada. Mas o amor cura tudo. Quando ele estiver com Sílvia e novamente sentir o amor pulsando em seu peito, ficará curado. As obsessões são um santo remédio. Cada um precisa tomar de seu próprio veneno para poder crescer e evoluir. A força do amor é infinita e da próxima vez que ele se relacionar sexualmente com alguém por amor estará livre dos parasitas.

Flaviana corou; não estava acostumada a ouvir falar de sexo tão abertamente. Diana percebeu.

— Não precisa se envergonhar, o sexo é uma energia natural que emana da Divindade para todos nós. Ele foi criado para várias funções, e o prazer, a troca magnética e a reencarnação são apenas algumas delas. Na verdade, o sexo é um dos alimentos da alma. Mas quem o pratica de forma ilícita, por machismo, por vício ou por comércio acabará por se conduzir ao vale da dor por meio de obsessões ou doenças físicas. Infelizmente, muitos ainda não aprenderam a respeitar esse sagrado instituto.

Os outros concordaram. Em seguida se retiraram do quarto deixando apenas dois enfermeiros espirituais velando por Humberto.

21

De volta para casa

Madame Aurélia foi presa logo após o depoimento de Morgana. A polícia pressionou e ela acabou confessando o crime, o que tornou o processo mais fácil. A Mansão de Higienópolis foi interditada, pois logo após a prisão da madame um telefonema misterioso informou que havia prostituição de menores, o que foi facilmente comprovado. Sendo assim, madame Aurélia iria ser julgada por crime hediondo de infanticídio e exploração sexual de menores. Os políticos que protegiam a casa, temerosos quanto ao escândalo, desapareceram, e muitos deles não conseguiam entender por que a casa que tanto prezava em só trabalhar com mulheres maiores de idade se envolvera numa situação daquelas. Eles ignoravam que Luana havia dado a idéia à sua patroa. Ela descobrira que o comércio da pedofilia estava dando mais dinheiro que o do sexo comum. Depois de algum tempo de resistência, madame Aurélia acabou aceitando. Juntas, ela e Luana foram às ruas à procura de garotas que estivessem saindo da infância e que se encontrassem em situação precária. Por fim, acabavam conseguindo até a autorização dos próprios pais. Rapidamente a casa triplicou em faturamento, até que a bomba do assassinato de Daniel estourou. Sem lugar para morar, as moças acabaram indo para outras redes de prostituição, com exceção de Luana, que havia conseguido juntar algum dinheiro. Passou a viver de aluguel e, independente, voltou a fazer programas no sinal.

Se voltarmos no tempo alguns dias, vamos encontrar Isabela nervosa em seu quarto na mansão. Era o dia que Humberto voltaria para casa. Ela não havia ido ao hospital. Patrícia perguntava e ela respondia com evasivas; por outro lado, Humberto apenas perguntava pela esposa para não levantar suspeitas. Sentia-se traído, mas ao saber que Isabela havia retornado para casa não teve coragem de contar a verdade ao ver Patrícia bem e feliz. Ainda teria de aturar Fernando, porém ele jurou para si mesmo que iria fazer de tudo para separá-lo da filha. Doutor Eduardo e mais outros médicos o examinaram e felizmente as seqüelas do AVC seriam poucas. Humberto teria de andar com uma muleta, pois seu lado esquerdo estava levemente esquecido. Todavia, com exercícios constantes e disciplinados ele poderia voltar a ter uma vida normal. Humberto renasceu. O fato de pensar que poderia estar paralítico ou morto fez com que uma mudança muito grande se estabelecesse na personalidade dele. Já não pensava em se vingar de Isabela; sabia que poderia acusá-la de adultério e ela não levaria nada do casamento, mas para fazer isso ele teria de envolver Fernando, e nada nesse mundo era mais importante do que a felicidade da filha.

Isabela desceu as escadas quando viu o movimento. Humberto adentrou a sala apoiado por Fernando e Patrícia e, ao vê-lo, ela fez uma cena. Correu a abraçá-lo e beijá-lo enquanto dizia chorando:

— Meu amor, que bom que retornou com saúde. Esta casa não é nada sem sua presença. Perdoe-me por não ter ido ao hospital. Não queria vê-lo naquele sofrimento, em um quarto de hospital. Preferia vê-lo como agora, firme e com saúde.

Humberto precisou ter muita força para agüentar tanto fingimento. Retirou delicadamente as mãos da esposa de seu rosto e limitou-se a responder:

— O que importa é que estou com saúde e bem. Gostaria que todos soubessem que sou grato pela preocupação que tiveram comigo. Muitos amigos da política daqui a pouco estarão aqui, mas eu sei que a maioria deles virá aqui por fingimento. Sei que só minha família realmente se preocupou comigo, principalmente a minha filha Patrícia.

Os familiares se enterneceram. Patrícia, olhos cheios de água, disse:

— Não diga isso. Apesar de tudo existem amigos políticos que não são tão interesseiros assim. O Andrade e o Rodrigo, por exemplo, estavam preocupados de verdade. Não deixaram de ligar um dia sequer para saber como o senhor estava.

Isabela interrompeu solícita:

— Acho que essa ocasião tão feliz merece um brinde. Humberto não pode beber ainda, mas podemos comemorar de outra forma. Mandei a empregada fazer um lanche para quando vocês chegassem; vou pedir a Eudásia que traga aqui.

Antes de Isabela chamar, Eudásia já estava na sala anunciando que havia visita para o senador. Todos se admiraram ao ver Sílvia chegar com um buquê de rosas vermelhas nas mãos. Patrícia foi recebê-la com muita alegria.

— É um gosto tê-la aqui.

— Eu é que me sinto muito feliz em saber que Humberto já se restabeleceu e saiu sem muitas seqüelas. — Virando-se para ele, explicou: — Essas flores são para você. Sei que os homens são um tanto machistas, mas não pude deixar de trazer com essas flores energias positivas para sua casa. Aceite-as com carinho.

Os olhos de Humberto brilharam e nesse momento ele percebeu o quanto Sílvia era bonita e bem-educada. Seu coração acelerou e sentiu um brando calor envolver-lhe o peito.

— Aceito, sim. Sua visita só veio tornar meu dia ainda mais feliz. Sabe o quanto lhe sou grato pelas nossas conversas no centro. Ajudaram-me bastante.

— No centro sempre fazíamos vibrações positivas por você. Deus lhe deu uma segunda chance; saiba aproveitá-la da melhor maneira possível.

Humberto estava sério ao tornar:

— Vou aproveitar sim. De hoje em diante, muitas coisas vão mudar em minha vida. Sei que essa minha doença foi um alerta. A partir de agora, serei outra pessoa.

— É assim que se fala. Se a cada problema parássemos para analisar o que a vida quer nos ensinar, logo estaríamos livres dele.

A presença de Sílvia alegrou o ambiente e eles ficaram muito à vontade. Todavia, por um mínimo instante, Isabela percebeu que os olhos de Sílvia e Humberto se encontraram com amor e um grande ódio tomou conta de seu ser. Durante o tempo inteiro procurou fingir estar alegre, mas cada vez que percebia a troca de olhares ficava enraivecida. Ela pensava em reconquistar o marido e nada nem ninguém iria impedir. O lanche terminou e o dia transcorreu com algumas visitas de amigos de Humberto. À noite, quando todos se recolheram, ele puxou Isabela com violência e a fez sentar-se na cama.

— O que pensa que está fazendo ainda em minha casa? Acha que esqueci de tudo? Foi por sua causa que tive esse derrame e quase morri. Quero você longe daqui.

Ela sentiu-se tremer, mas havia pensado bastante nesse instante e não podia perder o controle. Falou quase chorando:

— Humberto, sei que o que fiz foi muito grave. Mas entenda que o Fernando me seduziu e eu, iludida, caí na tentação.

Porém, posso garantir que sempre o amei e estou arrependida. Jamais farei isso de novo. Deixe-me ficar; você foi o que me restou nessa vida. Eu o amo.

— Não vou cair mais nas suas armadilhas. Você nunca me amou, amou apenas o meu dinheiro e a minha posição social. Mas amanhã mesmo darei entrada em nossa separação. Dê-se por feliz em não deixá-la sem nada. O que é seu de direito você vai levar, mas não quero vê-la nem mais um dia na minha frente. Aliás, amanhã terá uma festa aqui com meus amigos políticos, que Patrícia organizou. Como não desejo estar sozinho, nem quero que eles saibam que é uma mulher venal e sem escrúpulos, quero que me acompanhe amanhã nessa recepção. Mas, depois, quero que saia desta casa e, desta vez, para sempre.

Ela se ajoelhou a seus pés e implorou:

— Não faça isso comigo. Não desejo sair do seu lado nem ser colocada à margem da sociedade. Sei o que é a pobreza, sei o que é ser humilhada pelas pessoas e olhada de soslaio pelos ricos. Não desejo, não posso nem quero mais viver assim. Dê-me uma segunda chance. Eu lhe imploro!

Humberto estava irredutível. Sentia muita raiva daquela mulher falsa, que fora capaz de traí-lo com o namorado de sua filha.

— Não se humilhe tanto, pois de nada adiantará. Já tomei minha decisão.

Isabela, com muito ódio, bradou:

— Eu sei, eu sei que a Sílvia está por trás disso. Pensa que não percebi seus olhares de amor para ela? Mais saiba que onde estiver eu não deixarei que seja feliz com ela. Você é meu, e ninguém vai me tirar. Juro que nunca o deixarei para ela, nem que para isso seja preciso matar!

Humberto, mesmo fraco, agarrou os pulsos de Isabela e falou em voz rouca de ódio:

— Tente fazer algo contra a Sílvia e eu mesmo darei um jeito de acabar com você. Agora se retire e vá dormir no quarto de hóspedes. Tenho nojo de você!

Isabela percebeu que não havia como reconquistar o marido e retirou-se em prantos. No outro quarto, deitada na cama, ela não conseguia organizar os pensamentos. Parecia que sua cabeça ia explodir a qualquer momento. De repente, lembrou-se que Fernando estava dormindo na mansão. Ao pensar nele, um sentimento violento de paixão se apoderou dela. Sentia que se não conquistasse esse homem, sua vida não valeria mais a pena. Insone, resolveu andar pela casa. Passou pelas salas e admirou-se mais uma vez com o bom gosto com o qual a mansão era decorada. Ao pensar que ia perder aquilo e passaria a viver longe e sem chances de ver Fernando, ela teve vontade de chorar. A vida tinha lhe tirado tudo: o filho, a riqueza, o *status*, e, o principal, o amor de Fernando. Foi até o bar, encheu um copo e tomou de uma vez. Quando já ia subir percebeu que Fernando ia descendo as escadas vestido com um roupão.

Aquela visão deixou Isabela completamente transtornada e fora de si. Ela correu e o abraçou:

— Você é quem mais amo neste mundo. Por favor, não me deixe!!

Ela soluçava e Fernando não sabia o que fazer. Havia descido para tomar água e jamais imaginava encontrar Isabela àquela hora naquele estado.

— Não quero mais nada com você. Se sabe disso, por que insiste?

— Perdi tudo. Se eu perder o seu amor, não sei o que serei capaz de fazer.

— Faça o certo. Vá embora daqui; sua presença é indesejável. Com você vivendo nesta casa jamais poderia ser feliz com a mulher que eu realmente amo. Vá embora e procure viver com o pouco que lhe restou. Você é bonita, logo estará com outro amor. Mas, por favor, me deixe em paz!

Ela chorava abraçada a ele, sem querer soltá-lo. Fernando tinha uma índole violenta e sem conseguir conter a repulsa, arremessou-a com força. Isabela caiu.

— Nunca mais se aproxime de mim. Minha futura mulher não merece nem que eu olhe para você.

Sem mesmo tomar sua água, Fernando voltou para o quarto. Constatou que Patrícia dormia tranqüila e ficou aliviado. Se Isabela continuasse daquela maneira, ele mesmo daria um jeito de sumir com ela para sempre. Temia que, mesmo morando distante, ela fosse interferir e acabar com seu relacionamento. Se isso acontecesse, ele não titubearia em matá-la.

Na sala, Isabela chorou muito. Quando se acalmou e tomou consciência de que não poderia mais estar com Fernando nem reconquistar Humberto, tomou uma decisão. A idéia foi tomando forma em sua mente e ela parecia estar serena ao ter resolvido a situação. Disse em voz alta:

— Amanhã na hora da festa saberei o que fazer. Ninguém vai desconfiar de nada e sei onde Humberto guarda seu revólver. Está tudo planejado. Essa é a saída de minha vida.

Os vultos deformados de Juvêncio, Romário e seus amigos rodopiavam ao redor dela e sorriam felizes. Um falava em seu ouvido:

— Isso mesmo. Essa é a melhor saída para você. Não hesite, faça exatamente como pensa.

Após rodopiarem, eles pararam, e Juvêncio concluiu feliz:

— Deu trabalho, mas finalmente ela vai fazer o que tanto desejamos. Amanhã será o grande dia.

Romário alertou:

— Mesmo assim temos de ficar vigilantes. Sinto que os espíritos da luz estão nessa casa acompanhando Patrícia e a tonta da Eudásia. Se não ficarmos atentos, eles podem colocar tudo a perder.

Juvêncio ria a valer.

— Não se preocupe, já magnetizamos Isabela o suficiente para que ela não desista da idéia. Vê essas formas-pensamento que plantamos ao redor de sua cabeça? Pois é, são elas que vão influenciá-la de agora por diante.

Romário estava mais confiante:

— Como é fácil dominar as pessoas da Terra e obrigá-las a fazer o que queremos. É como tirar doce de criança.

Juvêncio tornou:

— Nem sempre. Lembra aquele curso que tomamos de influenciação? As pessoas positivas, que vêem tudo com bons olhos, que não cultivam pensamentos depressivos, que fazem o Evangelho no Lar e que cultivam a oração não são influenciadas por nós. Delas nem conseguimos nos aproximar. Mas, felizmente, boa parte das pessoas adora falar sobre negatividades, crimes, vida alheia, criticar e julgar... Com estes conseguimos tudo muito facilmente.

— É mesmo. Isabela é uma delas. Pessoas assim são pratos cheios para nós.

Os espíritos riram bastante.

— Agora vamos continuar aqui. Não desejo perder o espetáculo — falou Juvêncio.

Isabela, com muita dor de cabeça e com certa dificuldade subiu as escadas, foi para o quarto. Quase não conseguiu dormir pensando na solução que havia tomado. Só quando o dia clareou foi que ela conseguiu adormecer.

Na manhã do dia seguinte, a casa estava em animação. Os preparativos estavam sendo concluídos com muito carinho para comemorar o retorno de Humberto à vida e à saúde. Patrícia havia se esmerado e não queria que nada estivesse fora de ordem, desde a decoração até os petiscos que encomendara.

Isabela participou da organização com muito entusiasmo. Quem a visse nem de longe imaginaria a terrível decisão que ela havia tomado no dia anterior. À tardinha, quando se arrumava no quarto, Humberto indagou:

— Estou achando você muito feliz em vista do que aconteceu ontem. O que está tramando?

— Eu? Nada! Apenas me conscientizei de que não posso mais viver aqui com você. Uma vez que não tenho mais esse direito, não vou ficar me lamentando. Desejo ser a esposa perfeita hoje. É meu último dia nesta casa e não quero causar uma má impressão aos seus convidados.

Humberto achou estranho, mas nada comentou. Depois de um tempo calado, tornou:

— Não sei se fiz bem em ter feito você ficar aqui hoje. Nosso casamento se tornou uma farsa e, mais dia, menos dia, os meus companheiros vão saber que me separei. Estou me sentindo meio ridículo.

— Não se preocupe, é melhor que eu fique hoje. Depois, com o tempo, você dá a explicação que quiser para eles. A impressa vai cobrir o acontecimento e não é bom você estar desacompanhado.

Ele coçou o bigode.

— Tem razão, porém amanhã quero você o mais longe possível de minha família.

Saiu e bateu a porta. Isabela olhou-se no espelho e murmurou, boca crispada:

— Não sabe o que o aguarda.

A noite estava bonita, contribuindo para deixar a festa mais agradável. Logo a mansão ficou cheia de gente importante da sociedade paulistana. Os amigos cumprimentavam Humberto e o felicitavam pelo seu restabelecimento. Isabela também recebia os cumprimentos e sorria para todos. A certa altura, Humberto parou a música e, emocionado, agradeceu aos companheiros, falando da importância de estar vivo e praticamente recuperado. Teceu seus comentários políticos e até arrancou risadas dos presentes. Em seguida, num gesto pouco usual, Isabela pediu a palavra.

— Gostaria de lhes contar uma história que poucos conhecem, mas que vão gostar de saber. Peço que me deixem ir até o fim em meu discurso e que não me impeçam, aconteça o que acontecer.

Humberto começou a ficar nervoso. O que será que ela iria dizer?

Isabela continuou:

— Sou de origem muito pobre. Vivi vários anos de miséria em uma favela, fui estuprada e tive um filho. Quando achava que não havia mais saída, convidaram-me a me prostituir em um famoso bordel: a Mansão de Higienópolis. Lá conheci o senador Humberto, que sempre quis dar uma de certinho, porém sempre gostou desse tipo de lugar. Ele se apaixonou por mim, mesmo casado, e me trouxe para esta casa como enfermeira de sua mulher doente. Nós nos amávamos no quarto ao lado de onde sua mulher estava enferma.

As pessoas começaram a falar baixinho umas com outras, mas logo se calaram ao ouvir a voz de Humberto:

— Alguém detenha essa mulher!

Ela gritou, tirando um revólver que estava sob sua roupa.

— Ninguém se aproxime ou vai morrer. Eu vou até o fim. — Apontou a arma para as pessoas. Fotos começaram a ser tiradas e o repórter que estava cobrindo o evento se aproximou, ávido pelo furo que iria conseguir. Ela prosseguiu, transtornada:

— Quando vi que Flaviana iria demorar a morrer e meu sonho de ser rica seria adiado, resolvi me precipitar e a matei, sufocando-a com o travesseiro. Estão surpresos? Foi isso mesmo que ocorreu. Matei Flaviana. Fui eu que tirei aquela vida inútil e que me roubava a felicidade. Casei-me com Humberto e realizei meu sonho de ter a vida com a qual sempre sonhei e que até então me fora negada. Mas o destino me fez conhecer Fernando no dia em que me casei. A partir daí, me apaixonei perdidamente, e ele correspondeu. Vivemos uma louca história de amor, mesmo ele estando com Patrícia. — Virou-se para Patrícia e falou, rindo alto: — Como pode ver, você foi enganada esse tempo todo. Seu noivo é um pulha. Estava comigo interessado em meu dinheiro, e está com você só porque é rica e pode oferecer o que ele nunca teve. Humberto ficou impotente e está até hoje. Não consegue mais manter relações sexuais com nenhuma mulher, o que para mim foi um alívio, pois não agüentava mais que me tocasse. Agora que fiz o que pretendia, vou deixar essa festa inesquecível.

O fato se deu repentinamente. Ela virou o revólver para sua cabeça e disparou um tiro, caindo morta no chão.

Patrícia desmaiou e Humberto passou mal. Os convidados saíram um a um, estarrecidos com a situação. A polícia foi informada e quando chegou ao local já não tinha muito o que fazer. Ficou claro o ato suicida, e o corpo foi removido para o IML. Na mesma noite, em todos os noticiários, o assunto bombástico era a vida íntima de Humberto e a morte trágica de sua mulher...

22

Renúncia

— É isso mesmo que deseja? Já pensou bem? — Era a voz de Diana questionando com firmeza sua interlocutora.

— É isso sim — respondeu Lourdes com segurança. — Sinto que devo seguir meu coração, e ele não me engana. Partirei hoje mesmo para o Vale dos Suicidas.

Diana ponderou:

— Sabe que não vai poder auxiliá-la como gostaria e correrá sérios perigos. Aqui está protegida e poderá auxiliá-la muito mais.

— Não irei sozinha. Alfredo e Marcos também estarão comigo. Estamos unidos pelos laços do amor verdadeiro. Amamos Isabela e queremos a sua felicidade. Infelizmente, não pudemos evitar o ato tresloucado do suicídio, mas vamos estar ao seu lado até que se arrependa e se redima. Daniel, o único ser a quem ela realmente amou, se prepara para reencarnar e não poderá nos acompanhar nessa jornada.

Flaviana estava reunida com eles.

— Não saberia renunciar a um lugar como este para descer ao inferno. Admiro seu ato de coragem, mas não tenho essa força.

Antes que Marcos e Alfredo falassem, Lourdes continuou:

— O dia que sentir a chama do amor incondicional em seu peito saberá que toda renúncia é válida e que os obstáculos são facilmente vencidos quando estamos munidos com esse sentimento. Não tememos o que vamos encontrar naquele lugar, pois estamos sob a proteção do amor divino. Então, Diana, podemos partir?

— Já avisamos que outros caminhos podem levar a resultados melhores. Isabela está dementada e não consegue se livrar de seus algozes. Raros são seus momentos de lucidez. Aqui estará protegida e podemos auxiliar sempre que necessário. Contudo, não podemos interferir no livre-arbítrio de vocês. Quando a renúncia é de coração, o universo nos protege. Podem partir; nossos maiores concederam permissão.

O momento foi de muita emoção. Lourdes foi abraçada por Flaviana, que não deixou de perguntar:

— Você foi tão humilhada pela sua filha! Como ainda consegue se sacrificar a tal ponto?

— O amor de mãe abre as portas para o amor incondicional. Se fossem Marcos e Alfredo que estivessem lá, não faria o mesmo?

— Penso que sim. Mas é difícil saber que meus filhos vão se distanciar de mim para ajudar uma mulher que foi sua mãe em uma vida longínqua. Não consigo entender.

Marcos explicou:

— Aquela encarnação foi muito importante para nós. Trazemos laços de amor que nos unem a Isabela. Mais uma vez, ela fracassou e perdeu a oportunidade de ser feliz, mas no que depender de nós um dia ela vai conseguir. Compreenda, mãe, amamos a senhora tanto quanto amamos aquela que um dia também nos gerou. O verdadeiro amor não pode ser egoísta. Aqueles a quem amamos de verdade nem o tempo consegue afastar.

Flaviana sentiu os olhos umedecer. Beijou os filhos e desejou-lhes boa sorte. Ela não conseguia entender o tamanho daquela renúncia. Abandonar um lugar como aquela colônia maravilhosa para sofrer os tormentos do vale tenebroso. Ainda bem que reencontrara Aurélio, um espírito amigo que a estava auxiliando bastante e, dessa maneira, não iria se sentir tão só enquanto os filhos estivessem distantes.

Após as bênçãos de outros amigos da colônia, eles partiram. Em questão de segundos estavam em um lugar escuro, cheio de lama e névoa. Pessoas gemiam e se contorciam, as árvores eram secas e não havia vegetação rasteira. Lourdes começou a sentir dificuldades em respirar; Marcos e Alfredo também. Então ela lembrou:

— Vamos orar mais uma vez e pedir proteção a Deus. Assim como nós, muitos outros estão aqui para socorrer e ajudar. Trouxemos todos os apetrechos que vamos utilizar para amenizar o sofrimento de Isabela, mas sabemos que não vai ser fácil. Ela está em estado de loucura e não reconhece ninguém.

Eles fizeram uma sentida prece a Deus pedindo proteção. Ao terminar, Marcos indagou:

— Será que todos os que se suicidam ficam assim? Conosco aconteceu o mesmo.

— Pelo que pude estudar, cada caso é um caso. Existem suicidas que não vêm para esse vale; ficam presos ao local do crime durante anos revivendo a cena que os levou à morte. Outros ficam presos no corpo e sentem o horror dos vermes destruindo seu envoltório físico; há também aqueles que mesmo aqui no vale logo recobram a lucidez e sofrem muito por descobrirem que continuam vivos e que os problemas estão maiores. O suicídio sempre será a falta mais grave que o ser humano comete para com as leis divinas. Isabela, em espírito, foi conduzida para esse vale inconscientemente pelos espíritos que a acompanhavam no dia-a-dia. Ao acordar e se dar conta da situação, desesperou-se, gritou muito e desmaiou várias vezes. Sempre que acordava, via Juvêncio, Morgana e outros espíritos que foram suas vítimas desde outras reencarnações. Esses espíritos acabaram por enlouquecê-la e ela não sabe mais nem onde está nem quem é.

Alfredo estava preocupado:

— Começo a acreditar que erramos em ter vindo para cá. Esses espíritos não vão permitir nossa aproximação e podem nos fazer mal.

— Não pense assim. Estamos vibrando numa sintonia diferente e por isso eles não poderão nos ver. Nossa tarefa principal é enviar pulsos magnéticos a seu perispírito para que ele não se deforme e vire uma massa disforme ou um ovóide.

Alfredo se lembrou:

— Ovóides são aqueles seres que estão presos ao meu pai?

— Sim. No tempo que aqui estou procurei aprender e entendi muitas coisas. Ovóides são espíritos que perderam toda a forma humana devido a sentimentos negativos, e se transformaram em massas arredondadas portadoras de muitas energias destrutivas. Não desejo que minha filha fique assim. Agora vamos em frente que a tarefa nos espera.

Eles andaram sobre corpos dilacerados de pessoas que gritavam desesperadamente. Depois de um tempo, encontraram Isabela sozinha deitada sobre uma poça de lama. Aproximaram-se e começaram a aplicar passes em seu perispírito. Aos poucos ela foi se acalmando. Mas, em questão de segundos, o grupo de Juvêncio chegou e começou a rodopiar ao seu redor, rindo dela e a violentando como podiam. Então ela voltava a chorar e a gritar. Dez anos depois, Lourdes e o restante do grupo finalmente conseguiram sua libertação. Ela passou por um breve tratamento, mas não conseguia recobrar a lucidez. Os mentores se reuniram e perceberam que a única chance de ela melhorar seria uma nova reencarnação. Lourdes participou ativamente de tudo até o dia em que sua filha amada mais uma vez regressou ao palco da Terra.

As revelações que Isabela fizera durante a festa, como era de esperar, tinham provocado muita revolta em Patrícia, que passou a odiar Fernando com todas as forças de seu coração. Humberto também sentiu-se envergonhado porque suas intimidades foram ditas com requintes de crueldade, e passou a não sair mais de casa. Seu estado de saúde voltou a piorar e ele não conseguia recuperar os movimentos perdidos.

Naquela tarde, a mansão se encontrava em estado sombrio. Humberto estava na sala e Patrícia, em seu quarto, reclusa. A campainha soou e Eudásia foi abrir. Era Sílvia. Humberto só conseguia se sentir bem quando ela aparecia. Quando ficaram a sós, ela explicou:

— Vim para conversar com a Patrícia. Sei que ela não quer ver ninguém porque está se sentindo traída, mas não posso deixar que cometa a maior bobagem de sua vida por orgulho. Posso subir?

— Pode, sim. Mas quando vou ter sua companhia? Sabe o quanto gosto de você e o quanto tem me ajudado.

Sílvia corou. Havia muito tempo descobrira que amava Humberto, mas sentia receio de não ser correspondida. Limitou-se a dizer:

— Não se preocupe, teremos muito tempo para conversar. — Subiu em direção ao quarto, bateu levemente e entrou. Patrícia chorava abraçada aos travesseiros. Sua barriga estava grande, pois contava com seis meses de gestação. Ao perceber de quem se tratava, limpou os olhos e sentou-se na cama.

Sílvia foi direto ao assunto:

— Vim porque sou sua amiga e não posso deixar que cometa um erro que vai fazê-la infeliz pelo resto da vida. Sei que está assim por orgulho. Sentiu-se enganada e a imagem perfeita que fez do Fernando desmoronou, mas é hora do perdão. Só será feliz se perdoar.

Ela respondeu com revolta:

— Diz isso porque não está na minha pele. Fui enganada todo esse tempo. O homem que imaginei perfeito para mim é leviano, infiel e interesseiro. Não posso perdoar a quem me fez tanto mal.

— A desilusão dói, mas ela é melhor do que qualquer mentira. Você descobriu que na Terra ninguém é perfeito, por mais que pareça ser. A verdade foi dura, mas necessária. Agora você sabe que Fernando é só um homem com defeitos e qualidades, e, mesmo que não queira, ainda ama esse homem. Na vida há sempre caminhos para escolher, mas, feita a escolha, teremos de arcar com as conseqüências. Você pode escolher perdoá-lo agora e viver feliz ou continuar mimada e orgulhosa, e ser infeliz para sempre. A escolha é sua.

Patrícia falou com voz chorosa:

— Como posso perdoar alguém que me traía sem nenhum remorso? Como posso querer perto de mim uma pessoa que está interessada apenas em meu patrimônio? Já escolhi, vou viver sozinha e me dedicar só a este filho que está para nascer.

Sílvia não se deu por vencida:

— Você está escolhendo a infelicidade. Fernando se modificou muito nesses seis meses que está longe de você. Passou a freqüentar o centro e tem desabafado comigo. Ele se sente culpado pela morte de Isabela e sente-se infeliz por vê-la sofrer. Acredite, ele a ama de verdade. Pode ter se aproximado de você por interesse, mas está mudado e disposto a se regenerar. Ademais, ninguém encontra ninguém pela primeira vez aqui na Terra. Há entre vocês laços fortes de vidas passadas que não podem se romper por egoísmo. Pense que seu filho precisa de um pai e de uma família para que cresça em segurança e se firme, mas antes de tudo pense em você mesma. Se o ama, passe por cima do orgulho e volte para ele. A vida só vale a pena quando vivida com felicidade.

Sílvia falava de maneira decidida e olhava dentro dos olhos de Patrícia.

— Confesso que estou melhor com sua presença. No momento estou muito confusa para tomar uma decisão, mas me sinto muito infeliz desde que me separei do Fernando.

— Você foi radical e não deixou que ele se explicasse. Não acha que chegou a hora?

— Penso que sim. Não suporto mais ficar neste quarto chorando.

— Ninguém agüenta a infelicidade por muito tempo. O estado natural do ser humano é a alegria; ser infeliz é lutar contra a natureza, que nos fez para o amor e a abundância.

Patrícia a abraçou fortemente. Ao descer as escadas, já com um sorriso nos lábios, ouviu Humberto comentar:

— Realmente, Sílvia, você faz milagres.

Epílogo

Dez anos se passaram. Patrícia ainda demorou bastante para perdoar Fernando, o que aconteceu quando o primeiro filho deles veio ao mundo. Ele chorou sentidamente, pediu perdão, ajoelhou-se aos seus pés e declarou seu amor. Ela, auxiliada por Sílvia e por amigos espirituais, venceu o orgulho e admitiu que o amava profundamente. Foram dias felizes para eles. Planejando terminar sua faculdade de Psicologia, ela não teve mais filhos durante largo tempo. Casou-se com Fernando no mesmo dia em que seu pai casava-se com Sílvia. Foi uma cerimônia muito bonita, mas simples, totalmente diferente do luxo que Marília esperava. Mas ela se sentia feliz. Agora seu filho amado pertencia à mais alta sociedade.

Pressionado pelos seus sentimentos, Humberto se declarou a Sílvia e ela, apaixonada, também revelou que o amava desde que se encontraram pela primeira vez no centro espírita. Quando se amaram pela primeira vez, Humberto livrou-se da impotência e sentiu-se um novo homem. Pensou em abandonar a política. Agora que havia conhecido a espiritualidade, percebeu a gravidade dos erros que havia cometido com as corrupções junto ao governo e as outras que o beneficiaram particularmente. Acreditou que se afastando estaria imune às tentações, todavia Sílvia o fez pensar diferente, mostrando que agora ele poderia agir com honestidade, reparando assim seus antigos erros. Disse-lhe que na política Deus une os homens em reajustes do passado longínquo e que quando cada homem amar seu semelhante como ama a si mesmo a corrupção deixará de existir. Humberto sentiu-se seguro para continuar e dessa vez trilhou um caminho reto e pautado pela ética. Sendo assim, deu um grande passo rumo à própria evolução.

A mansão voltou a ser um lar feliz com Fernando, Patrícia, o pequeno Lucas, Sílvia e Humberto. Ninguém mais falava de Isabela. Às vezes, Eudásia se lembrava de sua amiga e fazia-lhe preces. Sílvia também, sempre que ia ao centro, enviava-lhe vibrações de amor. Mas os outros ainda sentiam mágoa pelo que haviam passado e não conseguiam perdoar. No entanto, a vida não deixa nenhuma situação inacabada e eis que depois de quase dez anos Patrícia novamente engravida. Foi uma alegria geral, mas que durou pouco tempo. O obstetra percebeu que o feto estava com malformação no cérebro, e que a criança poderia nascer e viver com muitas limitações. Foi um choque geral. Augusta, agora já desencarnada e em equilíbrio, passou a ajudar a neta com energias positivas naqueles nove meses de gestação complicada. O nascimento da criança, no entanto, provocou em todos um sentimento de compaixão, e cada um deles passou a amar a pequena Andressa com muita intensidade. Os primeiros anos foram difíceis. A criança não caminhava nem entendia o que as pessoas falavam, mas demonstrava estranho brilho no olhar sempre que Fernando se aproximava. Às vezes se agitava e emitia pequenos sons, como a dizer que muito sofria, e só se acalmava quando o pai a acalentava ou a colocava no colo.

Um dia, um médium foi procurar a família. Havia uma carta que havia sido psicografada no centro durante uma sessão íntima que se endereçava a eles. A família se reuniu para ler e cada palavra que Humberto pronunciava causava muita emoção: "*Queridos amigos e familiares que deixei na Terra: hoje, com a permissão de Deus e dos espíritos superiores, posso vir revelar alguns fatos que se ocultam por trás da matéria. Quando parti deixando meu corpo de carne doente, não entendi o que se passava comigo e me revoltei. Humberto, o homem que mais amei, havia me traído e me trocado por uma mulher que mais tarde viria a tirar minha vida. Oh! Eu não sabia que Deus sempre faz tudo certo e resolvi cobrar a vingança. Cedo descobri que esse caminho só me trouxe infelicidade e, com ajuda de amigos, consegui acabar com minhas ilusões e olhar a vida como ela é. Como a aceitação nos faz bem! Percebi que Humberto é apenas um ser humano e, como tal, errou e ainda vai errar outras vezes para crescer. Aprendi que o erro é uma condição natural para a evolução e parei de me culpar pelo que fiz da minha própria vida. Quando casei, enterrei minha juventude em nome dos papéis sociais, achando que assim seria feliz. Coloquei toda a minha alegria em meu marido sem perceber que não são os outros que fazem nossa felicidade, que ela só pode vir de nós mesmos. Resultado: atraí a rejeição e a doença. Hoje sei que tudo que nos acontece vem de nossas próprias atitudes e estou disposta a mudar, ser feliz! Quero dizer que todos vocês deram um passo muito grande na senda da evolução. Mamãe venceu os preconceitos e aprendeu que ninguém é melhor que ninguém, que riqueza e poder só valem mesmo quando estamos caminhando com a verdade. Humberto se tornou um novo homem e está no caminho da espiritualidade, preparando-se inconscientemente para uma grande tarefa que terá no futuro, que Deus o abençoe. Patrícia e Fernando se reencontraram após muitas vidas de desentendimentos, paixões e sofrimentos; agora podem finalmente encontrar a paz. Principalmente porque venceram a prova importante do orgulho, souberam renunciar em nome do amor.*

Andressa precisava dessa oportunidade. Abençoada seja a maternidade, que conduziu até o seio dessa família um espírito muito ligado a vocês por laços que se perdem no tempo. Aprendam a amá-la verdadeiramente. Esse estágio de Andressa na Terra será curto, apenas para que se cure dos problemas que carrega e possa obter de todos vocês o perdão sincero e efetivo. Ninguém pode seguir para Deus deixando em seu caminho resquícios de ódio, revolta, violências e crenças no mal. Todos nós sofremos muito para entender que nada é para sempre, que a vida pode a qualquer momento modificar todas as situações ao nosso redor sem que possamos prever.

Finalizo pedindo a todos que continuem os estudos sobre a vida espiritual. Sabemos aqui no plano astral que estão surgindo novas revelações da verdade; elas virão para implantar de vez a Nova Era nesse mundo ainda tão conturbado. Aproveitem o que a espiritualidade pode oferecer praticando todos os seus ensinamentos, pois o conhecimento de nada adianta sem a prática. As novas revelações vão desafiar alguns, confundir a outros, mexer com orgulhos e vaidades, mas quem estiver firme no bem vai se beneficiar e mais rápido encontrará a felicidade e a harmonia interior.

Que o Mestre de amor possa estar com todos vocês, abençoando-os sempre...

Flaviana".

Humberto e a família leram e releram muitas vezes a carta, agradecendo a Deus a bênção maravilhosa da mediunidade e a chance que Ele dera a Flaviana de se manifestar. Renovados por aquelas simples palavras, entenderam um pouco mais a infinita bondade do Criador e a sabedoria de suas leis. No fundo do coração de cada um ficou a certeza de que no corpinho deformado de Andressa estava o espírito que um dia se chamou Isabela, e de que a reencarnação é a única porta que conduz ao amor incondicional.